Justgo

MOROCCO
모로코

양신혜 지음

시공사

Contents

- 4 저자의 말
- 5 저스트고 이렇게 보세요
- 6 모로코를 이해하는 일곱 가지 키워드

베스트 오브 모로코

- 10 모로코 여행의 하이라이트
- 16 모로코의 대표 여행지
- 18 모로코의 매력적인 소도시
- 20 모로코의 이색 체험
- 22 모로코의 대표 음식
- 25 모로코의 쿠킹 클래스
- 26 모로코의 빵과 디저트
- 30 모로코의 대표 음료
- 32 모로코의 쇼핑 아이템
- 35 메디나에 빠질 수 없는 다섯 가지 요소
- 36 모로코 전통가옥, 리아드
- 38 모로코 전통의상 체험
- 40 여행의 피로를 싹, 함맘 & 스파
- 42 모로코 배경의 영화 & 드라마

모로코 여행의 시작

- 48 모로코 여행 Q & A
- 50 모로코 날씨 언제 가면 좋을까?
- 52 모로코 항공권 어떻게 구입해야 할까?
- 54 모로코 화폐 환전은 얼마나 할까?
- 55 모로코 여행 준비물 어떻게 챙겨야 할까?
- 57 모로코 기초 여행 정보
- 60 모로코 주요 도시 들어가는 방법
- 62 모로코 입국 이것만 알면 성공!
- 63 모르면 당한다! 주의해야 할 사기 수법
- 64 모로코 교통 정복
- 67 오늘 우리 집은 여기! 모로코의 숙소 종류
- 68 똑똑하게 여행하자
       인터넷 & 애플리케이션 활용

모로코 추천 여행 일정

- 72 핵심도시만 알차게 6박 7일
- 73 핵심도시를 구석구석 9박 10일
- 74 여유롭게 모로코를 즐기고 싶다면 14박 15일
- 76 인생에서 한 달은 모로코에서 24박 25일

모로코 여행 정보

•---- 탕헤르

- 84 탕헤르 일일 추천코스
- 88 탕헤르 메디나
- 91 지도 보기 어려운 탕헤르,
       대체 어떤 이름이 맞는 걸까?
- 91 탕헤르에서 놓치면 후회할 뷰포인트 BEST 3
- 95 탕헤르의 식당
- 100 탕헤르의 숙소

•---- 쉐프샤우엔

- 104 쉐프샤우엔 일일 추천코스
- 106 쉐프샤우엔 메디나
- 107 모로코에는 왜 고양이가 많을까?
- 108 쉐프샤우엔 메디나 최고의 포토 스폿
- 112 쉐프샤우엔의 식당
- 115 쉐프샤우엔의 쇼핑
- 116 쉐프샤우엔의 숙소

● ---- **페스**
125 페스 일일 추천코스
128 페스 메디나
133 세상에서 가장 오래된 가죽 염색 공정
136 페스에서 떠나는 근교 여행
138 페스의 식당
142 페스의 숙소

● ---- **사하라 사막**
148 사막 투어의 모든 것
151 메르주가의 레스토랑 & 숙소
152 사하라 사막의 근교도시

● ---- **마라케시**
159 마라케시 일일 추천코스
164 마라케시 메디나
166 제마 엘 프나 광장을 한눈에 보고 싶다면
166 제마 엘 프나 광장에서 이것만은 조심하자!
170 나를 따라오세요, Follow me
171 메디나 외곽
174 마라케시의 식당
183 마라케시의 스파
184 마라케시의 쇼핑
185 마라케시의 숙소

● ---- **에사우이라**
194 에사우이라 일일 추천코스
197 에사우이라 메디나
201 익스플로라 카이트 & 서핑
202 에사우이라의 식당
206 에사우이라의 쇼핑
208 에사우이라의 숙소

● ---- **카사블랑카**
215 카사블랑카 일일 추천코스
220 카사블랑카 메디나 도보 투어
222 호부스 쿼터 도보 투어
224 카사블랑카의 식당
229 카사블랑카의 스파·쇼핑
230 카사블랑카의 숙소

● ---- **라바트**
237 라바트 일일 추천코스
242 라바트 메디나 외곽
246 라바트 메디나
248 라바트의 식당
251 라바트의 스파·쇼핑
252 라바트의 숙소

여행 준비
256 여권과 비자
258 증명서와 여행자보험
259 항공권 예약
260 환전과 여행 경비
261 인천국제공항 가는 법
262 출국 수속
264 휴대폰으로 인터넷하기
265 트러블 대처하기

266 모로코 여행 회화
268 인덱스

지도 찾아보기
7   모로코와 주변국
85   탕헤르
86   탕헤르 중심부
105 쉐프샤우엔
126 페스
127 페스 중심부
148 사하라 사막
161 마라케시
162 마라케시 중심부
196 에사우이라
216 카사블랑카
239 라바트
240 라바트 중심부

저자의 말

세계일주를 시작한 지 2년 반쯤, 여행이 길어지며 마음 여기저기 피멍이 늘어갈 때 여행 권태기가 찾아왔다. 아무도 만나고 싶지 않고 아무것도 보고 싶지 않았지만 한국으로 돌아가기는 더 싫어 가고 싶었던 나라 중 가장 가까이 있는 곳으로 향했고, 그게 나의 첫 모로코였다. 배낭을 내려놓고 마음도 풀어놓은 그곳에서 밥을 먹고 햇볕을 쬐는 날이 늘어날수록, 도시는 그대로인데 나는 점점 잘 마른 빨래처럼 경쾌한 바삭거림을 얻었고 웃음은 늘었으며 속은 말랑말랑해졌다. 두 달 반 동안 모로코에 머물며 모래를 보고 하늘을 보고 간판을 보다가 아랍어를 배웠다. 언어를 배우니 자연스레 문화를 접하게 되었고 여기 사는 사람들이 궁금해졌다. 나를 아는 사람이 아무도 없는 곳을 찾아갔지만 아는 사람을 많이 만들어버렸고 그들이 그리워 다시금 그곳을 찾았다.

옛날 모로코 사람들이 유럽을 정복하러 간 그 길을 따라 스페인에서 모로코로 넘어오는 관광객이 늘어나고 있다. 더 이상 나만의 모로코로 아껴둘 수 없다면 모로코를 조금 더 알리고 싶었다. 그들의 문화는 우리와 아주 많이 다르기에.

여행으로 취재로 또 배낭여행 인솔자로 모로코를 수차례 돌며 모든 곳을 두 눈에 담고 직접 먹어보고 묵으며 느낀 점을 담았지만 이것이 당신의 모로코 여행의 모든 것이 아니길 바란다. 자신만의 모로코를 발견할 때 이 책이 나침반과 같은 역할을 한다면 더없이 기쁠 것이다.

이 책이 나오기까지 많은 도움을 주신 원경혜 팀장님, 강경선 편집자님, 손모아 편집자님, 성현진 실장님, 김혜숙 선생님, 김민경 실장님, 감사합니다. 언제나 그리운 메밀꽃부부 미나와 문규, 불쑥 찾아가도 항상 가족처럼 반겨주는 고마운 Fatiha, Essaid, Abderrahim, Fatimaezahra, Wafae, Rayyane, Cecil, Shukran. 사하라 사막에서 추억을 쌓은 엄지, 태경, 예빈, 소연, 은선, 찬용 오빠 그리고 Ali, 언제나 나의 든든한 정신적 지주 이홍석 작가님, 감사합니다. 잘 다니던 회사를 내려치우고 세계일주를 떠난 천방지축 딸내미를 항상 응원해주는 엄마. 은경 이모, 언제나 든든한 백, 감자 손수미, 고구마 정주희, 주예, 정모, 수경 언니, 이쁜 조카 민서, 지민, 혜민, 지훈, 성훈, 나의 인도 가족들. 감사하고 사랑합니다.

글·사진 양신혜 Lassi

초등학교 교사로 근무하다가 2012년 3월, 세계일주를 떠났다. 여행 중 우연히 배낭여행 인솔자로 전업하여 일과 여행의 경계 없이 즐겁게 산다. KBS 〈걸어서 세계 속으로〉 여행자문단으로 활동 중이고, 저서로는 〈인조이 인도〉, 〈이지 시티 다낭〉이 있다.

독도해금소녀의 세계일주 이야기 iamlassi.co.kr | 인스타그램 @iamlassi

저스트고 이렇게 보세요

이 책에 실린 모든 정보는 2019년 7월까지 수집한 정보를 기준으로 했으며, 추후 변동될 가능성이 있습니다. 특히 교통편의 운행 일정과 요금, 관광명소와 상업시설의 영업시간 및 입장료, 물가 등은 수시로 변동될 수 있으므로 책은 여행계획을 세우기 위한 가이드로서 활용하시고, 직접 이용할 교통편은 여행 전 홈페이지를 통해 검색하거나 현지에서 다시 한 번 확인해야 안심할 수 있습니다. 변경된 내용이 있다면 편집부로 연락 주시기 바랍니다.
편집부 dobby@sigongsa.com

통화 기호
모로코의 통화는 모로코 디르함Dirham, DH 이며, 1DH은 약 322원입니다(2019년 7월, 현찰 살 때 기준). 환율은 수시로 변동되므로 여행 전 확인은 필수입니다. 참고로 모로코 디르함은 한국에서 환전하기 어려우므로 유로EUR로 환전해 현지에서 한 번 더 환전해야 합니다. 또한 모로코 디르함은 해외 반출이 엄격히 금지되어 있으므로 모로코를 떠나기 전 다시 한 번 환전해야 합니다. 환전 영수증을 꼭 지참하길 바랍니다.

추천 별점
관광명소에는 추천 별점(0~5개)이 있고, 상업시설에는 추천 표시가 있습니다.

휴무 · 요금 정보
관광명소, 식당, 상점 등의 휴무와 요금 정보는 정기휴일을 기준으로 실었으며, 개신교(크리스마스, 부활절 등)와 이슬람교(라마단 기간)에는 변동될 수 있습니다. 상업시설의 예산이나 요금은 성인 한 명, 일반 객실 요금을 중심으로 실었습니다. 예약 시기와 상품 등에 따라 요금 정보는 달라집니다.

외국어와 외래어의 표기
국립국어원 외국어 및 외래어 표기법에 따라 표기했으나 일부는 현지 발음에 최대한 가깝게 표기하거나 일반적으로 통용되는 방식으로 표기했습니다.

지도 보는 법
책에 소개된 관광명소, 식당, 기타 상업시설, 숙소, 교통시설 및 편의시설의 위치는 지도에서 확인할 수 있습니다. 예를 들어, 본문에 'p.87-G'라고 표시된 것은 87쪽 G구역에서 해당 장소의 위치를 찾을 수 있다는 의미입니다.

지도에 삽입한 기호
- 메디나
- 공항
- 은행, ATM, 환전소
- 관광명소
- 식당
- 쇼핑
- 스파(함맘)
- 숙소
- 버스 터미널
- 기차역
- 항구
- 약국

구글 지도 위치 정보 제공
스마트폰으로 아래 QR코드를 스캔하면 이 책에서 소개하는 장소들의 위치 정보를 담은 '구글 지도(Google Maps)'로 연결됩니다. 웹페이지 또는 스마트폰 애플리케이션의 온라인 지도 서비스를 통해 편리하게 위치 정보를 확인할 수 있습니다.

모로코를 이해하는 일곱 가지 키워드

모로코는 아프리카의 한 국가이자 아랍 국가로 이슬람, 로마, 유럽 문화가 뒤섞여 있다. 공부하면 여행할 때 더 즐겁고, 문화 차이로 인해 발생하는 실수도 줄일 수 있으니 아래 키워드로 모로코를 알아보자.

메디나 Medina 사막이 기반인 모로코의 지형적인 특징 때문에 생겨난 메디나는 도시를 지키기 위해 성곽으로 둘러싼 구시가지를 의미한다. 페스, 마라케시 등 옛 모습을 간직하고 있는 메디나의 좁은 골목을 걷는 건 모로코 여행에서 빼놓을 수 없다. 시장과 식당, 숙소, 집들로 얽히고설킨 좁은 메디나에는 자동차가 들어올 수 없어 당나귀가 택시 겸 운반 역할을 한다.

카스바 Kasbah 메디나 내에 위치한 카스바는 과거 높은 직책의 사람들이 살던 구역으로, 세월의 흔적이 고스란히 남은 성곽이나 저택을 볼 수 있으나 탕헤르, 에사우이라, 쉐프샤우엔 등 몇몇 도시를 제외하면 메디나에 흡수되어 경계가 모호해졌다. 카스바는 경치가 가장 멋진 곳에 지었기 때문에 지금도 카스바에 가면 아름다운 풍경을 만날 수 있다.

태너리 Tannerie 모로코 현지 발음은 "딴느리" 또는 "딴리"에 가깝다. 이는 전통방식에 따라 가죽을 염색하는 세계 최초이자 최대 규모의 가죽 염색장으로 페스 태너리가 가장 유명하다. 근처 가죽가게의 높은 층에 올라가 내려다보면 색색의 물감을 풀어놓은 거대한 팔레트처럼 보인다. 페스에서 한 달 정성껏 염색한 가죽제품은 세계가 인정한 최상품으로 높은 가격에 유럽 및 중동 국가로 수출된다.

함맘 Hammam 이슬람 문화 중 하나인 함맘은 목욕탕 또는 목욕하는 행위 자체를 일컫는 용어로, 메디나를 지을 때 빠질 수 없는 다섯 가지 요소 중 하나인 만큼 모로코 사람들에게 중요한 장소다. 우리네 목욕 문화와 비슷한 듯 다른 모로코의 목욕 문화가 궁금하다면 '여행의 피로를 싹, 함맘 & 스파(p.40)'의 안내에 따라 함맘을 체험해보자.

리아드(다르) Riad(Dar) 전통방식에 따라 지은 리아드와 다르. 구조를 알 수 없도록 담이 높고, 안으로 들어서면 커다란 중정이 나온다. 오렌지 나무를 심은 곳은 리아드, 없는 곳은 다르로 나뉜다. 대개 중정을 둘러싸고 여러 개의 방이 있고 1층과 옥상은 거실 역할을 한다. 규모에 따라 함맘을 갖춘 곳도 있다. 메디나가 남아 있는 지역은 숙소로 개조한 리아드가 많으니 꼭 묵어보자.

라마단 기간 Ramadan 이슬람력 9월에 있는 명절로 해가 떴을 때 아무것도 먹지 않고, 해 지는 것을 알리는 아잔(모스크에서 울리는 방송)이 울릴 때부터 다음날 해가 뜰 때까지 음식을 먹는다. 이는 소외되고 굶주린 이들을 되돌아보기 위한 것으로, 라마단 기간에는 현지인들이 예민할 수 있으니 주의한다. 식사시간에는 공공장소에서 무료로 음식을 나눠주기도 한다. 참고로 이때에만 만날 수 있는 음식이 있어 독특한 경험을 할 수 있다.

이슬람교 Islam 이슬람교는 알라(신)를 믿는 종교로 선지자 모하메드가 알라의 음성을 받아 적은 쿠란을 기반으로 한 종교다. 이슬람교 신자는 무슬림Muslim으로 불리는데, 다섯 의무를 지켜야 한다. "알라 외 다른 신은 없고 모하메드는 선지자다"의 샤하다(신앙고백), 하루 다섯 번 사우디아라비아 메카에 기도하는 샬라, 재산 2.5%를 기부하는 자카트, 라마단 기간 엄수, 하즈(성지순례)다.

best of morocco
베스트 오브 모로코

MOROCCO
모로코 여행의 하이라이트

유럽에서 가장 가까운 아프리카이자 아랍과 베르베르 문화가 공존하는 모로코.
모로코는 지역적 특색이 강하고 옛 모습이 잘 보존되어 있어 볼거리가 넘쳐난다. 다채로운 자연환경에서 즐기는
액티비티는 누구라도 만족할 만하다. 하지만 이 모든 것을 합해도 친절한 모로코 사람들의 매력을 뛰어넘을 수 없다.

1
스머프가 튀어나올 것 같은
쉐프샤우엔의 푸른 골목

마치 하늘에 구멍을 뚫은 듯 골목골목 파란색으로 물든 세상.
동화 속으로 들어간 듯 파란 마을 쉐프샤우엔에 가면 누구나 요정이 된 기분이 든다.
손만 닿아도 스머프로 변신할 것 같은 이곳은
유명 사진작가들이 사랑하는 포토 스폿으로 유명하며
어디를 어떻게 찍어도 근사한 작품이 된다.

2
타임캡슐로 봉인한 듯한
페스 만 개의 골목

적의 침입을 막으려는 의도로 만든 도시답게
페스의 골목을 걷다 보면 미로 같은 길을
헤매기 십상이지만 철을 두드려 그릇을 만드는 소리,
모스크에서 퍼져 나오는 아잔 소리,
향신료에서 풍기는 냄새까지
오감을 자극하는 요소로 가득하다.

3
세계에서 가장 큰 팔레트,
페스 태너리

다큐멘터리에서나 볼 법한 오래된 가죽 염색장을 눈앞에서 볼 수 있는 페스의 태너리.
동물 가죽을 벗겨 씻고 동식물에서 채취한 천연 염색약으로 물들이는 모습은
보고 또 봐도 신기하다. 옛날 방식으로 염색한 제품은 모로코를 넘어 전 세계로 수출된다.

4
은하수와의 하룻밤
사하라 사막

사막은 언제나 로맨틱하다.
그곳이 세계에서 가장 큰 사막인, 사하라 사막이라면!
그 어느 곳에서 사막을 경험해보았더라도
이곳을 보고 나면 머릿속에서 지워질 것이다.
낙타를 타고 사막을 가로질러 베이스 캠프로 이동해
아늑한 텐트에서 보는 노을과 은하수는
평생 잊지 못할 밤을 선사한다.

5
세상에서 가장 흥미로운
제마 엘 프나 광장

시끌벅적해서 혼을 쏙 빼놓는 광장에 살짝 발을 들이는 순간 누구와도 친구가 된다.
갓 짠 오렌지 주스와 각종 음식을 파는 포장마차,
피리를 불며 뱀을 춤추게 하는 사람, 원숭이를 자유자재로 다루는 사람,
손에 헨나를 그려주는 사람까지 흥미로운 광경이 눈앞에 펼쳐진다.

6
세계에서 가장 높은
카사블랑카 하산 2세 모스크

해 질 무렵, 노을에 건물 벽면이
반짝반짝 빛나는 모습이 아름다운 이슬람 모스크로
"신의 보좌는 물 위에 지어졌다"는 쿠란 구절을 바탕으로
바다를 메워 만들었다. 멀리서 보면 바다 위에
떠 있는 것처럼 보인다. 모스크 바닥 일부를
유리로 만들어 바다 위에 무릎을 꿇고
기도하는 느낌을 받을 수 있도록 설계됐다.

7
로마의 발자취를 간직한
페스 및 라바트 근교도시

지리적으로 유럽 대륙과 가까운 곳에 위치한 탓에
숱한 침략과 지배를 받아야 했던
모로코의 아픔은 고대 유적지에 고스란히 남아 있다.
여행자가 많이 가는 지역 중 라바트의 셀라,
페스 근교 소도시 볼루빌리스에서 로마 시대의 흔적을 엿볼 수 있다.

8
파란색의 아름다움을 지닌
마라케시 마조렐 정원

프랑스 화가 자크 마조렐이 지은 집으로
각종 선인장이 자아내는 독특한 분위기의 정원과
마라케시의 하늘을 닮은 청연한 '마조렐 블루'를
담은 집이 인상적이다. 프랑스 패션 디자이너
이브 생 로랑의 연인 피에르 베르제가
매입해 대중에게 개방되었고 정원 외에도
베르베르 박물관 등 다양한 볼거리가 있다.

9
유럽에서 가장 가까운
탕헤르

가슴이 탁 트이는 대서양을 곁에 둔 탕헤르. 날씨가 좋은 날이면 유럽 대륙이 보이니 바다를 향해 있는 카페와 뷰포인트를 찾아 망망대해를 바라보자. 또한 탕헤르에서 스페인까지 잇는 페리가 매일 운항되는데, 페리를 타고 대륙을 건너는 것은 짜릿한 경험이 될 것이다.

10
수많은 음악가가 사랑한
에사우이라

뮤지션 지미 핸드릭스와 밥 말리가 사랑한 도시로 그들의 음악을 연주하는 버스커를 만날 수 있다. 해마다 모로코 전역에서 손꼽히는 그나우아 음악축제가 열리는 곳으로, 건물들을 흰색과 파란색으로 칠한 메디나는 다른 지역과 확연히 구분되는 이색적인 모습으로 수많은 여행자를 유혹한다.

MOROCCO

모로코의 대표 여행지
essential

모로코가 아프리카에 있는지 모르는 사람도 다 아는 사하라 사막, 세계에서 가장 흥겨운 광장이 있는 마라케시, 파란 도시의 대명사 쉐프샤우엔, 만 개의 골목 속에 숨겨진 세계에서 가장 오래된 가죽 염색장이 있는 페스 등 모로코 대표도시들을 알아보자.

페스 Fès

모로코에서 세 번째로 큰 도시이자 가장 오래된 도시로, 만 개가 넘는 골목을 품은 미로도시다. 유럽이 암흑기를 지나던 중세 시대, 이슬람 문명은 이미 수준 높은 지성을 보이기 시작했다. 당시 모로코 왕국의 수도였던 페스는 이슬람의 지성인들이 모여든 곳으로 세계 최초로 대학이 세워진 곳이다. 이곳에서 기량을 갈고 닦은 수많은 지성인들이 이베리아 반도로 넘어가 유럽의 암흑기를 깨우고 모로코의 독립을 이뤄냈다. 또한 종교적으로도 영향력을 미쳐 '서쪽의 메카 Mecca of the West'로 불렸다. 여행자들이 페스를 찾는 가장 큰 이유는 세계에서 가장 오래된 태너리(가죽 염색장)를 보기 위해서인데, 전통방식에 따라 가죽을 염색하는 모습을 눈앞에서 볼 수 있다.

탕헤르
쉐프샤우엔
카사블랑카
라바트
페스
에사우이라
마라케시
사하라 사막

쉐프샤우엔 Chefchaouen

파란색은 사람의 마음을 끌어당기는 힘이 있는 것 같다. 그리스 산토리니, 인도 조드푸르와 더불어 '3대 스머프 마을'로 불리는 쉐프샤우엔은 마을을 감싸 안은 두 개의 산이 염소의 뿔과 같이 생겼다고 하여 붙은 이름이다. 하늘에서 파란색 물감이 가득 담긴 양동이를 떨어뜨린 듯 손만 닿아도 심장까지 파란색으로 물들 것 같다. 무슨 연유로 이런 모습을 갖게 되었을까? 하늘에 구멍을 뚫어놓고 사는 것 같은 파란 골목과 여기저기 뛰노는 고양이는 여행자의 로망을 채워주기에 충분하다.

사하라 사막 Sahara Desert

세계에서 가장 큰 황무지, 사하라 사막. 아무것도 받아들이지 않는 동시에 모든 것을 포용하는 사막의 매력은 가본 사람만 알 수 있다. 각자의 이유를 가지고 사막으로 향하지만 아름다운 노을과 굴곡진 능선을 따라 걷는 것은 평생 잊지 못할 기억으로 남을 것이다. 사하라 사막은 세 개의 국가에 걸쳐 있는 어마어마한 크기로 대부분 마라케시나 페스에서 사막 투어나 장거리 버스를 이용해 사하라 사막의 메르주가(하실라비드)로 간다.

마라케시 Marrakech

'모로코 남쪽의 붉은 보석'이라 불리는 예술의 도시 마라케시는 11세기 후반 베르베르인이 세운 알모라비드Almoravid 왕조에 의해 형성되었고, 1520년 수도로 지정되면서 비약적인 발전을 이루어 지금도 그 시대의 건축물과 유물이 많이 남아 있다. 미로를 방불케 하는 좁은 골목과 마조렐 블루라는 색깔을 탄생시킨 마조렐 정원, 세계에서 가장 오래된 시장인 제마 엘프나 광장 등 다양한 볼거리로 여행자를 불러 모은다. 마라케시의 가장 큰 매력은 사람이다. 북적이는 광장에서 열정적으로 자신의 삶을 살아가는 그들이 뿜어내는 생명력은 그 어느 곳에서도 느끼기 힘든 매력임이 분명하다.

MOROCCO

모로코의 매력적인 소도시

suburbs

시간과 체력이 적잖이 필요해 쉽게 찾아갈 수 없지만
놓치기 아까운 아름다움이 숨겨진 모로코의 소도시. 많이 알려진 대표도시와는 또 다른 매력을 품고
여행자를 기다리고 있으니 모험심이 투철한 사람이라면 눈여겨볼 것!

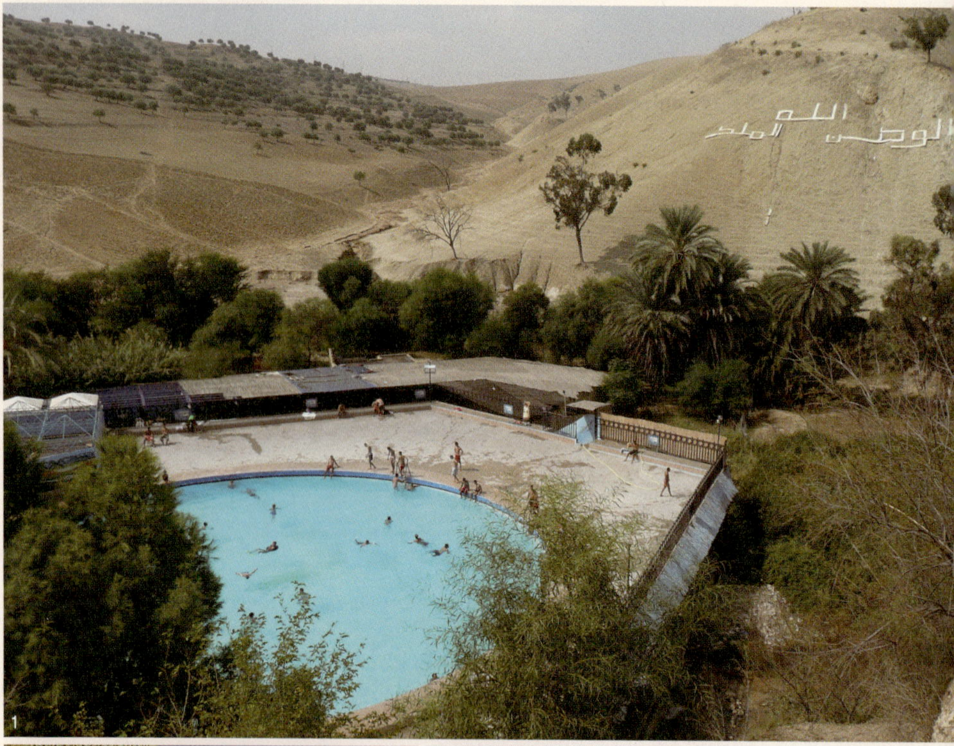

1

2

3

4

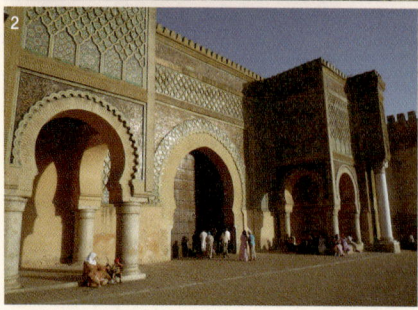

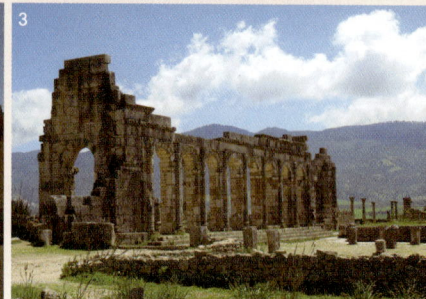

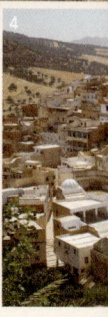

① **시디 하라젬** Sidi Harazem p.136 페스에서 30분 거리에 위치한 온천도시
② **메크네스** Meknes p.136 알모라비드 왕조의 4대 도시 중 하나
③ **볼루빌리스** Volubilis p.137 로마 시대 유적지가 남아 있는 도시
④ **물레이 이드리스** Moulay Idriss p.137 모로코의 베르사유
⑤ **아이트 벤하두** Aït Benhaddou p.152 수많은 영화 촬영 배경지로 등장한 곳
⑥ **토드라 협곡** Todgha Gorges p.153 2억 년 전 지각 변동으로 생겨난 장미의 계곡
⑦ **다데스 협곡** Dades Gorges p.153 보고 있어도 믿기지 않을 정도로 기묘한 바위의 향연
⑧ **와르자잣** Ouarzazate p.153 흙으로 지은 마을

MOROCCO

모로코의 이색 체험

바다와 산, 사막 등 다채로운 자연환경을 뽐내는 모로코.
다양한 문화와 언어가 공존하는 만큼 다양한 체험거리가 있어 취향에 맞게 선택할 수 있다.
하지만 아직 인프라가 충분하지 않은 편이니 다른 무엇보다도 안전제일!

에사우이라 서핑

언제나 파도가 센 편이라 세계적인 서핑 포인트로 유명한 에사우이라. 서핑을 하기 위해 이곳에 몇 달씩 머무르는 서퍼들이 있고 관련 업체에서 진행하는 원데이 서핑 클래스도 많아 초보자도 쉽게 도전할 수 있다. 단, 주의사항을 잘 지키지 않으면 '서퍼 증후군'이 올 수 있으니 관련 내용을 충분히 숙지한 후 도전해야 한다.

토드라 협곡 암벽 등반

2억 년 전 지각 변동으로 생겨난 토드라 협곡의 암벽은 세계 각지의 모험심 강한 여행자를 불러 모은다. 신발과 장비는 투어 업체에서 대여할 수 있다. 투어 중 바위에 긁히는 경우가 많으니 긴팔과 긴 바지를 입는 것이 좋다.

샌드보딩 & ATV

사하라 사막에는 낙타 타기 외에도 사구를 넘으며 스피드를 즐길 수 있는 ATV, 모래 언덕 위에서 보드를 타고 내려오는 샌드보딩을 즐길 수 있다. 샌드보딩 시 배를 보드에 붙이고 엎드려서 타는 것이 가장 안정적인 자세인데, 이는 팔꿈치와 다리가 모래에 쓸리지 않도록 타기 위함이다. 햇빛이 강할 때는 화상을 입을 수 있으니 해 질 녘에 즐기는 것을 추천한다.

벌룬 투어

드넓은 평야와 메디나 내 끝없이 이어진 골목을 위에서 내려다보고 싶다면 눈여겨봐야 할 체험. 투어의 대부분은 아틀라스 산맥을 함께 볼 수 있는 마라케시 근교에서 진행된다. 투어 비용에는 베르베르식 아침식사와 샴페인과 음료, 왕복 차량 비용 등이 포함된 경우가 많다.

낙타 타기

세계에서 가장 넓은 사하라 사막 위를 여유롭게 즐기기 좋은 방법. 준비물로 스카프, 선글라스, 선크림은 필수다. 대개 숙소에서 사하라 사막 베이스 캠프로 이동할 때 낙타를 타고 이동하는데 낙타 타는 것에 익숙지 않은 사람이 두 시간 이상 타는 건 힘든 일이고, 무엇보다 낙타의 키가 상당하기 때문에 낙상 시 크게 다칠 수 있다는 것을 알아두자.

스키

아프리카와 스키? 공존하기 힘든 두 단어를 이어주는 접점이 마라케시 근교 소도시 오카임든Oukaïmeden에 있다. 제벨 아타르Jebel Attar 산 중턱 해발 2,650m에 위치한 이곳은 아프리카에서 가장 높은 곳에 위치한 스키 리조트로 그랑 택시를 타고 갈 수 있다. 리조트라고 하기에는 부족한 허허벌판에 달랑 리프트 하나가 설치되어 있지만 스키를 즐기는 데 문제는 없다. 스키 장비는 리조트에서 빌릴 수 있다. 스키장은 울퉁불퉁하고 수직 절벽으로 되어 있어 초보자에겐 무리지만 스키 마니아라면 도전해볼 만하다. 슬로프까지 당나귀를 타고 가는 사람들의 모습은 이곳에서만 볼 수 있는 진풍경이다.

툽칼 산 트레킹

북아프리카에서 가장 높은 산이 모로코에 있다는 것을 아는 사람은 많지 않다. 만년설이 소복이 쌓여 있는 아틀라스 산맥 툽칼Toubkal 산은 해발 4,162m로 히말라야 산맥의 안나푸르나 베이스 캠프보다 높은 곳에 위치해 이곳에 오르기 위해 모로코를 찾는 산악인도 많다. 하지만 치안을 보장할 수 없으니 믿을 만한 동행인이 없다면 추천하지 않는다.

MOROCCO

모로코의 대표 음식

모로코의 음식 문화는 다양한 자연환경과 베르베르, 이슬람, 유럽 등 수많은 문명을 거치며 다채로워졌다. 각종 향신료와 채소, 고기를 사용한 음식이 주를 이루며 종교적인 이유로 돼지고기는 판매하지 않고 할랄 방식에 따라 도축한 고기만 사용한다.

타진 Tajine

요리 이름이자 그릇 이름이기도 하다. 그릇 모양은 물이 귀한 사막에서 물을 넣지 않고 요리할 수 있게, 채소의 수분이 날아가지 않도록 만들어졌다. 조리 방법은 고기를 넣고 채소를 모닥불처럼 쌓아올린 후 약한 불에 오래 익힌다. 소, 닭, 양, 염소 등 다양한 고기를 사용하는데 갈비찜과 비슷한 맛이 나는 소고기 타진과 동그란 미트볼을 넣어 만든 케프타 타진이 한국인 입맛에 가장 잘 맞는다.

딴지아 Tanjia

모로코를 대표하는 전통음식으로 타진이 있다면, 마라케시를 대표하는 음식으로는 딴지아가 있다. 딴지아는 종종 '노총각 음식'으로 불리기도 하는데, 작은 항아리처럼 생긴 토기에 향신료를 버무린 고기와 채소를 채워 출근길에 함맘에 맡겨두면 약한 불에서 하루 종일 익혀주는데 퇴근길에 이를 가져가서 먹기 때문에 생겨난 이름이다.

꾸스꾸스 CousCous

금요일 점심에 먹는 꾸스꾸스는 11세기경 베르베르인에 의해 만들어진 음식으로, 듀럼 밀Durum Wheat을 거칠게 간 세몰리나Semolina에 버무려 만든 좁쌀 모양의 파스타로 북아프리카 마그레브 지역의 주식이기도 하다. 꾸스꾸스와 고기, 채소를 쪄서 버무려 먹는데 맛을 제대로 느끼려면 손으로 먹어야 한다. 많은 양을 요리해야 제대로 된 맛을 느낄 수 있어 레스토랑에서는 금요일 점심식사 외에는 판매하지 않는 경우가 많다. 참고로 여럿과 먹을 때는 자기 앞에 놓인 부분만 먹는 것이 예의다.

파스티야 Pastilla

"이 세상에는 두 종류의 사람이 있다. 파스티야를 먹어본 사람과 불행히도 그 맛을 모르는 사람"이라는 모로코 속담이 있을 만큼 빼놓을 수 없는 전통음식이다. 지역에 따라 '파스틸라'로 불리는 파이로, 바삭한 껍질 안에 고기를 넣고 구운 후 하얀 슈거 파우더와 시나몬 가루를 뿌린다. 주로 비둘기고기나 닭고기를 사용하고 간혹 새우를 넣은 파스티야도 볼 수 있다.

하리라 수프 Harira Soup

토마토와 렌틸 콩으로 만든 매콤한 수프. 토마토를 기본으로 하지만 육수나 향신료에 따라 맛의 차이가 있고 매콤한 하리사 소스를 넣어 먹으면 더 맛있다. 라마단 기간에 금식 후 해가 지면 가장 먼저 먹는 음식이라 '라마단 수프'로 불리기도 한다. 대개 달콤한 모로코 전통 디저트인 슈베키아Chebakia와 같이 먹는다.

낙타 버거 Camel Burger

색다른 음식에 거부감이 없다면 도전해볼 만한 모로코 음식으로 향신료에 재워두었다가 불에 바싹 구운 고기와 각종 채소를 홉스(빵) 사이에 넣어 먹는다. 이런 형태의 샌드위치는 스페인 음식 보카디요Bocadillo에서 유래된 것으로 낙타 고기 외에 다양한 고기, 참치 등을 넣어 먹는 모로코의 대표 길거리 음식이다.

베르베르 오믈렛 Berber Omelet

중동 음식 샥슈카Shakshuka, 튀니지에서 유래한 계란 요리와 비슷한 음식으로 토마토와 달걀에 향신료를 곁들여 먹는다. 간단히 아침식사로 홉스(빵)와 함께 먹기 편리하다. 대개 묵직한 토기에 담겨져 나오는데 매콤하게 즐기고 싶다면 모로코식 고추장 하리사 소스를 조금 넣고 비벼서 먹어보자. 한국인의 입맛에 잘 맞는 음식 중 하나로 아침식사로 즐겨 먹는 여행자가 많다.

자알룩 Zaalouk

토마토, 가지, 마늘에 매콤한 하리사 소스를 넣고 끓인 음식. 껍질을 벗긴 가지는 잘게 잘라 삶고, 토마토는 데쳐서 설탕과 함께 졸인 후 가지, 마늘, 올리브 오일, 레몬즙, 하리사, 커민, 다진 파슬리를 넣고 볶는다. 덩어리지게 만들어 샐러드로 먹는다.

모로코식 샐러드 Moroccan Salad

양파와 피망 등 다양한 채소에 각종 향신료와 올리브 오일을 넣어 버무린 샐러드로 밥반찬으로 먹어도 손색없을 만큼 짭조름하고 특히 고기를 먹을 때 감칠맛 난다. 생 채소가 들어간 음식이 많지 않은 모로코에서 거의 유일한 생 채소 음식이기도 하다.

MOROCCO

모로코의 쿠킹 클래스

다양한 문화권의 영향을 받아 화려한 식문화를 가진 모로코. "배가 불러야 노래도 나온다"는 속담이 있을 정도로 전통음식이 많다. 마라케시, 페스 등 주요 도시에서 쿠킹 클래스(페스 p.140, 마라케시 p.174, 176)를 체험할 수 있다. 직접 음식을 만들어보면 더욱 풍성한 여행을 즐길 수 있을 것이다.

쿠킹 클래스 진행과정

① **시장 보기**
클래스를 시작하기 전 다 함께 시장에 가서 사용할 재료를 구입한다. 사전에 클래스에 소요되는 시간을 미리 확인하는 것이 좋은데, 클래스 시간이 짧으면 시장 보기, 재료 다듬기가 생략되는 경우도 있다.

② **재료 다듬기**
쿠킹 클래스에 사용할 재료를 미리 다듬고 재워둬야 하는 요리라면 이때 같이 배우기도 한다.

③ **음식 만들기**
가장 많이 배우는 음식은 타진과 꾸스꾸스, 디저트, 민트 티로 클래스 신청 시 원하는 종류(채식 또는 육류)를 정하고 만들게 된다. 간혹 음식 만드는 모습을 보기만 하는 곳도 있으니 직접 요리할 수 있는지 사전에 확인하는 것이 좋다.

④ **나누어 먹기**
그룹 수업의 경우 클래스가 끝난 후 다 함께 모여 음식을 나누어 먹는 게 보통이고 개인 수업의 경우 포장해주는 곳이 많다.

MOROCCO

모로코의 빵과 디저트
bread & dessert

한국인이 밥심으로 산다면 모로코 사람들은 '빵심'으로 산다.
삼시세끼 빵을 먹는 곳인지라 다양한 종류의 빵을 저렴한 가격에 맛볼 수 있다.
특히 메디나 내 화덕 앞에 쪼르르 줄지어 있는 갓 구운 빵을 만난다면 주저하지 말고 지갑을 열어보자.

뮐라위 Meloui
아침식사 혹은 간식으로 즐겨 먹는 모로코식 팬케이크이다. 꾸스꾸스를 만들 때 사용하는 세몰리나에 버터를 섞어 반죽해 잘 구운 후 층층이 기름을 발라 두 번 접어 총 여덟 개의 층으로 만든 것이 정통방식이다. 꾸덕한 식감을 가진 뮐라위는 아침식사 때는 계란과 요구르트를 곁들여 먹고, 오후에 간식으로 먹을 때는 꿀이나 잼, 버터를 발라 먹는다는 차이점이 있다.

홉스 Khobz
모로코에서 맛볼 수 있는 가장 기본적인 빵으로 요리를 주문하면 무료로 제공되는 경우가 많다. 버터, 우유, 달걀을 넣지 않고 식물성 기름으로 만들어 바게트처럼 담백해 어느 음식과 먹어도 잘 어울린다. 간혹 방석 크기의 빵이 테이블에 놓여 있는 경우도 있는데 먹을 만큼 손으로 떼어낸 후 함께 식사하는 사람에게 넘기면 된다. 남은 빵은 배고픈 사람이 먹을 수 있도록 봉지에 넣어 문밖에 걸어두는 모습을 종종 볼 수 있다.

모로코식 아몬드 마카롱
Moroccan Macaroon

아몬드를 넣어 구운 간식으로 쿠키처럼 생겼지만 마카롱처럼 부드럽고 쫀득쫀득하다. 가운데 크림을 넣어 만드는 마카롱과 달리 홈겹으로 가운데에 커다란 아몬드를 콕 집어넣은 것이 특징으로 모로코 아이들이 가장 좋아하는 간식 중 하나이다. 집에서 만들어 먹기보다는 가게에서 사먹는 편으로 귀한 손님을 대접할 때 구비해두는 간식이다.

바그리르 Baghrir

뮐라위와 더불어 아침식사에 빠지지 않는 빵으로, 이 또한 세몰리나로 반죽한다. 보들보들한 식감이 일품으로 버터나 잼과 함께 먹고 식감이 부드러워 라마단 기간 중 저녁을 알리는 아잔이 울리고 가장 먼저 먹는 이프타르Iftar 음식이기도 하다. 바그리르의 가장 큰 특징은 한쪽 면에 뚫려 있는 수많은 타공으로, '천 개의 구멍이 있는 빵'이라는 재미난 별칭을 가지고 있다.

하르차 Harcha

노란 세몰리나 알갱이의 거친 식감을 잘 살린 까끌까끌한 식감의 빵을 튀겨 만든 것으로, 한 개만 먹어도 배가 부를 정도로 두께가 두툼한 편이다. 식감은 머핀에 가까우나 묘하게 다른 맛을 내는 게 특징이다. 하르차는 버터나 잼, 꿀에 찍어서 먹는 게 보통이지만 경우에 따라 속에 다양한 재료를 채워서 샌드위치처럼 먹기도 한다.

페카스 Fekkas

빵 사이로 아몬드가 콕콕 박힌 페카스는 과자처럼 딱딱한 식감을 가진 러스크로, 간식시간에 커피 혹은 차와 곁들여서 함께 먹는다. 풍미를 살리기 위해 여러 향신료를 첨가하는 경우가 많아서 처음 먹어보는 사람에겐 다소 낯설 수 있다. 단번에 친해지기에는 어려운 맛이지만 익숙해지면 자꾸만 손이 가는 마성을 가진 빵이기도 하다.

깝 엘 가젤 Kaab el Ghazal

'콩 디 가젤(코른 드 가젤) Corne de Gazelle'로도 불리는 프랑스 과자가 변형된 것으로 프랑스 식민 시절을 거치며 즐겨먹기 시작한 간식이다.

크테파 Ktefa

우유 파스티야로 불리는 '와르까(바삭한 파이류) Warqa'에 크림을 부어 겹겹이 쌓아 먹는 디저트로 아몬드와 과일을 넣어 먹기도 한다. 쉽게 바스러져서 먹기 쉽지 않지만 한 번 맛보면 계속해서 생각날 만큼 중독성이 강하다.

슈베키아 Chebakia

슈베키아를 파는 가게를 지나가면 익숙한 시나몬 냄새에 우리네 수정과, 약과가 떠오른다. 우리나라 약과와 비슷한 맛을 내는 슈베키아는 장미 모양으로 빚은 튀김 과자로 장미수와 꿀로 만든 시럽을 입힌 후 볶은 깨에 버무리는데, 한입 베어 물면 고소한 맛이 일품인 간식이다. 하리라 수프와 함께 먹기도 하는데, 열량이 높은 편이라 라마단 기간 중 자기 전에 배를 든든히 하기 위해 먹는 경우가 많다.

스펜즈 Sfenj

느지막한 오후 티타임에 주렁주렁 줄에 꿴 스펜즈를
들고 다니는 할아버지를 메디나에서 볼 수 있다.
바삭하면서도 쫄깃한 식감이 일품으로
민트 티나 커피와 함께 먹고
간혹 호텔 아침식사에 제공되기도 한다.
스펜즈와 비슷하게 생긴 크링고Khringos는
모로코식 추로스 혹은 미니 도넛으로
대표적인 길거리 음식으로 손꼽힌다.

바스부사 Basbousa

중동 지역의 대표적인 케이크로 터키부터
모로코 사이에 있는 많은 국가에서 각기 다른 이름으로
불리며 사랑받는 디저트이다. 모로코 빵을 만들 때
빠지지 않는 거친 식감의 세몰리나에
시럽을 입힌 후 피스타치오와 오렌지 꽃물
혹은 장미수를 섞어서 만들어 한입 베어 물면
향긋한 꽃 내음이 입안 가득 퍼진다.
식사 후에 이 메뉴가 보인다면
한 번 주문해서 디저트로 즐겨보자.

브리오앗 Briouat

인도의 길거리 음식 사모사와
비슷한 모양의 브리오앗은 세모 모양의
스프링롤 혹은 파이로 속에 고기나
채소를 넣어 튀긴 것이다.
주로 애피타이저로 먹고 다진 아몬드로
속을 채워 디저트로 즐기기도 한다.

마크룻 Makrout

우리네 약과와 비슷한 식감과
맛이 나는 간식으로 주로 라마단 기간에 먹는다.
대추야자 페이스트를 넣어서 튀기거나
오븐에 구운 후 꿀에 담가 만든다.
유대인은 새해를 맞이할 때 이것을 먹는다.

MOROCCO

모로코의 대표 음료
beverage

노천카페에 앉아 민트 티나 커피 한잔 음미하는 것은 모로코 여행에서 빼놓을 수 없는 재미다. 모로코는 다른 아랍 국가에 비해 술에 관대한 편이어서 바에서는 유럽의 와인과 맥주도 쉽게 구할 수 있다.

민트 티 Mint Tea

'모로코 위스키'라는 별칭을 가진, 모로코 사람들의 '소울 드링크' 민트 티. 현지에서는 '아타이Atay'라고 부른다. 민트 잎을 넣고 끓인 차에 설탕을 듬뿍 넣어 마시는 것이 특징이다. 현지에서 민트 티를 따라줄 때 주전자를 최대한 높이 들어 올려 따르는데, 이는 충분히 거품을 내기 위해서다. 거품이 많을수록 맛도 부드러워지기 때문인데 손님을 환영하는 의미가 함께 담겨 있다. 모로코에서는 손님에게 차를 세 번 권하는 문화가 있다. 첫째는 인생처럼 쓰고 둘째는 사랑처럼 달다는 것, 그리고 마지막은 평안한 죽음을 의미하며, 차를 나눈 사람과 인생을 나눈다는 의미가 함께 담겨 있다고 한다.

하와이 Hawai

몰디브 하면 모히토, 모로코 하면 하와이! 오렌지, 패션 후르츠, 코코넛을 섞은 탄산 음료로 어디선가 먹어본 듯한 맛으로 거부감 없이 마실 수 있다. 무더운 날씨에 한 병, 두 병 마시다 보면 어느새 익숙해져 그 맛을 그리워하게 된다.

주스 Juice

과일이 많이 생산되는 모로코답게 오렌지, 아보카도, 사탕수수, 석류 등의 주스는 물론 우유와 과일을 섞은 스무디를 저렴한 가격에 마실 수 있다. 스무디에는 어마어마한 양의 설탕을 넣어주는데 설탕을 넣고 싶지 않으면 주문 시 "설탕 빼주세요 (블라 스카Bla Skar)."라고 말해보자.

맥주 Beer

모로코는 다른 아랍 국가에 비해 쉽게 술을 구할 수 있지만, 제한된 장소에서만 구할 수 있고 길거리에서 마시는 것은 금지되어 있다. 맥주는 도시 이름을 딴 카사블랑카 Cassablanca, 스페셜 플래그Spéciale Flag, 스토크 Stork, 하이네켄Heineken이 인기가 많다. 참고로 모로코산 와인도 쉽게 볼 수 있다.

라입 Raib

모로코식 홈메이드 요구르트로 꿀이나 아몬드를 섞어 먹거나 빵에 찍어 먹는 경우가 많다. 라입과 비슷한 음료로 버터밀크Leben가 있는데, 식사 시 소화를 돕는 음료로 소금을 넣어 만들어서 터키의 아이란과 비슷한 맛이 나고 꾸스꾸스와 함께 먹는다. 라입은 모로코 사람들의 건강한 장 운동을 책임지는 음료로 여행 중 물갈이를 한다면 이것을 마시는 것이 도움된다.

커피 Coffee

까후아Qahwah라 불리는 커피 또한 모로코 사람들이 민트 티만큼 즐겨 마시는 음료로 이슬람교와 함께 전파되었다. 낮이면 노천카페에 모여 이야기를 나누며 커피를 마시는 남성들을 흔히 볼 수 있고 여성들은 카페 2층 혹은 집에서 마시는 경우가 많다. 블랙커피Qahwah Kahla와 우유를 반반 넣은 누스누스Noss Noss, 후추, 시나몬, 정향, 카다몬 등 다양한 향신료를 넣어 끓인 커피가 있다.

> **TIP 생수**
>
> 모로코의 수돗물에는 석회질이 많이 함유되어 있으니 반드시 생수를 사 먹어야 한다. 가장 무난한 브랜드로는 씨엘Ciel, 시디 알리Sidi Ali, 시디 하라젬Sidi Harazem 등이 있고 같은 브랜드라도 탄산수와 생수로 나누어 있으니 확인하고 구입한다. 간혹 수돗물을 채워 파는 경우가 있으니 뚜껑이 열려 있는지 구매 전에 확인해야 한다.
>
> **모로코에서 술 마실 때 주의!**
>
> 모로코는 다른 아랍 국가에 비해 술에 관대한 편이지만, 제한된 장소(주류 라이선스가 있는 곳)에서만 구입해 마실 수 있고, 무엇보다 길거리에서 술을 마시거나 술병을 바깥으로 드러내놓고 다니면 안 되니 유의하자.

MOROCCO
모로코의 쇼핑 아이템
shopping

여행에서 빠질 수 없는 재미는 뭐니 뭐니 해도 쇼핑이다. 그중에서도 살거리가 많은 곳은 마라케시다. 향신료, 천연 비누를 저렴하게 구입하고 싶다면 쉐프샤우엔을 돌아보자. 아이러니하게도 태너리(가죽 염색장)로 유명한 페스는 가죽 제품이 가장 비싼 곳으로도 유명하다.

라탄 제품

여름이면 언제나 사랑받는 스테디셀러, 라탄 제품. 메디나 내에 있는 시장에 가면 가방부터 바구니, 조명, 소파까지 수많은 종류의 라탄 제품을 판매하고 있다. 유럽으로 수출할 만큼 품질도 괜찮은 편이다. 한국까지는 운송이 쉽지 않아 부피가 큰 제품을 구입하긴 어렵지만 가방이나 작은 소품은 선물용으로도 인기 만점! 대부분 비슷한 디자인으로 만들어져 어느 도시에서나 구입할 수 있지만 핸드메이드라 똑같은 물건은 찾기 힘드니 마음에 드는 물건을 발견하면 바로 구입하는 것이 좋다.

도자기 제품

정교한 무늬를 새겨 넣은 다양한 용도의 도자기 그릇이 길거리에 널려 있다. 모로코 전통음식을 요리하는 타진 냄비를 구입하고 싶지만 크기가 부담스럽다면 앙증맞은 사이즈의 타진 냄비를 구입해보자. 신문이나 에어캡으로 단단히 포장하지 않으면 손잡이나 주둥이가 똑 떨어질 수 있으니 꼼꼼하게 포장해달라고 요청하는 것을 잊지 말자.

러그 & 카펫

모로코 주요 도시 내 메디나에 걸린 화려한 색감과 무늬가 눈길을 끄는 모로코의 카펫은 전 세계로 수출되는 모로코 효자상품으로 알라딘이 타고 하늘을 나는 장면이 연상될 만큼 화려하다. 북유럽 스타일의 인테리어가 유행처럼 번지며 무심히 툭 던져놓은 듯한 러그와 카펫이 인싸템으로 등극해 욕심이 샘솟을 수 있지만, 모로코의 화려한 디자인은 매치가 쉽지 않고 운송이 어려우니 쿠션커버나 방석처럼 포인트를 줄 수 있는 물품을 구입하는 것이 현명하다. 품질에 따라 가격이 천차만별이라 좋은 제품을 구별할 수 있는 안목이 있어야 바가지 쓰지 않고 구매할 수 있다.

은주전자와 은쟁반

시중에서 파는 주전자와 쟁반은 대부분 73.5%의 은이 섞인 '735 제품'으로 가격이 저렴하지만 92.5%의 은이 섞인 '925 제품'은 스털링 실버로 굉장히 비싸고 거리에 내놓고 팔지 않는다. 간혹 저렴한 제품이 '925 제품'으로 둔갑하는 경우가 있으니 주의하자.

가죽 제품(가방, 슬리퍼, 방석)

세계에서 가장 오래된 태너리를 가진 역사만큼 노련한 솜씨로 만들어내는 모로코산 가죽 제품은 유럽에서 큰 사랑을 받고 있다. 가방, 솜이 채워지지 않은 방석 푸프Pouffe, 전통신발인 바부슈Babouche 등 다양한 품목이 있는데 가죽 냄새는 쉽게 빠지지 않으니 냄새가 심하게 나는 제품은 피하는 것이 좋다.

마그넷
여행지의 독특한 개성을 담은 일명 냉장고 자석으로, 모로코의 각 도시마다 특색 있는 마그넷을 팔고 있다. 각 지역에서 구입하는 것이 가장 가격이 저렴하고 종류도 많다. 참고로 공항이 가장 비싸다.

블랙 비누
메디나를 거닐다 보면 커다란 통에 검은 물체를 담아 판매하는 모습을 쉽게 볼 수 있는데, 바로 검은색을 띤 비누로 잼처럼 생겼다. 온몸에 물을 뿌리고 블랙 비누를 바르고서 어느 정도 불린 다음 비눗기를 없앤 후 때를 미는 용도로 사용한다.

아르간 오일
한국에 가장 많이 알려진 모로코산 제품으로 아르간 열매를 짜서 만든 기름이다. 한국에서는 주로 헤어 오일로 사용하지만 모로코 현지에서는 몸에 바르기도 하고 참기름처럼 음식에 넣어 먹기도 한다.

사프란
다양한 향신료를 사용하고 구입할 수 있지만 단연 돋보이는 향신료는 스페인의 10분의 1 정도의 가격에 구입할 수 있는 노란 사프란이다. "금보다 비싼 향신료"라는 말이 있을 만큼 닭털을 섞어서 그램 수를 조작하는 일이 빈번하니 믿을 만한 곳에서 구입하는 것이 좋다.

MOROCCO

메디나에 빠질 수 없는 다섯 가지 요소

medina

뭉치면 살고 흩어지면 죽는 사막 문화를 가진 이들에게 마을을 이루는 것은 선택이 아닌 필수였다. 공동체 마을을 이루고 살아온 모로코 문화가 고스란히 남아 있는 메디나. 처음 메디나를 조성할 때 빠지지 않는 다섯 가지 요소가 있다. 모스크를 시작으로 학교, 샘, 화덕, 함맘이 그것이다.

① 모스크(사원) Mosque
마을을 계획하고 제일 먼저 하는 일은 가장 좋은 자리에 모스크를 짓는 것이다. 마을 사람 모두를 수용할 수 있는 규모가 큰 메인 모스크를 먼저 짓고 조금 떨어진 곳에 크고 작은 모스크를 몇 개 더 짓는다. 매일 다섯 번 울려 퍼지는 아잔은 기도시간을 알리는 소리로, 녹음된 것이 아니라 이맘(Imam, 기독교 및 가톨릭에서 목사·신부와 같은 위치)이 직접 읽는 것이다.

② 마드라사(학교) Madrassa
아랍인들은 오래전부터 교육의 중요성을 깨달았고 메디나의 다섯 가지 요소에 학교를 포함시킨 덕에 유럽보다 앞선 문명을 이룩할 수 있었다. 세계에서 가장 오래된 대학교는 페스에 있다.

③ 스까야(공동 샘) Sekaya
아랍 국가들은 수도시설을 이용해 마을 밖 호수에서 물을 끌어오는 관개시설이 잘 갖추어져 있다. 이를 통해 누구나 물을 사용할 수 있도록 공동 샘을 만들었다.

④ 프란(공동 화덕) Ferran
집에서 반죽을 만들어 이곳에 가져와 쪼르르 줄 세워 두면 맛있는 빵을 구워서 돌려준다. 집집마다 화덕을 둘 수 없었던 탓에 빵을 굽기 위해 생겨난 문화로 모두 같은 재료를 반죽해 만든 것인데 모로코 사람들은 자기 집의 빵을 기가 막히게 찾아낸다.

⑤ 함맘(대중 목욕탕) Hammam
로마 시대의 대중 목욕탕처럼 아랍 국가에도 대중 목욕탕 문화가 있다. 단, 우리네 목욕탕 문화와는 달리 증기를 이용해 몸을 씻고 오일로 마무리한다.

MOROCCO
모로코 전통가옥, 리아드

리아드Riad는 모로코 여행 중 빠뜨리면 아쉬운 체험거리로 웰컴 드링크를 시작으로 루프톱, 수영장, 함맘 그리고 화려한 아침식사를 제공하는 곳이 많다. 일반 숙소에 비해 가격이 비싸지만 옛 모습을 현대적으로 해석한 궁전 같은 리아드에서의 하룻밤을 꼭 보내보길 추천한다.

모로코의 전통가옥 리아드는 1층에 오렌지 나무 네 그루를 심은 중정(중앙 정원)을 시작으로 천장이 뚫려 있어 내부에서 하늘을 올려다볼 수 있고 외벽이 높은 편이라 외부에서는 내부를 볼 수 없는 것이 특징이다. 이는 여성의 노출을 금하는 이슬람교의 교리와 무더운 날씨의 영향을 받아 강한 빛을 막고 시원한 공기가 유입되도록 설계된 것으로 목재로 된 격자식 창문 또한 외부로부터 시원한 바람을 건물 내로 유입시키는 역할을 한다.
예전에는 1층을 상업적 용도로 사용했지만 지금은 손님을 응대하는 공간으로 사용된다. 카사블랑카, 라바트 등 현대화된 도시에서는 아파트나 현대식 주택에 사는 사람이 많지만 마라케시, 페스 등 전통이 많이 남아 있는 도시에 가면 옛 모습을 간직한 리아드를 숙소로 개조해 여행자들이 묵을 수 있는 리아드 호텔이 있다.

★ 지역별 추천 리아드 ★

지역별 가격 대비 시설이 좋은 리아드로 어느 곳에 묵어도 멋진 경험을 할 수 있다.

(탕헤르)
오 뚜아 포트 Aux 3 Portes
p.100
#귀족 저택 #아는 사람만 갈 수 있는 #빈티지

(쉐프샤우엔)
다르 미지엔나 Dar Meziena,
리아드 셰리파 Riad Cherifa
p.116~117
#전통 리아드 #조식 뷔페 #친절한 주인장
#가성비 갑 #함맘 #커피 머신

(페스)
리아드 이드리시 Riad Idrissy
리아드 메종 블루 앤 스파 Riad Maison Bleue and Spa
p.142~143
#부대시설 #미로 같은 구조 #대만족 #러블리 #전통의상 #조식 바구니

(마라케시)
리아드 즈 Riad Z
리아드 트자라 Riad Tzarra
p.187
#모던 리아드 #루프톱 #그림 같은 풍경
#조용한 숙소 #픽업 서비스
#손으로 그린 지도

MOROCCO

모로코 전통의상 체험

모로코 여행의 빼놓을 수 없는 재미는 전통의상 체험이다.
현지인에 대한 이해와 친밀도가 높아지는 것은 물론 지역 특성에 맞게 만들어져 굉장히 편리하다.
보통은 질레바와 바부슈를 착용하는 정도지만 이 외에도 다양한 복장을 경험할 수 있다.

질레바(젤라바) Djellaba

모로코 여행을 하다 보면 질레바의 후드를 뒤집어쓰고 길을 걸어가는 사람을 흔히 볼 수 있다. 영화 〈스타워즈〉에 나오는 의상 같은 이 옷은 남녀노소 즐겨 입는 전통의상으로 콥Qob이라는 후드가 있는 것과 없는 것으로 나뉜다. 여름에는 면, 겨울에는 양모로 만든 것을 입고 남성은 대부분 흰색에 노란 바부슈(전통신발), 빨간 모자를 쓰고 여성은 다양한 색과 화려한 무늬가 있는 질레바를 즐겨 입는다. 모자는 비와 모래, 바람으로부터 보호해주고 커다란 빵을 담을 수도 있다. 잠옷으로 입는 질레바는 수면바지처럼 촉감이 보들보들하다.

카프탄 Caftan

모로코 재봉사들이 과거 오스만 제국에 채용된 이유는 바로 아름다운 카프탄 때문이다. 우리의 개량한복처럼 현대적으로 재해석한 현대식 카프탄은 외출할 때 흔히 착용하고 전통방식의 카프탄은 큰 모임에 참석할 때 입는 경우가 많다. 카프탄과 비슷하게 생겼지만 훨씬 화려한 탁치타Takchita는 결혼식 의상으로 벨벳과 벨트, 화려한 자수와 보석으로 꾸민다.

간두라 Gandoura

짧은 소매와 옆 주머니가 달린 베르베르식 전통 여름 드레스로 무더운 여름철 남녀 모두 즐겨 입는 옷이다. 모시 느낌의 실로 만들어져 시원하고 하늘하늘거린다. 사막 지역에서는 남성들이 즐겨 입는 옷으로 좀 더 느슨한 형태의 간두라를 볼 수 있다. 이를 '데라아Deraa'라고 부르는데, '콴뜨리시Qandrissi'라 불리는 바지와 함께 입는다. 중요한 행사 때는 흰색을 입는 것이 특징이다.

하이크 Haik

실크와 양모로 만든 하이크는 얼굴과 손을 제외한 전신을 덮는 여성 전통의상으로 추위를 막기 위해 사용되고, 보수적인 시골 지역에서 주로 입는다.

바부슈 & 발가
Babouche & Balgha

소와 염소, 낙타 가죽을 이용해 만든 코가 뾰족하게 생긴 전통신발로 메디나에서는 가죽을 두드려 전통방식에 따라 만들기도 하지만 오늘날에는 공장에서 만든 것을 판매하기도 한다.

히잡 Hijab

아랍 국가라면 어디에서나 흔히 볼 수 있는 머리카락을 감추는 스카프로, 개인의 선호도에 따라 착용하기도 하고 착용하지 않기도 한다.

MOROCCO

여행의 피로를 싹, 함맘 & 스파
hammam

머나먼 아프리카에서 때를 벗기고 싶다면? 우리와 방식은 다르지만 모로코의 목욕탕에도 세신사가 있다. 그들에게 몸을 맡기면 묵은 때를 벗겨낼 수 있으니 여행하면서 누적된 피로를 풀고 싶을 때 함맘에 방문해보자.

메디나에서 빠져서는 안 될 다섯 가지 요소 중 하나인 모로코 전통 대중 목욕탕, 함맘. 대중 목욕탕과 찜질방 문화가 있는 우리에게는 크게 이질감이 느껴지지 않지만 모로코의 함맘 방식은 한국과 조금 다르다. 탕에 들어가서 몸을 불리는 우리와는 달리 탕 자체가 없고 뜨끈하게 데운 대리석만 놓여 있는 것이 사우나와 흡사하다. 메디나를 처음 만들 때 지은 로컬 함맘이 남아 있는 곳도 있지만 호화롭게 지은 현대식 함맘도 많으니 개인의 취향에 따라 골라 여행의 묵은 때와 피로를 한방에 날려보자.

함맘 준비물

로컬 함맘에 갈 때는 준비물을 챙겨야 하지만, 현대식 함맘의 경우 모든 것이 준비되어 있어 갈아입을 옷만 챙겨 가면 된다.
- 비누(블랙 비누)
- 모로코식 때수건Kiis
- 샴푸와 린스
- 수건
- 작은 바가지(물 끼얹는 용도)
- 갈아입을 옷

TIP 함맘에서 이것만은 기억하자!

이슬람교는 다른 사람에게 나체를 보이는 것을 금하기 때문에 목욕 중에도 반드시 속옷을 착용해야 한다. 여탕의 경우 간혹 나이가 많은 여성들 중 나체로 다니는 경우가 있긴 하지만 다른 사람을 위해 속옷을 착용하는 예의를 보이자.

진행과정
① 준비한 바가지로 물을 퍼서 바닥에 뿌려 깨끗이 한 후 온몸에 물을 끼얹는다.
② 블랙 비누를 온몸에 바르고 뜨거운 증기가 가득 찬 사우나에 들어가서 몸을 불린다.
③ 온몸에 물을 끼얹고 세신을 한다. 이때 세신사가 라술Rhassoul이라고 불리는 스크럽이나 빨간색 꽃가루Aker Fass를 물에 풀어 온몸에 발라주기도 한다.
④ 머리를 감겨주고 물을 뿌려 온몸을 깨끗하게 닦아준다.
⑤ 원한다면 오일 마사지를 추가로 받을 수 있다.

★ 지역별 대표 함맘 ★

모로코 어디서나 볼 수 있는 함맘이지만, 아래 지역에 간다면 함맘을 꼭 한 번 체험해보자.

① 함맘 다르 엘 바차 Hammam Dar El Bacha
마라케시의 대표적인 로컬 함맘 p.183
개인이 사용할 목욕용품을 가져가야 하고 요청하면 세신(약 50DH)을 받을 수 있다. 1920년부터 이용되던 곳으로 역사적인 의미가 깊고 리아드의 표본으로 불릴 만큼 전통을 잘 살린 건축양식이 돋보인다. 마라케시에서 가장 큰 대중 함맘으로 남자는 오전 7시~오후 1시, 여자는 오후 1~9시에 이용할 수 있다.

② 헤리티지 스파 Heritage Spa
현대식 함맘과 스파를 동시에 즐기고 싶다면 p.183
로컬 함맘의 위생이나 안전이 염려되는 사람에게 추천할 만한 곳. 전문적인 시설과 세신사가 있는 곳으로 함맘과 마사지 모두 가능하다. 이 스파가 위치한 곳은 스파 거리라 불릴 만큼 많은 업체가 있는데 시설이나 퀄리티 모두 만족스러운 곳은 이곳이 유일하다.

③ 키네 스파 Kine Spa
아르간 오일을 이용한 스파 p.229
카사블랑카에 사는 외국 여행자들이 즐겨 찾는 곳으로 수준 높은 마사지를 체험할 수 있다. 다양한 프로그램 중 아르간 오일을 이용한 오일 마사지가 제일 인기가 많다.

④ 함맘 시디 하라젬 Hammam Sidi Harazem
페스에서 30분 거리에 위치한 온천도시 p.136
페스에서 동쪽으로 10km가량 떨어진 근교도시 물레이 야쿱Moulay Yacoub의 온천으로 미네랄이 풍부하며 수영장과 개인 욕실 구조로 되어 있다. 수영장으로 되어 있는 유황 온천에 들어가려면 반드시 수영복을 착용해야 하는데 냄새가 심해서 수영복을 재사용하기는 어렵다는 점을 알아두자.

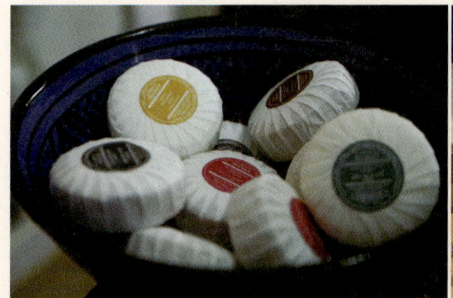

MOROCCO

모로코 배경의 영화 & 드라마

movie & drama

영화 세트장으로 사용되는 아이트 벤하두를 비롯해 마라케시의 제마 엘 프나 광장, 에사우이라의 성벽과 메디나의 좁은 골목, 사하라 사막 등 옛 모습을 고스란히 간직한 모로코는 유네스코 세계유산으로 지정된 곳이 많은 만큼 영화의 배경지로도 자주 등장한다.

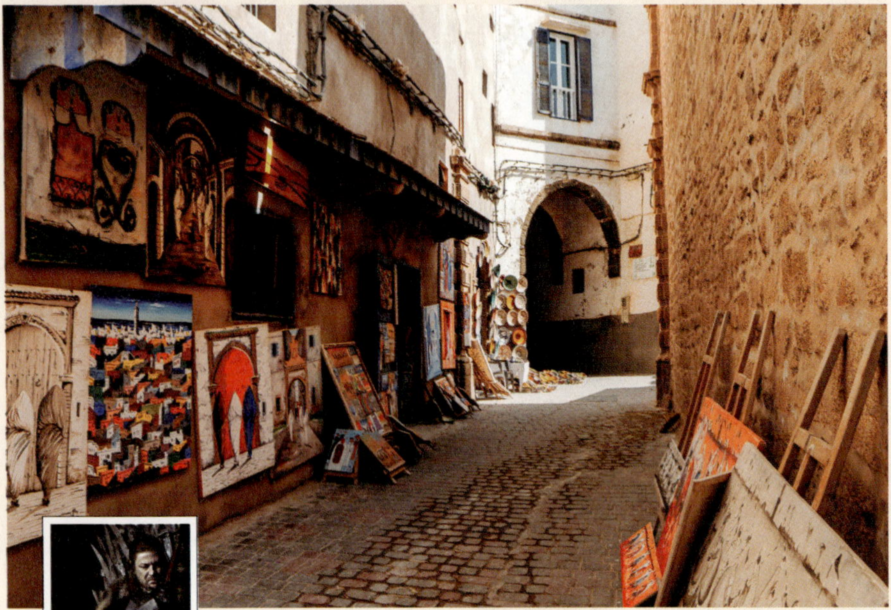

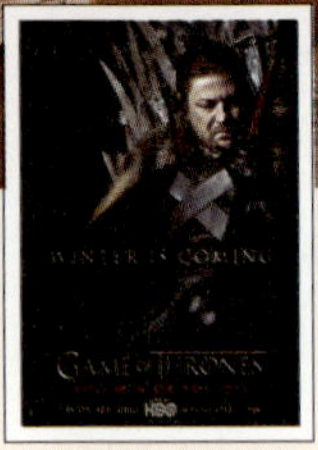

왕좌의 게임

The Game of Thrones (2011~2019)

드라마 〈왕좌의 게임〉 시즌 3은 에사우이라의 요새와 좁은 골목의 특징을 살려 촬영한 것으로 유명하다. 그래서 에사우이라 촬영 부분만 따로 유튜브에 올라와 있을 만큼 드라마의 인기몰이에 톡톡히 한몫했다. 재밌는 건 〈오델로〉 (1942)도 이곳에서 촬영했다는 사실. 모로코의 다른 주요 도시와는 다른 매력을 뽐내는 에사우이라 메디나가 궁금하다면 직접 유튜브에서 확인해보자.

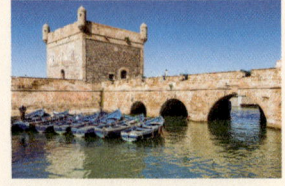

미션 임파서블: 로그네이션
Mission Impossible: Rogue Nation (2015)

언제나 화려한 로케이션과 박진감 넘치는 추격 장면을 선보이는 영화 시리즈 〈미션 임파서블〉의 다섯 번째 편인 '로그네이션'에서 모로코의 또 다른 매력을 볼 수 있다. 해당 시리즈는 라바트의 우다이야 카스바와 카사블랑카의 하산 2세 모스크 그리고 마라케시 근교에 위치한 아틀라스 산맥에서 촬영한 것으로 지형을 잘 살린 아슬아슬한 액션 장면은 손에 땀을 쥐게 한다.

인셉션
Inception (2010)

실제 존재하는 곳인지 의심이 들 만큼 독특한 배경이 많이 등장한 인셉션. 영화 초반에 팀원들 꿈속에서 폭동을 일으키고 차를 불태우는 장면이 있는데 바로 이 장면이 탕헤르에서 촬영된 것이다. 기억나지 않는다면 꿈에서 깨지 않는 이를 깨우려고 욕조로 밀어 넘어뜨리던 장면을 떠올려보자.

페르시아의 왕자: 시간의 모래
Prince of Persia: The sands of time (2010)

탄탄한 스토리와 구성 그리고 출연 배우 덕분에 관심이 높아진 것도 있지만, 무엇보다 산과 계곡, 사막 등 다채로운 자연환경을 자랑하는 모로코라는 영화 촬영 배경지에 대한 관심이 영화의 궁금증을 불러일으켰다. 촬영 당시 배우들이 사용했던 갑옷과 칼 등 소품과 의상 등도 모로코에서 직접 제작한 것으로도 유명하다.

섹스 앤 더 시티 2
Sex and the City 2 (2010)

주인공 캐리의 친구 사만다의 마케팅 능력을 인정받아 아부다비에 초청받은 후 일어나는 이야기를 담은 영화로 마라케시 공항부터 메디나와 사막 등 다양한 장소에서 촬영되었다. 대표적으로 캐리와 에이든이 저녁식사 도중 사건이 발생한 고급 호텔Amanjena Hotel이 극중 배경으로 등장한다. 이 외에도 전 축구선수 데이비드 베컴과 빅토리아 베컴이 40세 생일파티를 연 곳으로도 유명하다.

본 얼티메이텀
The Bourne Ultimatum (2007)

1920년부터 같은 자리를 지키며 수많은 작가가 글을 쓰던 탕헤르 메디나 밖 최초의 카페인 그랑 카페 드 파리Gran Café de Paris. 이곳의 매력을 고스란히 담아낸 추격 장면으로 수많은 영화팬을 모로코로 불러들이고, 같은 장소에서 인증샷을 찍는 여행자들을 흔히 볼 수 있다. 사거리가 보이는 야외 테라스에 앉아 민트 티나 커피 한잔 즐긴다면 금상첨화!

카사블랑카
Casablanca (1942)

모로코라는 나라를 잘 몰라도 카사블랑카라는 이름은 친숙할 만큼 세기의 명작으로 남은 〈카사블랑카〉. 모로코가 아닌 미국의 세트장에서 찍은 것이지만 영화에 등장한 카페와 비슷한 인테리어의 릭스 카페Rick's Cafe가 있어 영화를 본 사람에게는 특별한 경험이 될 것이다. 여기서 차 한잔 하며 영화 속 주인공이 보여준 애잔한 연기와 피아노 연주를 떠올려보자.

start of the trip

모로코 여행의 시작

모로코 여행
— MOROCCO —
Q & A

거리가 멀어 심적으로 낯설고 두려울 수 있지만 사람 사는 곳은 어디나 비슷하다.
모로코 여행을 준비하며 궁금할 내용을 골라 질문 답변 형식으로 준비했다.
여행을 준비하며 반드시 알아야 할 내용을 담았으니 여러 번 읽으며 숙지해두자.

Q 아프리카 여행, 안전할까? 혼자 여행해도 괜찮을까?

A 모로코는 아랍 국가로 남을 돕기 좋아하는 모로코 사람들 성향 덕분에 치안이 나쁘지 않은 편이다. 하지만 여성 여행자는 캣콜링Catcalling을 당할 수 있고(신체 접촉은 빈도가 낮은 편), 남성 여행자는 양옆에서 팔짱을 끼고 호객행위를 받는 경우가 종종 발생한다. 이른 새벽이나 해가 진 후에는 숙소 밖으로 나오지 않는 것이 좋고 어디에서나 마찬가지로 술에 취해 돌아다니는 것은 매우 위험한 행동이다.

Q 모로코 음식, 입에 잘 맞을까?

A 꾸스꾸스는 익숙해지기까지 시간이 걸리지만, 고기를 쪄서 만들어 갈비찜과 비슷한 맛을 내는 각종 타진은 한국인 입맛에도 제법 잘 맞는다. 모로코에서는 소금을 과다하게 사용하는 경우가 있으니 싱겁게 먹는 사람이라면 주문할 때 미리 얘기하는 것이 좋고 물은 반드시 사 마셔야 한다. 날씨가 더울 때는 배탈이 날 수 있으니 길거리 음식을 먹지 않는 것이 좋고 가급적이면 바로 조리한 음식을 먹도록 한다.

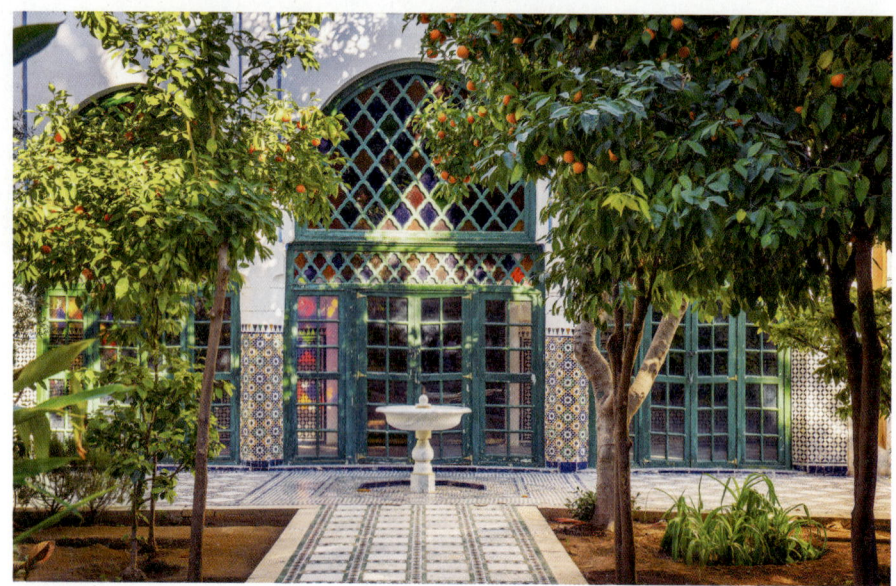

Q 캐리어와 배낭 중 어떤 게 효율적일까?

A 어느 쪽이라도 관계없다. 메디나 내 도로는 여건이 좋은 편이 아니어서 배낭이 간편하지만 캐리어를 가지고 다녀도 크게 불편하지 않다. 필요하면 리어카를 끄는 포터Porter를 고용할 수 있는데 길을 헤매는 시간을 절약할 수 있다. 단, 숙소에 엘리베이터가 없으면 캐리어를 들고 오르내려야 하는 불편함이 있지만, 팁을 주고 직원의 도움을 받을 수 있다.

Q 아랍어, 불어, 영어를 못해도 괜찮을까?

A 여행 전반에 걸쳐 의사소통에 제한이 있는데, 일례로 길을 찾거나 음식을 주문할 때 불편할 수 있다. 하지만 영어를 할 줄 아는 사람이 언제나 한 명쯤은 있고 친절한 모로코 사람들은 여유를 가지고 도와주므로 여행하는 데 큰 문제가 되지 않는다. 간단한 아랍어 및 프랑스어를 알고 가면 수월하다. 책 뒤편에 첨부된 '모로코 여행 회화(p.266)'를 참고하자.

Q 모로코 여행 시 지켜야 할 에티켓은?

A 모로코는 아랍 국가 중에서 개방적인 편에 속하지만 여성의 노출에 보수적인 이슬람 문화가 남아 있다는 것을 잊지 말자. 대도시는 관계없지만 시골 지역에서는 다리가 보이는 옷은 이곳의 문화에 어긋나니 삼가는 것이 좋고 길거리에서의 과한 애정표현 또한 심각한 상황을 초래할 수 있으니 각별히 조심해야 한다. 모로코 사람들은 사진 찍히는 것을 싫어하니 사진을 찍을 때 배경에 사람이 있다면 미리 양해를 구하는 것이 좋다. 공공장소에서 술을 마시거나 병을 들고 다니는 것은 불법이라는 것도 잊지 말자.

Q 소매치기를 당하지 않으려면 어떻게 해야 할까?

A 물건을 몸에서 떼어놓지 않는 것은 기본이다. 핸드폰을 손에 들고 다니거나 가방을 어깨에 살짝 걸쳐 메고 다니는 것은 소매치기에게 기회를 주는 것이나 마찬가지다. 주머니를 터는 소매치기(특히 현지 어린이)가 있으니 되도록이면 주머니에는 아무것도 넣지 않는 것이 좋다. 또 메디나에서 더러운 액체를 끼얹고 당황하는 순간을 틈타 물건을 훔치는 범죄도 일어나니 언급한 상황들을 한 번쯤 머릿속으로 시뮬레이션해보는 것이 좋다. 다시 말하지만 이른 새벽이나 늦은 밤에는 숙소 밖으로 나오지 않는 것이 좋다. 또한 길을 알려주겠다며 과한 팁을 요구하는 경우도 있으니 '나를 따라오세요, Follow me(p.170)'를 참고하자.

모로코 날씨
— MOROCCO —
언제 가면 좋을까?

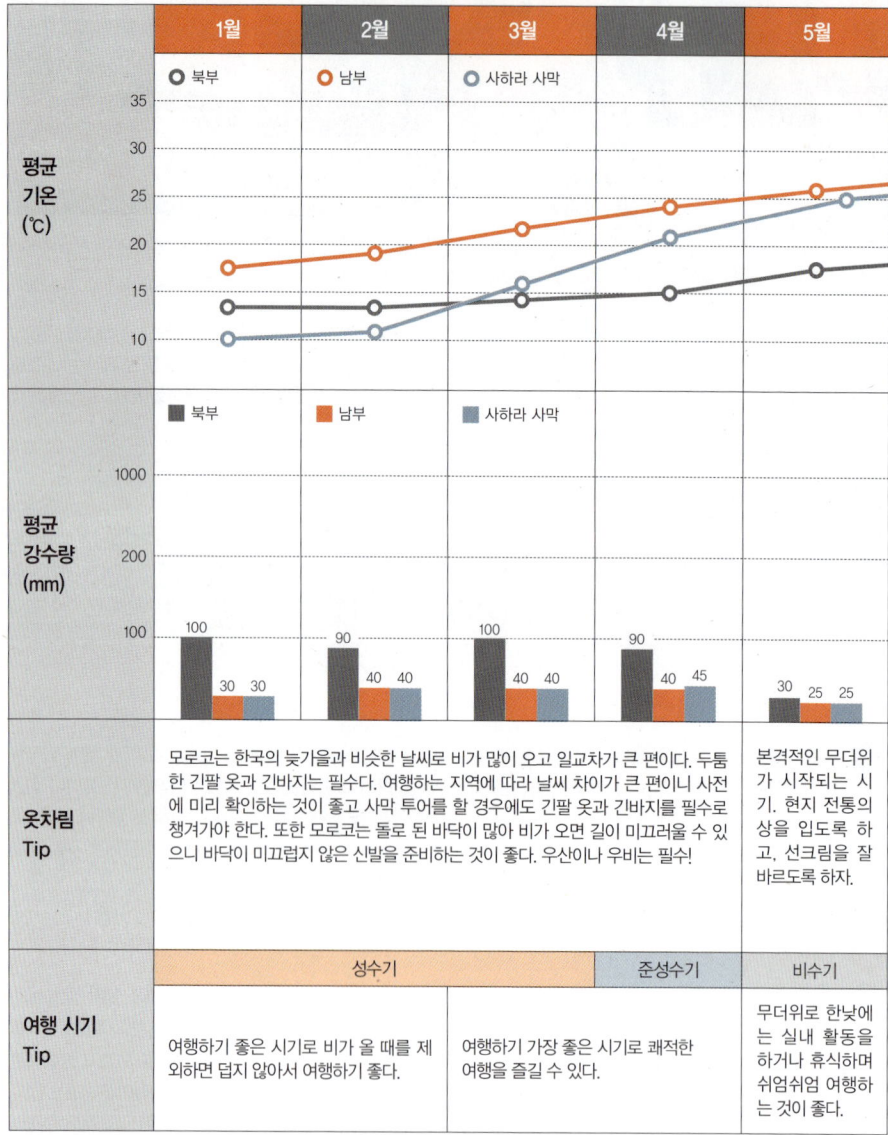

	1월	2월	3월	4월	5월
평균 기온 (℃)	북부 13, 남부 17.5, 사하라 사막 10	북부 13, 남부 19, 사하라 사막 10.5	북부 14, 남부 21.5, 사하라 사막 16	북부 15, 남부 24, 사하라 사막 20.5	북부 17, 남부 26, 사하라 사막 24.5
평균 강수량 (mm)	북부 100, 남부 30, 사하라 사막 30	북부 90, 남부 40, 사하라 사막 40	북부 100, 남부 40, 사하라 사막 40	북부 90, 남부 40, 사하라 사막 45	남부 30, 사하라 사막 25, (북부) 25
옷차림 Tip	모로코는 한국의 늦가을과 비슷한 날씨로 비가 많이 오고 일교차가 큰 편이다. 두툼한 긴팔 옷과 긴바지는 필수다. 여행하는 지역에 따라 날씨 차이가 큰 편이니 사전에 미리 확인하는 것이 좋고 사막 투어를 할 경우에도 긴팔 옷과 긴바지를 필수로 챙겨가야 한다. 또한 모로코는 돌로 된 바닥이 많아 비가 오면 길이 미끄러울 수 있으니 바닥이 미끄럽지 않은 신발을 준비하는 것이 좋다. 우산이나 우비는 필수!				본격적인 무더위가 시작되는 시기. 현지 전통의상을 입도록 하고, 선크림을 잘 바르도록 하자.
	성수기		준성수기		비수기
여행 시기 Tip	여행하기 좋은 시기로 비가 올 때를 제외하면 덥지 않아서 여행기 좋다.		여행하기 가장 좋은 시기로 쾌적한 여행을 즐길 수 있다.		무더위로 한낮에는 실내 활동을 하거나 휴식하며 쉬엄쉬엄 여행하는 것이 좋다.

※모로코 북부(탕헤르, 페스, 카사블랑카, 라바트) / 남부(마라케시, 에사우이라) / 사하라 사막(메르주가)

아프리카는 사계절 내내 더울 거라 생각하는 사람, 이제는 없기를 바란다. 모로코는 뜨거운 태양이 내리쬐는 사막과 만년설이 쌓인 설산·스키장이 공존하는 곳으로 지역별로 날씨 편차가 매우 크다. 여행할 지역의 날씨에 따라 옷을 챙기는 것이 좋고 필요하다면 현지에서 전통의상을 쉽게 구입할 수 있으니 크게 염려할 필요는 없다. 여행자가 많이 찾는 마라케시, 페스, 사하라 사막, 쉐프샤우엔을 기준으로 2~5월, 9·10월이 여행하기 가장 좋은 날씨·시기·계절이고 한국 여름·겨울 시기와 비슷하다고 보면 된다.

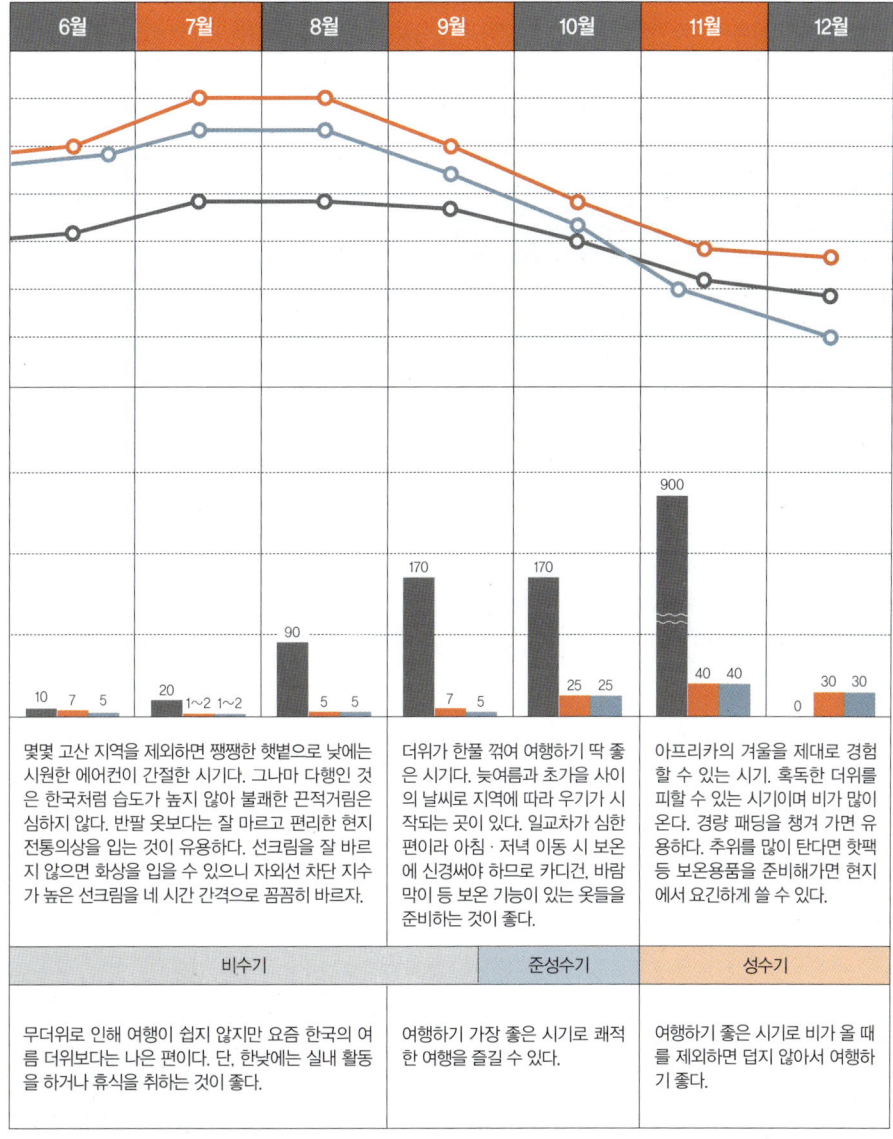

6월	7월	8월	9월	10월	11월	12월
몇몇 고산 지역을 제외하면 쨍쨍한 햇볕으로 낮에는 시원한 에어컨이 간절한 시기다. 그나마 다행인 것은 한국처럼 습도가 높지 않아 불쾌한 끈적거림은 심하지 않다. 반팔 옷보다는 잘 마르고 편리한 현지 전통의상을 입는 것이 유용하다. 선크림을 잘 바르지 않으면 화상을 입을 수 있으니 자외선 차단 지수가 높은 선크림을 네 시간 간격으로 꼼꼼히 바른다.			더위가 한풀 꺾여 여행하기 딱 좋은 시기다. 늦여름과 초가을 사이의 날씨로 지역에 따라 우기가 시작되는 곳이 있다. 일교차가 심한 편이라 아침·저녁 이동 시 보온에 신경써야 하므로 카디건, 바람막이 등 보온 기능이 있는 옷들을 준비하는 것이 좋다.		아프리카의 겨울을 제대로 경험할 수 있는 시기. 혹독한 더위를 피할 수 있는 시기이며 비가 많이 온다. 경량 패딩을 챙겨 가면 유용하다. 추위를 많이 탄다면 핫팩 등 보온용품을 준비해가면 현지에서 요긴하게 쓸 수 있다.	
비수기			준성수기		성수기	
무더위로 인해 여행이 쉽지 않지만 요즘 한국의 여름 더위보다는 나은 편이다. 단, 한낮에는 실내 활동을 하거나 휴식을 취하는 것이 좋다.			여행하기 가장 좋은 시기로 쾌적한 여행을 즐길 수 있다.		여행하기 좋은 시기로 비가 올 때를 제외하면 덥지 않아서 여행하기 좋다.	

※라마단 기간 2020년 4월 23일~5월 23일

모로코 항공권
―― MOROCCO ――
어떻게 구입해야 할까?

여행을 준비하며 틈틈이 가격을 확인하고 일정이 확정되면 먼저 항공권을 구입하는 것이 좋다. 한국에서 모로코로 가는 직항은 없으므로, 대부분 유럽 주요 도시를 경유해 카사블랑카, 탕헤르, 페스, 마라케시 등 다양한 도시로 입국할 수 있다. 나의 일정에 맞는 항공권을 찾아보자.

현재 한국에서 모로코로 가는 직항이 없어 터키나 아랍에미리트, 유럽 주요 도시 등을 거쳐서 들어가야 하는데 한국 출발 모로코 도착으로 하는 항공권으로 검색하면 대기시간이 길고 가격이 비싼 티켓이 나온다. 그러므로 한국에서 유럽 주요 도시로 이동해 저가항공을 이용하는 것이 효율적이다. 모로코는 큰 나라이므로 인-아웃IN-OUT을 다른 도시로 잡는 것이 좋다. 참고로 스페인 남부에 위치한 타리파에서 모로코의 탕헤르로 가는 페리(p.82)가 매일 운항되므로 스페인을 여행할 계획이라면 고려해보는 것도 좋다.

항공권 똑똑하게 구입하는 방법
① 여행 날짜를 저렴한 티켓에 맞춘다.
여행 일자가 하루만 달라져도 가격차가 큰 시기가 있다. 여행 일정을 조정할 수 있다면 날짜별로 가격을 확인하고 저렴한 날짜를 고르는 것이 좋다.

② 저렴한 티켓에 맞춰 여행지를 바꾼다.
날짜를 변경할 수 없다면 여행지를 바꿔보자. 예를 들어 카사블랑카에서 여행을 시작하려고 했는데 탕헤르의 항공권이 더 저렴하다면 탕헤르부터 여행을 시작하는 것을 고려해보라는 얘기. 단, 모로코는 도시 간 거리가 멀어서 이동 소요 시간이 긴 편이라는 점을 유의하자.

③ 저가항공을 이용하자.
말 그대로 '저가', 가격이 저렴한 항공을 이용해보자. 한국에서 모로코로 가는 직항은 없기에 중동이나 유럽을 경유해야 하는데, 이때 저가항공을 이용하면 저렴한 가격에 항공권 구입이 가능하다. 단, 저가항공 이용 시 다음의 내용을 모르면 배보다 배꼽이 클 수 있으니 주의하자. 여행자가 가장 많이 이용하는 경유지는 터키, 프랑스, 스페인 등이나 여행 시기에 따라 저렴한 경유지가 다르니 여러 루트를 고려해보는 것이 좋다.

● 기내식이 제공되지 않는 경우가 많다
기내식은 따로 제공되지 않으므로 필요하면 기내에서 판매하는 것을 먹어야 한다. 메뉴 대부분은 시중 가격의 2~3배로 비싸다. 기내식을 사 먹지 않더라도 간단한 샌드위치 등을 준비해가는 것도 방법이다. 단, 액체류는 입국 심사 시 반입이 불가하니 빈 병을 가지고 가서 식수대에서 물을 채워 마시면 된다.

● 위탁 수하물은 유료다
저가항공의 경우 기내 반입 가방만 무료로 허용되며 위탁 수하물은 항공사별로 상이하나 무게별로 요금을 따로 지불해야 한다. 위탁 수하물이 있다면 미리 가격을 계산해보는 것이 좋다.

● 교환 및 환불이 불가한 경우가 많다
대부분의 저가항공사 규정을 살펴보면 날짜 교환이 가능하더라도 추가금액을 지불해야 하는 경우가 많다. 혹시라도 일정을 변경해야 할 가능성이 있는 경우는 날짜를 무료로 교환할 수 있는 티켓을 구입하는 것이 좋다.

④ 항공권 가격 비교 홈페이지를 이용하자.
다양한 가격 비교 홈페이지를 이용해 가장 저렴한 경유 항공권을 확인할 수 있다.

TIP 알아두면 좋은 꿀팁

검색 내역을 삭제한다
특정 날짜, 특정 도시의 저렴한 티켓이 나왔는지 알아보기 위해 검색을 하면 할수록 가격이 올라가는데 이는 해당 날짜에 구입할 확률이 높아지는 것을 이용해 가격을 올리기 때문이다. 갑자기 가격이 올랐다면 검색 내역을 삭제한 후 다시 확인하는 것이 좋다.

다른 언어로 확인한다
예를 들어 터키에서 모로코로 가는 항공권을 한국어로 검색하는 경우, 터키어로 검색하는 경우, 영어로 검색하는 경우에 따라 가격이 모두 다르다. 대부분 출발도시의 언어로 검색할 경우 항공권이 다양하게 검색되니 언어를 바꿔서 이용해보자.

편도와 왕복 항공권 가격을 모두 확인한다
상식적으로 왕복 항공권이 저렴할 것 같지만 날짜에 따라 편도 항공권이 저렴한 경우가 의외로 많다. 보통은 여행 기간이 길면 편도로 따로따로 구입하는 것이 저렴하다.

1인과 2인의 가격을 확인한다
가끔 1인 가격은 5만 원인데 동일한 조건으로 2인을 검색하면 14만 원으로 나오는 경우가 있으니 2인 이상 티켓 구매 시 1인 가격을 확인해보는 것이 좋다.
이용하려는 항공사 자체 홈페이지의 가격도 확인해본다. 간혹 프로모션으로 저렴한 항공권을 구매할 수 있다.

항공권 가격 비교 사이트
스카이스캐너 www.skyscanner.co.kr   모몬도 www.momondo.com
카약 www.kayak.com   익스피디아 www.expedia.co.kr
오빗츠 www.orbitz.com

모로코 화폐
— MOROCCO —
환전은 얼마나 할까?

여행을 떠나면 가장 먼저 통과해야 할 관문, 환전. 여행 출발 전 주거래은행에서 US달러나 유로로 환전 후 현지에서 모로코 화폐로 환전하는 것이 가장 좋다. 현지에서 카드로 결제할 일은 거의 없지만 현금 분실 시 해외에서 ATM 인출이 가능한 카드를 챙기는 것이 좋다.

화폐
모로코의 화폐는 모로코 디르함Dirham, DH이며, MAD 또는 DH로 표기한다. 디르함보다 작은 단위인 쌩팀Cemtime, CT도 사용되며 100쌩팀이 1디르함이다. 한국과 다르게 천 단위에 점(.)을 사용하고 소수점 표시에 콤마(,)를 사용하니 조심하자.
(예시 : 1.500,23 DH / 천오백 디르함 이십삼 쌩팀)

지폐와 동전
지폐는 총 네 가지로 20, 50, 100, 200 디르함이 있다. 동전은 총 일곱 가지로 5, 10, 20, 50 쌩팀과 1, 5, 10 디르함이 있다.
100 쌩팀 = 1 디르함

환전
한국에서는 모로코 화폐로 환전할 수 없으니 US달러나 유로를 준비한 후 모로코 공항 및 시내에서 환전해야 한다. 반드시 기억해야 할 것은 모로코 화폐는 해외 반출이 불법이므로 모로코를 떠나기 전 남은 화폐는 모두 US달러나 유로로 환전해야 하는데 이때 환전한 영수증이 꼭 필요한 경우가 있으니 잘 챙겨둬야 한다.

ATM
공항 및 시내 어디에서나 쉽게 찾을 수 있고 모로코 화폐로 인출된다. 출국 전 외국에서 사용할 수 있는 현금카드를 발급받아 사용해야 한다. ATM 언어는 아랍어, 프랑스어, 영어 중 선택할 수 있고 간혹 소형 카메라를 설치해 카드 복제를 하는 범죄가 일어나니 비밀번호를 누를 때 반드시 손으로 가려야 한다.

신용카드
모로코는 아직 신용카드 결제가 보편화되어 있지 않아 사용할 수 없는 곳이 대부분이다. 결제가 가능한 곳은 호텔이나 고급 레스토랑 정도다.

예산 짜기
도시별 숙소 비용과 식비, 교통비를 계산해보면 하루 예산이 보인다. 여기에 비상금을 더해 전체 예산을 산출해보자.

> **TIP 대략적인 모로코 물가**
>
> | | |
> |---|---|
> | 물 한 병 | 2~4DH |
> | 커피 | 10DH |
> | 오렌지 주스 | 4DH |
> | 아침식사 세트 | 20~25DH |
> | 모로코식 샐러드 | 10~15DH |
> | 타진 | 20~70DH |
> | 꾸스꾸스 | 50~80DH |
> | 길거리 음식(팬케이크) | 3DH |
> | 바나나 1kg | 5DH |
> | 사과 1kg | 10DH |
> | 포도 1kg | 15DH |
> | 사프란 1g | 60DH |
> | 작은 메탈 주전자 | 150DH |

모로코 여행 준비물
— MOROCCO —
어떻게 챙겨야 할까?

여권과 항공권, 여행 경비만 준비하면 언제든 여행을 떠날 수 있다. 한국음식을 제외한 생필품은 모로코에서도 구입할 수 있으니 가볍게 준비해보자. 혹시 몰라 챙긴 짐이 여행 내내 짐이 되어 어깨를 짓누를 수도 있다는 것을 기억하자!

여권
언제 어디서나 반드시 챙겨야 하는 여권! 분실에 대비해 컬러 사본 한 장을 준비하고 핸드폰으로 사진을 찍어두는 것이 좋다. 여권은 언제나 작은 가방에 소지해야 하고 숙소 체크인 시 제출해야 한다.

항공권
메일에 저장하거나 핸드폰으로 찍은 사진이나 출력한 종이로 보관하는 것이 좋다.

현금
한국에서 미리 US달러나 유로로 환전해야 하니 '모로코 화폐, 환전은 얼마나 할까?(p.54)' 편을 참고해 여행 예산을 세워보고 여유 있게 준비해보자.

신용카드(현금카드)
현금 분실 시 필요할 수 있으니 하나쯤 챙겨가는 것이 좋다. 외국에서 인출 가능한 카드인지 확인하는 것도 잊지 말자.

가방
캐리어
택시 트렁크에 들어가지 않는 경우가 있으니 가급적이면 24인치 이하로 준비하는 것이 좋다. 항공 위탁 수하물 처리 시 캐리어를 던지는 경우가 많으니 깨지지 않는 재질의 케이스가 좋다.

배낭
사용하는 모든 배낭 지퍼에 자물쇠를 채우는 것이 좋다. 잠글 수 없는 배낭은 추천하지 않는다. 참고로 모로코의 버스 화물칸은 더러운 편이니 배낭 커버가 있으면 좋다.

작은 보조가방
메인 배낭을 위탁 수하물로 부치는 경우나 숙소에 두고 관광할 때 항공권과 여행 경비, 여권을 넣을 작은 보조가방은 필수! 앞으로 메는 것으로 하되 이왕이면 어깨에 크로스로 멜 수 있으면 좋다. 뒤로 메는 백팩은 소매치기를 당할 위험이 있다.

옷

여행 시기에 따라 계절에 맞는 옷을 준비하는 것이 좋다. '모로코 날씨, 언제 가면 좋을까?(p.50)'편을 참고해보자. 주요 도시는 상관없지만 시골 지역은 다리 노출을 하지 않는 이슬람 문화가 남아 있으니 되도록 긴바지를 입는 것이 좋다. 가장 좋은 건 질레바 등 모로코의 전통의상이나 알라딘 바지를 구입해 입는 것. 빨리 마르고 현지 날씨와도 잘 어울린다. 일정이 여유롭지 않다면 빨래하기 어려운데 현지에서 파는 속옷은 품질이 좋지 않으니 넉넉하게 준비하는 것이 좋다. 신발은 발이 편한 것으로 준비하고, 호텔을 제외한 숙소에서 실내용 슬리퍼를 제공하지 않는 곳이 많으니 부피가 크지 않은 슬리퍼를 챙겨 가면 유용하다.

세면도구

숙소 가격대에 따라 샴푸와 비누, 수건 등 어메니티 제공 유무가 결정된다. 세면도구는 모로코에서도 쉽게 구입할 수 있으니 짐을 가볍게 하고 싶다면 작은 용품을 준비하자.

작은 지갑(혹은 동전지갑)

지갑을 사용하지 않고 작은 보조가방에 그날 쓸 만큼만 넣어 다니는 것이 가장 좋다. 외부에서 돈을 꺼내다가 소매치기를 당하는 일이 많으니 최대한 작은 크기로 준비하는 것이 좋다.

한국음식

모로코 음식이 입에 잘 맞지 않거나 물갈이를 한다면 모처럼의 여행을 망칠 수 있다. 모로코에서는 한국식당을 찾기 어려우니 누룽지, 컵라면, 컵밥이나 미역국 등 뜨거운 물을 이용해 먹을 수 있는 간편식을 챙기면 유용하다. 단, 돼지고기가 들어간 음식은 세관 검사에 걸릴 수 있다는 점에 유의하자.

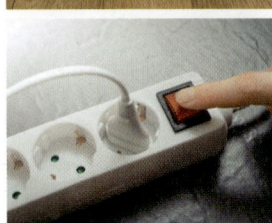

멀티 탭

모로코는 한국과 같은 콘센트를 사용해 변환 플러그는 가져가지 않아도 되지만 숙소에 따라 콘센트가 많지 않을 수 있으니 카메라 등 충전해야 할 제품이 많다면 멀티 탭을 준비하는 것이 좋다.

개인 약

항공 위탁 수하물로 부치면 되지만, 양이 많다면 만일을 대비해 영문 처방전을 가져가는 것이 좋다.

> **TIP** 필요하다면 준비해도 좋은 물품
>
> **파스** 해외에서 구매하기 어렵고, 무엇보다 비싸다.
> **선글라스와 선크림** 작열하는 모로코 햇볕에 화상 입지 않으려면 필히 준비해가자. 넉넉하게 챙기는 게 좋다.
> **맥가이버 칼** 과일 먹을 때 유용하다. 단, 위탁 수하물로 보내야 한다.
> **작은 물티슈** 손 씻기 어려운 상황에 유용하다.
> **빨래 넣을 지퍼백** 다용도로 활용할 수 있는 큰 지퍼백을 여러 장 챙기자.

모로코

— MOROCCO —

기초 여행 정보

마음만 먹으면 하루 만에 갈 수 있는 곳이지만
'아프리카'라는 단어가 주는 거리감과 두려움으로 쉽게 도전하기 어려운 곳, 모로코.
기초 여행 정보를 통해 모로코에 대한 기본 정보를 습득하며 모로코에 한 걸음 다가가보자.

정식 국명
모로코 왕국
(영어 : Kingdom of Morocco 아랍어 : المملكة المغربية)

수도
라바트Rabat

면적
710,850㎢ (서부 사하라 지역 252,120㎢ 포함 / 한반도의 3.2배)

인구
약 3,607만 명(2019년 기준)

민족
아랍-베르베르인(99.1%), 유대인(0.2%), 기타(0.7%)

언어
공용어는 아랍어, 베르베르어, 상용어는 프랑스어

정치 체제
입헌군주제

국가 원수
모하메드 6세Mohammed VI

종교
이슬람교(수니파) 98.7%, 기독교 1.1%, 유대교 0.2%(유대인 약 6,000명)

국기
빨간색 바탕 가운데에 초록색으로 오각형 별이 그려져 있다. 빨간색은 순교자의 피와 왕실, 초록색은 평화와 자연을 의미한다. 오각형 별은 이슬람교의 다섯 가지 율법을 상징한다.

모로코 여행의 시작

비자
관광 목적으로 방문할 시 최대 90일까지 무비자 체류가 가능하다. 단, 여권 유효 기간이 6개월 이상 남아 있어야 하고 사증란이 3페이지 이상 남아 있지 않으면 입국이 불가하다.

시차
한국과의 시차는 8시간. 한국이 오후 10시라면 모로코는 오후 2시로 모로코가 한국보다 8시간 늦다.

모로코까지의 비행 시간
경유시간을 포함해 최소 18시간 걸린다.

기후
북부는 지중해성, 중부는 대륙성, 남부는 사막성 기후를 띤다.

전압과 플러그
전압은 220V, 주파수는 50Hz이다. 플러그는 유럽식 원형으로 한국과 같아 변환 플러그 없이 그대로 쓸 수 있다.

화장실
유료로 1~3DH을 받고 수도식 비데 혹은 물바가지를 준비해놓는 곳이 많다. 레스토랑, 쇼핑몰 내 화장실은 무료다.

팁
식당, 스파, 호텔 직원의 도움을 받았다면 10~15DH 정도의 팁을 건네는 것이 좋다.

우편제도
모로코의 우체국은 비교적 신뢰할 만한 수준으로 아프리카의 다른 국가에 비해서는 훨씬 능률적이다. 우편물 발송 시 한국까지 10~15일이 소요되고 우표는 우체국, 신문 판매소KIOSK, 관광안내소 등지에서 구입할 수 있다. 등기우편은 등기 취급소Colis Postaux에서 발송해야 한다. 포장하지 않은 상태로 우체국에 가져가서 세관 검사를 끝낸 후 포장해서 등기로 발송해야 한다. 포장지와 테이프는 우체국에서 판매하지 않으니 직접 챙겨야 한다.
등기는 가로세로 넓이 1.5m 이내, 무게 20kg 미만만 가능하다. 무게 10kg 선편 기준으로 약 10만 원, 항공은 20만 원 선에서 발송할 수 있다.
속달우편은 속달우편 취급소EMS, Poste Rapide에서 발송할 수 있고 약 400DH 정도 든다. 2~3일 정도 소요된다고 하지만 실제로 더 걸리는 경우가 많다.

DHL
DHL 사무실에 전화하면 직접 수거해가고 한국까지 24~72시간 내에 배송 가능하다. 무게 0.5kg 기준 요금은 700DH 선이다.

전화

주요 도시 지역번호
22 : 카사블랑카Casablanca
44 : 마라케시Marrakech, 에사우이라Essaouira, 사하라 사막(와르자잣)Ouarzazat
37 : 라바트Rabat / 39 : 탕헤르Tánger
55 : 페스Fès

국제전화 이용 방법
● 모로코에서 외국으로 전화할 경우
국제전화 접속번호(001), 국가번호(한국 82), 앞의 0을 뺀 지역번호 및 전화번호를 순서대로 다이얼링
(예) 서울 02-500-1234 번에 전화할 경우 : 001-82-2-500-1234
파리 01-260-1111 번에 전화할 경우 : 001-33-1-260-1111

● 한국에서 모로코로 전화할 경우
국제전화 접속번호(001), 국가번호(모로코 212), 지역번호 및 전화번호를 순서대로 다이얼링
(예) 주 모로코 한국대사관(라바트) 0537-751767 번에 전화할 경우 : 001-212-0537-751767

모로코의 국경일

1월 1일	새해	8월 14일	사하라 서부 수복 기념일
1월 11일	독립운동기념일	8월 20일	혁명기념일
4월 17일	노동절	8월 21일	모로코 국왕 탄생 기념일
6월 5일 (2019년 기준)	라마단 종료 기념일	11월 6일	녹색행진 기념일
7월 30일	모로코 국왕 즉위 기념일	11월 10일	모하메드 탄생 기념일
8월 12~13일 (2019년 기준)	양 희생제일	11월 18일	독립기념일

알아두면 유용한 전화번호
절도 신고 : 177(지방경찰) / **범죄** : 190 / **화재 발생 시** : 150
긴급 의료지원 라바트 : 0537-670505, 카사블랑카 : 0522-297515

알아두면 유용한 운영 시간
우체국, 은행 : 월~금요일 08:30~16:30
정부기관 : 월~금요일 08:30~18:30 / **대사관** : 월~금요일 09:00~17:30
대형마트 : 09:00~21:30(브레이크 타임 있음) / **일반 상점** : 월~토요일 09:00~12:00, 15:30~20:30

주 모로코 한국대사관
주소 41 Avenue Mehdi Ben Barka, Rabat
전화 +212-0537-751767(근무시간), +212-0662-772428(근무시간 외)
근무시간 월~금요일 09:00~12:30, 14:00~17:30
홈페이지 overseas.mofa.go.kr/ma-ko/index.do

모로코 주요 도시
─ MOROCCO ─
들어가는 방법

인천국제공항에서 모로코 주요 도시로 가는 직항편은 없으므로 경유해야 한다.
쉐프샤우엔, 사하라 사막은 공항이 없으므로 타 주요 도시를 통해 들어가야 한다.
자세한 교통 이용방법은 지역별 '들어가기 & 나가기' 편에서 확인할 수 있다.

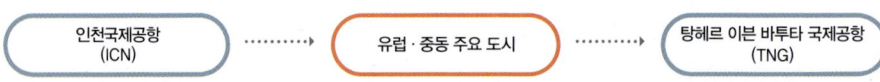

경유 1~2회 : 프랑스 파리, 카타르 도하, 러시아 모스크바 등
공항 대기 시간 : 약 4~5시간 (최대 12시간)

유럽, 중동 지역, 러시아 모스크바 공항을 경유하여 탕헤르로 들어간다. 대표적인 항공사로는 부엘링항공과 에어 아라비아, 로열 에어마록이 있다. 간혹 시기마다 유럽에서 탕헤르로 들어오는 항공편이 없어, 모로코 카사블랑카 공항에서 한 번 더 경유해야 하므로 최대 두 번 환승을 거칠 수 있기 때문에 미리 확인하는 것이 좋다.
탕헤르 공항에서 시내로 이동하는 방법은 택시가 유일하다. 공항 건물 밖으로 나오면 택시를 쉽게 탈 수 있고 시내까지는 약 25분 소요된다.

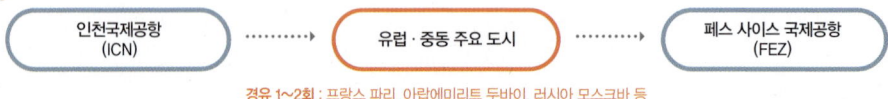

경유 1~2회 : 프랑스 파리, 아랍에미리트 두바이, 러시아 모스크바 등
공항 대기 시간 : 약 4~5시간 (최대 12시간)

유럽, 중동 지역, 러시아 모스크바 공항을 경유하여 페스로 들어간다. 대표적인 항공사로는 부엘링항공과 라이언 에어가 있다. 간혹 시기마다 유럽에서 페스로 들어오는 항공편이 없어, 모로코 카사블랑카 공항에서 한 번 더 경유해야 하므로 최대 두 번 환승을 거쳐야 하기 때문에 미리 확인하는 것이 좋다.
페스 공항에서 시내까지는 차로 약 30~40분 소요되고 버스나 택시로 이동할 수 있다.

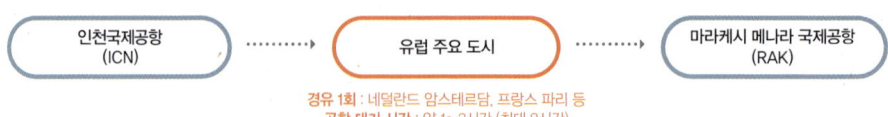

경유 1회 : 네덜란드 암스테르담, 프랑스 파리 등
공항 대기 시간 : 약 1~2시간 (최대 8시간)

유럽의 공항을 경유하여 마라케시로 들어간다. 대표적인 항공사로는 KLM 네덜란드항공과 에어 프랑스가 있다. 유럽 주요 도시 허브 공항에서 탕헤르로 들어오는 항공편은 많다. 경유 환승 시 대기 시간이 두 시간 이내로 촉박하니 항공기 출도착 지연이 생길 경우 일정에 차질이 생길 수 있으니 미리 확인하는 것이 좋다.
마라케시 공항에서 시내로 가는 방법은 공항버스, 택시, 호텔 픽업 차량이 있다. 제마 엘 프나 광장에서 길을 헤매기 십상이니 숙소 픽업 서비스를 받자.

| 인천국제공항 (ICN) | ·······▶ | 유럽·중동 주요 도시 | ·······▶ | 에사우이라 모가도르 국제공항 (ESU) |

경유 1~2회 : 카타르 도하, 독일 프랑크푸르트, 모로코 카사블랑카 등
공항 대기 시간 : 약 1~2시간 (최대 8시간)

유럽 주요 도시 공항에서도 에사우이라로 가는 항공편은 많지 않다. 대표적인 항공사로 카타르항공, 로열 에어마록이 있다. 모로코 국내선도 많지 않은 편으로 카사블랑카 공항에서 하루 1회 정도 운항한다. 에사우이라 관광 시 사전 예약이 반드시 필요하다.
하루에 1회만 운항하기 때문에 비행기를 이용한다면 반드시 예약하는 것이 좋다. 에사우이라 공항에서 시내까지 약 17km 떨어져 있는데 대중교통이 없어 택시를 이용해야 한다. 시내 입구까지 택시로 약 20분 소요된다.

| 인천국제공항 (ICN) | ·······▶ | 유럽·중동 주요 도시 | ·······▶ | 카사블랑카 모하메드 5세 국제공항(CMN) |

경유 1~2회 : 프랑스 파리, 카타르 도하 등
공항 대기 시간 : 약 4~5시간 (최대 12시간)

모로코에서 가장 큰 국제공항이자 경유 환승이 많이 이루어지는 공항이다. 이런 이유로 카사블랑카를 모로코 여행의 첫 도시로 선택하는 여행자도 제법 있다. 유럽 및 중동 지역을 경유하여 카사블랑카로 들어간다. 대표적인 항공사로는 로열 에어마록과 탭 항공이 있다.
카사블랑카 공항은 대중교통이 발달되어 있어 쉽게 시내로 이동할 수 있다. 공항 건물 지하에 위치한 기차역에서 기차를 타는 것이 일반적이며 카사블랑카 공항에서 시내 기차역까지 약 45분 정도 소요된다.

| 인천국제공항 (ICN) | ·······▶ | 유럽 주요 도시 | ·······▶ | 라바트-살레 국제공항 (RBA) |

경유 1~2회 : 프랑스 파리 등
공항 대기 시간 : 약 6~7시간 (최대 8시간)

파리 샤를드골 공항을 경유하여 라바트로 들어오는 항공편이 많다. 대표적인 항공사로는 에어프랑스가 있다. 이러한 이유로 라바트를 모로코 여행의 첫 도시로 선택하는 프랑스 여행자들도 있다.
모로코 수도의 공항치고는 규모가 매우 작고 공항 내 편의시설도 잘 갖춰져 있지 않다. 라바트 공항은 대중교통이 발달되어 있어 공항버스와 택시를 통해 시내로 이동할 수 있고 약 15분 소요된다.

모로코 입국

— MOROCCO —

이것만 알면 성공!

인천국제공항에서 유럽 주요 도시의 공항을 경유한 후 모로코로 입국한다. 모로코의 주요 도시는 탕헤르, 페스, 마라케시, 카사블랑카 등이 있다. 언급한 도시들의 국제공항은 규모나 시설은 조금씩 다르지만 입국 절차는 동일하다.

입국심사
기내 혹은 공항에 비치된 입국심사서를 작성해 외국인 창구에서 줄을 선다. 모로코는 한국과 사증면제협정이 체결되어 있어 최대 90일 무비자 체류가 가능하므로 별다른 질문은 없지만 간혹 모로코에 얼마나 머무는지, 숙소 이름 등을 물어본다. 입국심사 시 여권 사증란에 입국 스탬프와 6자리 숫자, 영문(대문자) 2개로 이뤄진 외국인 출입국관리 일련번호를 찍어주는데, 이 번호는 숙소 체크인 시 필수적으로 기재해야 하니 여권을 돌려받으면 도장이 잘 찍혀 있는지 확인하자.

수하물 찾기
위탁 수하물 중에 비슷한 가방이 있을 수 있으니 가방을 찾으면 태그를 확인한다. 간혹 수하물이 사라지는 경우가 있으니 수하물은 꼭 잠그도록 하자. 수하물 나오는 시간이 한없이 지체되는 경우도 있으니 짐이 나오지 않으면 서류 작성(숙소명, 연락처 등) 후 숙소에서 받을 수 있다.

세관 검사
각 공항마다 다르지만 세관 검사를 거쳐야 한다. 마약, 무기류 등을 제외한 일반여행자 휴대품 통관은 까다롭지 않다. 주류, 담배, 와인, 가전제품, 화장품 등 개인 휴대품 세관 검사는 유럽 국가와 비슷하다.

시내 이동
세관 검사 이후 입국장으로 나온다. 도시마다 편의시설은 제각각이지만 통신사, 환전소 등 편의시설이 마련되어 있다. 출구를 통해 나가면 택시 및 버스 정류장이 있고, 탕헤르, 페스, 마라케시 등 주요 도시의 공항은 시내로 가는 기차역으로 이어진다.

모로코 입국 시 면세 범위

휴대품	통관 기준(성인 1인 기준)
주류	1병(1리터)
담배	담배 200개비, 여송연 100개비, 시가 25개비, 기타 담배 250g
향수	향수 150ml 및 화장수 250ml
면세 한도금액 (일반면세 기준)	– 선물 및 기념품(2000DH 이하의 가치), 여행 중 사용할 제품(카메라, 노트북, 악기, 스포츠 용품 등) 각 1대 – 모로코 화폐의 반출은 엄격히 금지됨

모르면 당한다!

— MOROCCO —

주의해야 할 사기 수법

여행이 항상 즐겁지 않다는 것은 누구나 알지만 사건사고는 특히 달갑지 않다. 여행자를 노리는 검은 눈과 손이 있다는 것을 염두하고 밤에 외출하지 않기, 으슥한 곳에 가지 않기 등 기본적인 사항을 숙지한다면 더욱 즐거운 여행이 될 것이다.

길 안내 사기
마라케시, 페스 등 복잡한 골목을 가진 도시에서 횡행하는 수법. 길을 헤매는 사람에게 친절하게 다가와 따라오라는 말을 남기고 빠르게 앞질러 간 후 돈을 요구하거나, 길 가다가 만난 사람인 척 현지인을 소개해주며 그 사람을 따라가라고 한 후 목적지에서 기다렸다가 돈을 요구하기도 한다. 길 안내를 원하지 않는다면 단호히 거절한다.

강매 또는 바가지요금
손을 잡고 헨나를 그린 후 돈을 요구하거나, 물건을 사지 않아도 괜찮으니 들어오라고 호객행위를 하고 으슥한 곳에서 위협하거나 약을 탄 민트 티를 주는 경우가 있다. 모로코에는 흥정 문화가 있어 상술 좋은 상인을 만나면 시세보다 몇 배 더 비싸게 쇼핑할 수 있다. 같은 물건을 파는 가게가 몰려 있으니 여러 곳을 둘러보고 흥정하는 편이 좋다.

소매치기
핸드폰을 손에 들고 다니거나 뒤로 메는 가방을 착용하는 것은 "마음껏 가져가세요" 라는 무언의 신호다. 앞으로 멘 가방도 지퍼를 꼭 잠그고 돈이나 지갑을 꺼낼 때 주의해야 한다.

택시 사기
미터기를 사용하는 것이 원칙이지만, 미터기 사용을 거부하는 택시 기사도 많아 흥정하고 타야 할 때가 있다. 간혹 미터기를 켜지 않고 목적지 도착 후 과도한 요금을 부과하는 경우가 있으니 미터기를 켜달라고 요청한 후 타야 한다("디팍 콘투르 아팍"). 내릴 때는 목적지가 맞는지 확인하고 짐을 모두 내린 후 요금을 지불하는 것이 좋다.

캣콜링
"예뻐요" "모델 같아요" "민트 티 사줄게요" 이는 여성 여행자라면 누구나 듣게 될 캣콜링 단골 멘트다. 어설프게 대답하거나 무서워하면 더 심하게 군다. 신체 접촉을 시도하는 상황은 많지 않으니 무시하자. 계속해서 따라오거나 정도가 심하면 사람 많은 가게로 들어가 도움을 요청하면 적극적으로 도와준다.

인종차별
길을 걷다 보면 "칭챙총(동양인 외모 비하 발언)" "차이나" 소리를 듣게 된다. 기분 나쁠 수 있지만 낯선 동양인에 대한 관심이니 무시하는 게 상책이다. 간혹 호텔에서 예약한 방보다 낮은 카테고리의 방을 배정하거나 레스토랑에서 좋지 않은 좌석을 안내하면 이는 명백히 인종차별이니 강력히 항의하자.

마약 권유
메디나 내 좁은 골목을 걷다 보면 "하시쉬"라고 속삭이는 호객꾼이 접근해온다. 한국은 속인주의가 적용되어 국내법으로 처벌받으니 한 번의 호기심에 돌이킬 수 없는 후회를 남기지 말자.

모로코

― MOROCCO ―

교통 정복

모로코는 주요 도시를 연결하는 장거리 버스나 기차가 잘 마련되어 있다. 여행 일정에 맞춰 교통편을 선택하는 것이 시간과 경제적인 면에서 이득이다. 자세한 운행 스케줄은 지역별 '들어가기 & 나가기' 편을 확인하도록 하자.

국제선 항공
유럽 주요 도시 공항에서 모로코로 가는 국제선이 제일 많다. 영국, 프랑스, 독일, 이탈리아, 오스트리아 등 유럽의 관문으로 통하는 공항들이 모로코 직항편과 경유편을 운행하고 있다. 특히 스페인(바르셀로나, 발렌시아)과 포르투갈(리스본, 포르투)은 지리적으로 가까워 직항편이 많은데, 매일 모로코의 주요 도시(탕헤르, 페스, 마라케시, 카사블랑카)로 운행한다.

국내선 항공
탕헤르, 라바트, 페스, 카사블랑카, 마라케시 등 주요 도시를 잇는 국내선을 잘 활용하면 짧은 기간에 체력 부담 없이 모로코의 다양한 지역을 관광할 수 있다. 국내선 항공 요금은 성수기를 제외하면 버스나 기차의 두 배 정도로 아주 부담되는 가격은 아니니 일정을 정할 때 다양한 항공권 예약 애플리케이션을 활용하자.

버스
다양한 사설 버스가 있지만 손님이 있을 때마다 서는 완행버스라 시간 낭비가 심해 여행자는 대부분 씨티엠CTM 버스와 수프라투어SupraTours 버스를 이용한다. 씨티엠 버스의 경우 메디나에서 예약 가능한 경우가 많아서 유용하고, 수프라투어 버스는 기차와 함께 운영되므로 환승이 가능하다. 국내처럼 무료 환승이 가능한 것은 아니지만 기차역 앞에서 내려서 갈아탈 수 있어 편리하다. 씨티엠 버스의 경우 온라인 예매가 가능하지만 시스템 오류가 많아서 현장 예매를 하는 것이 낫고, 수프라투어 버스의 경우 기차역에서 티켓 구매가 가능하다. 예매 창구 직원은 대부분 영어를 할 수 있고 날짜, 시간, 목적지, 인원수를 말하면 어렵지 않게 티켓 발권이 가능하다.

버스 이용 방법

① 수하물 부치기
비행기처럼 미리 수하물의 무게를 잰 후 일정 금액을 지불하고 짐표를 받은 후 짐을 맡기거나 직접 버스에 싣는다.

② 탑승
버스 티켓과 짐표를 확인한 후 정해진 좌석에 탑승한다. 가끔 휴게소에 쉬었다 가는데, 자리에 짐을 두고 내리지 않도록 주의하고 비슷한 버스가 정차하여 헷갈릴 수 있으니 번호판을 핸드폰으로 촬영해두는 것이 좋다. 정차시간을 확인하고 미리 버스에 탑승하는 것이 좋다. 휴게소에 따라 화장실 사용료(1~3DH)를 내야 하는 곳도 있다.

③ 하차
목적지가 종점일 수도 있고 아닐 수도 있으니 차장이 도시 이름을 말할 때 귀를 기울여 들어야 한다. 하차 후 버스에서 짐을 내리면 짐표를 보여준 후 찾을 수 있다. 간혹 짐을 버스 터미널 내에서 찾아야 하는 경우도 있으니 같이 내린 사람들이 몰려가는 곳으로 따라가면 된다.

④ 목적지 이동
대부분 버스 터미널에서 나온 후 택시를 타고 숙소로 이동하는데, 버스 터미널 주변에 서 있는 택시는 바가지요금이 많으니 조금 떨어진 곳에 가서 현지인이 타고 있는 택시에 합승하는 것이 가장 좋다.

기차
약 2,000km를 달리는 기차는 모로코 주요 도시를 잇는 중요한 교통수단으로 연착은 언제나 염두에 두는 것이 좋다. 카사블랑카, 라바트, 마라케시, 페스 여행 시 유용한 편이고 기차의 종류는 일반칸·객실칸·침대칸·침실칸으로 나뉘어 있고 각각 1등석과 2등석이 있다. 버스에 비해 여러 지역을 경유해 돌아가는 편이고 시설이 노후된 기차도 많으나 그나마 화장실이 있다는 점은 큰 위안이 된다.

현재 모로코 정부는 탕헤르에서 라바트를 경유해 카사블랑카로 가는 테제베TGV 노선을 준비 중인데, 이는 아프리카에서 가장 빠른 기차이다. 노선이 개통되면 320km/h로 달려 현재 다섯 시간 소요되는 것이 두 시간 내에 운행이 가능할 전망이다. 안내방송은 아랍어와 프랑스어로 나오기 때문에 주위 사람들에게 목적지를 말해두고 알려달라고 부탁하는 것이 좋다. 기차 티켓은 매표소나 역내 자동 발매기에서 구입할 수 있고 탕헤르, 마라케시, 페스, 라바트 기차역에서는 무료 와이파이를 사용할 수 있다. 티켓은 기차가 출발한 후 차장이 돌아다니며 검표한다.

26세 이하는 7, 15, 30일권(2등석 600, 1,170, 2,100DH/1등석 900, 1,600, 3,150DH)을 구입할 수 있다. 한국철도공사 코레일에서 운영하는 '내일로' 패스와 유사하다.

모로코의 기차 좌석 등급

일반칸
1등석은 여섯 석, 2등석은 여덟 석이 한 줄로 되어 있고 카사블랑카 공항에서 시내로 갈 때 이용할 수 있다.

객실칸
1등석은 여섯 석, 2등석은 여덟 석이 한 칸인 객실로 일행이 많을 때 유용하지만 혼자 이용할 때는 안전상 추천하지 않는다. 특히 사람이 많지 않은 경우는 안전과 도난에 주의해야 한다.
참고로 일반칸과 객실칸의 차이는 여닫는 문의 여부임을 알아두자.

> **TIP 기차 티켓 예시**
>
> ❶ 출발지 ❷ 도착지 ❸ 좌석 등급 ❹ 출발 시간 및 날짜
> ❺ 기차 번호 ❻ 요금 ❼ 성인, 아동 수 ❽ 티켓 구매 날짜와 시간

침대칸 & 침실칸
침실칸은 침대 네 개가 설치된 곳이며 침대칸은 침대 두 개에 화장실, 테이블, 소파가 설치되어 있다. 둘 다 장거리 노선 이용 시 유용하고 여닫는 문이 있다.

트램
카사블랑카, 라바트에서 운행되고 있고 마라케시에도 건설 중이다(완공 시기 미정). 티켓은 발매기에서 구입할 수 있고 거리에 관계없이 편도 8DH, 왕복 14DH이다. 정차하는 모든 역에 개찰구가 있으므로 티켓을 개찰구에 찍고 들어간다. 트램에서 하차할 때는 문 가운데에 있는 버튼을 눌러야 문이 열린다. 안내방송이 나오지 않으니 트램 내 설치된 전광판을 주시하자.

택시

그랑 택시
도시 간을 이동할 때 이용할 수 있는 대형 택시로 여섯 명(앞좌석 두 개, 뒷좌석 네 개)이 정원이다. 대개 그랑 택시 정류장에 가서 목적지를 말한 후 탑승할 수 있는데 버스보다 빠르고 편하게 이동할 수 있지만 정원이 다 찰 때까지 기다려야 한다는 단점이 있다. 물론 여섯 명 가격을 지불하고 혼자 탑승하는 것도 가능하다. 가방이 큰 경우 짐의 가격을 받을 때도 있다.

쁘띠 택시
도시 내에서 운행되는 택시로 정원은 세 명이다. 미터기로 운행하는데 혼자 탑승 시 간혹 켜지 않는 경우가 있으니 탑승 시 반드시 확인하는 것이 좋다. 모로코의 택시는 목적지가 비슷한 사람을 함께 태우는 합승 시스템으로 운영되어 처음 이용한다면 적응하기 힘들 수 있지만, 합승 시 먼저 탑승한 사람에게 "앗 쌀람 알라이쿰" 하며 인사를 건네자. 초행일 경우 거리 이름을 모를 수 있으니 주위에 있는 랜드마크를 알아두는 것이 좋다.

오늘 우리 집은 여기!

MOROCCO

모로코의 숙소 종류

모로코는 유럽 여행자가 즐겨 찾는 곳이라 다양한 가격대의 숙소가 많아 선택의 폭이 넓다. 단, 성수기와 비수기의 가격 차이가 크다. 성수기는 11월부터 이듬해 3월이고, 유럽 부활절, 크리스마스 기간, 모로코 최대 명절 라마단 기간 마지막날과 희생절 기간에는 숙소 잡기가 어렵다.

호스텔
가장 저렴한 숙박시설로 도미토리와 개인방으로 나뉜다. 너무 저렴한 곳은 치안이 좋지 않거나 빈대가 있을 수 있으니 주의해야 한다. 대부분 빵과 오렌지 주스, 차 등 간단한 아침식사가 요금에 포함되어 있다.

리아드 & 다르
모로코 전통가옥 내부를 개조해 여행자 숙소로 이용하는 곳이 많다. 숙소의 상태에 따라 가격 편차가 매우 큰 편이고 마라케시, 페스, 쉐프샤우엔에서 하루쯤 묵어보길 추천한다. 리아드와 다르는 비슷하게 지어졌지만 정원에 오렌지 나무 네 그루가 있으면 리아드, 없으면 다르로 구분한다.

호텔
어느 나라에서나 흔히 볼 수 있는 레지던스형 비즈니스 호텔과 전통을 살려 궁전 같은 서비스를 체험할 수 있는 고급 호텔로 나뉜다. 실제 궁전으로 이용하던 곳을 호텔로 개조한 곳에 묵고 싶다면 지역별 숙소 페이지에서 리아드를 참고해보자.

언제, 어떻게 예약해야 할까?
성수기 또는 10일 이내의 단기 여행이 아니라면 미리 예약하지 않아도 상관없다. 10일 이하의 여행이라면 숙소는 물론 교통편도 출발 전 미리 예약하는 게 좋고, 부킹닷컴과 같은 숙소 예약 홈페이지나 숙소 홈페이지 또는 명시된 메일을 통해 예약이 가능하다. 게시된 사진과 실제 상태가 크게 다른 경우가 많으니 예약 홈페이지와 구글 맵의 후기를 꼼꼼하게 읽어볼 것을 추천한다. 메디나 내에 위치한 곳이라면 만날 위치를 정한 후 픽업 서비스(대부분 무료)를 받는 것이 좋다. 아침식사 포함 여부를 미리 확인하는 것이 좋고 대부분 방에서는 빨래를 하는 것이 금지되어 있고 일정 금액을 내고 세탁 서비스를 맡길 수 있다.

숙소 예약할 때 유용한 홈페이지
부킹닷컴 www.booking.com
아고다 www.agoda.com
익스피디아 www.expedia.co.kr

똑똑하게 여행하자
―― MOROCCO ――
인터넷 & 애플리케이션 활용

스마트폰 하나면 모든 것을 해결할 수 있는 문명의 혜택은 모로코에서도 유효하다. 심카드 하나로 지도, 의사소통, 검색 등 모든 문제가 해결된다! 모로코는 한국에 비해 인터넷이 느린 편이니 추천 애플리케이션은 미리 다운받아 가길 추천한다.

심카드
가장 많이 볼 수 있는 통신사는 Maroc Telecom, Orange, INWI으로 그중에서도 Maroc Telecom이 가장 속도가 빠른 편이다. 공항과 기차역, 시내에 있는 대리점에서 쉽게 구입할 수 있고 심카드 개통 시 여권이 필요하다. 심카드 구입 시 핀 번호가 적힌 카드를 주는데 전원을 껐다 켜면 이 번호를 입력해야 사용할 수 있으니 잘 챙겨두자. 여행자가 가장 즐겨 사용하는 Maroc Telecom의 경우 심카드는 30DH, 데이터 2GB 기준 55DH 선으로 한국처럼 빠르진 않아도 사용하기에 무난하다. 카사블랑카, 마라케시 등 무료 심카드를 나눠주는 공항도 있으니 참고하자.

와이파이
모로코는 와이파이 사용이 크게 어렵지 않다. 숙소와 레스토랑에서 무료 와이파이를 제공하는 경우가 많고 기차역과 공항에서도 무료 와이파이를 사용할 수 있는 곳이 있다.

유용한 애플리케이션 & 홈페이지
스카이스캐너
다양한 항공권을 한눈에 볼 수 있는 검색 홈페이지로 가장 저렴한 가격과 짧은 경유 시간을 확인할 수 있어 편리하다.
홈페이지 www.skyscanner.co.kr

부킹닷컴
숙소 공실 확인 및 대략의 가격대를 확인할 때 유용한 숙소 예약 홈페이지로, 예약은 호텔에 직접 하는 것이 저렴한 경우가 많다.
홈페이지 www.booking.com

날씨
모로코는 도시별 날씨 편차가 큰 편이니 다른 도시로 이동하기 전에 날씨를 미리 확인하는 것이 좋다.
홈페이지 weather-and-climate.com

환율 계산기

헷갈리면 큰 손해를 볼 수 있는 만큼 익숙해지기 전까지 환율 계산기를 이용하는 것이 좋다. 주거래은행 홈페이지를 통해 US달러나 유로 등 주요 화폐를 확인할 수 있지만, 모로코 환율은 확인하기 어렵다. 모로코 현지 환전소에서 비교 후 환전한다.

구글 번역기
긴 문장보다는 짧은 단어로 의사를 전달하기에 유용하다. 참고로 '한국어→아랍어'보다 '한국어→프랑스어'가 정확하고 유용한 편이다.

구글 맵 & 맵스미
모로코 주요 도시 메디나 내의 아주 작은 골목까지는 나오지 않지만 꽤 유용한 편이다. 간혹 인터넷이 터지지 않는 곳에서는 미리 다운로드 받아서 사용할 수 있는 맵스미가 유용하다.

Whatsapp
한국 카카오톡의 외국 버전으로 모로코에서 널리 사용된다. 현지 숙소, 여행 업체와 연락할 때 유용하다.

네이버 카페 '말하바'
한국에서 유일한 모로코 여행 커뮤니티로 모로코에 거주하는 한국인과 여행자가 실시간으로 정보를 공유하는 곳이다. 여행을 준비하면서 궁금한 점이 있다면 카페를 살펴보자. 각종 모로코 관련 정보를 얻을 수 있다.

홈페이지 cafe.naver.com/maroc

good plans

추천 여행 일정

BEST COURSE
— ① —

핵심도시만 알차게 6박 7일
북부 1개 + 남부 1개 도시와 사하라 사막

짧은 시간에 모로코 핵심도시만 돌아볼 수 있는 6박 7일 코스.
만 개의 골목과 태너리(가죽 염색장)가 있는 페스, 사하라 사막과 마라케시를 같이 둘러볼 수 있다.
유럽 여행 중 북아프리카를 함께 다녀오고 싶은 여행자에게 추천하는 코스다.

 DAY 1 유럽 경유지 ⋯ 페스 이동 후 휴식
(비행기, 약 2~3시간 소요)

 DAY 2 페스 관광

 DAY 3 페스 ⋯ 사하라 사막 메르주가 이동
(야간버스 혹은 그랑 택시, 약 10시간 소요)

 DAY 4 사하라 사막 투어

 DAY 5 사하라 사막 ⋯ 마라케시 이동 후 휴식
(야간버스 혹은 그랑 택시, 약 12시간 소요)

 DAY 6 마라케시 관광

DAY 7 마라케시 ⋯ 유럽
(비행기, 약 2~3시간 소요)

여행 경비	
항공권	
프랑스 파리 ⋯ 모로코 페스	편도 50,000원
모로코 마라케시 ⋯ 프랑스 파리	편도 50,000원
숙박비	
중저가 리아드 3박(싱글룸 기준)	300,000원
교통비	
시외교통(야간버스 혹은 그랑 택시)	55,000원
시내교통(쁘띠 택시)	20,000원
현지 비용	
식비	200,000원
사하라 사막 투어(1박 2일)	53,000원
입장료	20,000원
※환율에 따라 달라질 수 있음	
총 예상 비용	**748,000원**

BEST COURSE 2

핵심도시를 구석구석 9박 10일
북부 3개 + 남부 1개 도시와 사하라 사막

모로코 남부와 북부를 가로지르며 모로코의 핵심도시를 구석구석 살펴볼 수 있는 코스다.
사하라 사막부터 파란 도시 쉐프샤우엔, 영화 촬영 배경지로 자주 등장하는 탕헤르까지
모로코 주요 도시를 전반적으로 훑어볼 수 있는 코스다.

DAY 1 유럽 경유지 ⋯ 마라케시 이동 후 휴식
(비행기, 약 3시간 30분 소요)

DAY 2 마라케시 관광

DAY 3 마라케시 ⋯ 사하라 사막 메르주가 이동
(야간버스 혹은 그랑 택시, 약 12시간 소요)

DAY 4 사하라 사막 투어

DAY 5 사하라 사막 메르주가 ⋯ 페스 이동 후 휴식
(야간버스 혹은 그랑 택시, 약 10시간 소요)

DAY 6 페스 관광

DAY 7 페스 ⋯ 쉐프샤우엔 이동 후 휴식
(버스 혹은 그랑 택시, 약 4시간 소요)

DAY 8 쉐프샤우엔 관광

DAY 9 쉐프샤우엔 ⋯ 탕헤르
(버스 혹은 그랑 택시, 약 2시간 30분 소요)

DAY 10 탕헤르 ⋯ 유럽
(비행기 또는 페리, 약 1~2시간 소요, 탕헤르 항구 출발 기준)

여행 경비	
항공권	
프랑스 파리 ⋯ 모로코 마라케시	편도 50,000원
모로코 탕헤르 ⋯ 스페인 마드리드	편도 40,000원
숙박비	
중저가 리아드 6박(싱글룸 기준)	600,000원
사하라 사막 호텔 1박	30,000원
교통비	
시외교통(버스 혹은 그랑 택시)	100,000원
시내교통(쁘띠 택시)	25,000원
현지 비용	
식비	350,000원
사하라 사막 투어(1박 2일)	53,000원
입장료	25,000원
※환율에 따라 달라질 수 있음	
총 예상 비용	**1,273,000원**

BEST COURSE ③

여유롭게 모로코를 즐기고 싶다면 14박 15일
북부 3개 + 남부 2개 도시와 사하라 사막

9박 10일 추천 일정과 비슷하지만 모로코 남부 지역을 좀 더 자세히 들여다볼 수 있는 코스다.
빡빡한 일정이지만 모로코를 더 진하게 느낄 수 있는 코스이며 여유롭게 즐기고 싶다면
도시 몇 개를 제외하고 계획을 짜는 것도 좋은 방법이다.

DAY 1 유럽 경유지 ⋯ 카사블랑카 이동 후 휴식
(비행기, 약 2시간 소요)

DAY 2 카사블랑카 관광

DAY 3 카사블랑카 ⋯ 에사우이라 이동
(야간버스 혹은 그랑 택시, 약 6시간 소요)

DAY 4 에사우이라 관광

DAY 5 에사우이라 ⋯ 마라케시 이동 후 휴식
(야간버스 혹은 그랑 택시, 약 3시간 소요)

DAY 6 마라케시 관광 1일차

DAY 7 마라케시 관광 2일차

DAY 8 마라케시 ⋯ 사하라 사막 메르주가 이동 후 휴식
(야간버스 혹은 그랑 택시, 약 12시간 소요)

DAY 9 사하라 사막 투어
(1박 2일 코스)

여행 경비

항공권
스페인 마드리드 ⋯ 카사블랑카   편도 40,000원
카사블랑카 ⋯ 스페인 마드리드   편도 40,000원

숙박비
중저가 리아드 11박(싱글룸 기준)   1,100,000원
사하라 사막 호텔 1박   30,000원

교통비
시외교통(버스 혹은 그랑 택시)   120,000원
시내교통(쁘띠 택시)   40,000원

현지 비용
식비   450,000원
사하라 사막 투어(1박 2일)   53,000원
입장료   30,000원
※환율에 따라 달라질 수 있음

총 예상 비용   1,903,000원

DAY 10	사하라 사막 메르주가 ➝ 페스 이동 후 휴식
	(야간버스 혹은 그랑 택시, 약 8시간 소요)

DAY 11	페스 관광

DAY 12	페스 ➝ 쉐프샤우엔 이동 후 휴식
	(버스 혹은 그랑 택시, 약 4시간 소요)

DAY 13	쉐프샤우엔 관광

DAY 14	쉐프샤우엔 ➝ 카사블랑카 이동 후 휴식
	(야간버스 혹은 그랑 택시, 약 8시간 소요)

DAY 15	카사블랑카 ➝ 유럽
	(비행기, 약 2~3시간 소요)

TIP 모로코 14박 15일 여행자를 위한 꿀팁!

 DAY 3~5 에사우이라 관광 대신 탕헤르로 이동해 루트를 거꾸로 내려올 수 있다. 혹은 에사우이라 대신 라바트로 올라간 후 쉐프샤우엔, 페스 등 제시된 루트의 반대 방향으로도 여행할 수 있다.

 마라케시에서 사하라 사막으로, 그리고 페스로 이동하는 코스를 선택하고, 동행하는 일행이 있다면 그랑 택시를 이용하는 것이 경제적인 측면에서나 동선상으로도 편리하다.

 만일 유럽 여행을 하고 있는 여행자라면 카사블랑카로 들어가지 않고 페스 혹은 탕헤르, 라바트 순서로 여행한 다음 다시 유럽으로 돌아가는 것이 효율적이다.

 마라케시에서 사하라 사막 이동 시 사막 투어와 근교도시를 모두 돌아볼 수 있는 2박 3일 투어를 이용할 수 있다.

 인-아웃IN-OUT 항공권은 탕헤르, 페스, 카사블랑카, 마라케시에서 고르는 것이 효율적이다.

BEST COURSE ④

인생에서 한 달은 모로코에서 24박 25일
북부 4개 + 남부 4개 도시와 사하라 사막

그야말로 모로코 매력에 흠뻑 빠질 수 있는 코스로, 여유만만 여행을 즐길 수 있는 코스다. 모로코는 주요 도시 외에도 여행자에게 덜 알려진 아기자기한 매력을 지닌 근교 소도시가 많으므로 자기의 여행 스타일이나 취향에 맞게 계획을 짜보는 것도 좋다.

DAY 1 유럽 경유지 ⋯▶ 카사블랑카 이동 후 휴식
(비행기, 약 2시간 소요)

DAY 2 카사블랑카 관광

DAY 3 카사블랑카 ⋯▶ 에사우이라 이동
(야간버스 혹은 그랑 택시, 약 6시간 소요)

DAY 4 에사우이라 관광

DAY 5 에사우이라 ⋯▶ 마라케시 이동 후 휴식
(야간버스 혹은 그랑 택시, 약 3시간 소요)

DAY 6 마라케시 관광 1일차

DAY 7 마라케시 관광 2일차

DAY 8 마라케시 ⋯▶ 사하라 사막 이동 후 관광
(아이트 벤하두, 와르자잣)
(버스 혹은 그랑 택시, 약 4시간 30분 소요)

DAY 9 와르자잣, 토드라 협곡 관광
(버스 혹은 그랑 택시, 약 4시간 소요)

여행 경비

항공권
스페인 마드리드 ⋯▶ 카사블랑카	편도 40,000원
카사블랑카 ⋯▶ 스페인 마드리드	편도 40,000원

숙박비
중저가 리아드 18박(싱글룸 기준)	1,800,000원
사하라 사막 호텔 4박	120,000원

교통비
시외교통(버스 혹은 그랑 택시)	200,000원
시내교통(쁘띠 택시)	50,000원

현지 비용
식비	650,000원
사하라 사막 투어(1박 2일)	95,000원
입장료	40,000원

※환율에 따라 달라질 수 있음

총 예상 비용	**3,035,000원**

DAY 10	토드라 협곡 관광 2일차
DAY 11	토드라 협곡 관광 3일차+메르주가 이동 후 휴식 (버스 혹은 그랑 택시, 약 5시간 소요)
DAY 12	사하라 사막 투어 (2박 3일 코스)
DAY 13	사하라 사막 메르주가 이동 후 휴식
DAY 14	사하라 사막 메르주가 → 페스 이동 후 휴식 (야간버스 혹은 그랑 택시, 약 10시간 소요)
DAY 15	페스 관광
DAY 16	메크네스, 볼루빌리스, 물레이 이드리스 관광(근교 소도시)
DAY 17	페스 → 쉐프샤우엔 이동 후 휴식 (버스 혹은 그랑 택시, 약 4시간 소요)
DAY 18	쉐프샤우엔 관광
DAY 19	쉐프샤우엔 → 탕헤르 이동 후 휴식 (야간버스 혹은 그랑 택시, 약 3시간 소요)
DAY 20	탕헤르 관광
DAY 21	탕헤르 → 아실라Ashilah(근교 소도시) 이동 후 휴식
DAY 22	아실라 관광
DAY 23	탕헤르 혹은 아실라 → 라바트 이동 (버스 혹은 그랑 택시, 약 2시간 30분~3시간 소요)
DAY 24	라바트 → 카사블랑카 이동 후 휴식 (버스 혹은 그랑 택시, 약 1시간 15분 소요)
DAY 25	카사블랑카 → 유럽 (비행기, 약 2~3시간 소요)

> **TIP 모로코 24박 25일 여행자를 위한 꿀팁!**
>
> ❶ 사막 투어는 2박 3일 코스도 있지만, 씻을 수 없고 날씨가 덥기 때문에 1박 2일로 나눠 가는 방법도 있다.
> ❷ DAY 16 페스 근교 소도시는 택시로 가는 것이 가장 편리하고, 기차로 이동 시 도착 후 택시를 이용해야 하는데 관광 이후 택시가 없을 수 있으니 왕복으로 흥정하는 것이 좋다.
> ❸ DAY 21 아실라로 가는 길에 헤라클레스 동굴을 경유할 수 있다.
> ❹ DAY 21~22 아실라는 매년 벽화를 새롭게 칠하는 아름다운 해안마을로 한적한 분위기를 즐기고 싶은 여행자에게 추천할 만한 여행지다.
> ❺ 인-아웃IN-OUT 항공권을 다르게 예약할 수 있다면 탕헤르, 페스, 라바트에서 고르는 게 효율적이다.
> ❻ 14박 15일 코스를 참조해 일정을 짜보자.

travel in morocco
모로코 여행 정보

탕헤르

TÁNGER طنجة

두 바다와 두 대륙이 만나는 접점이자 아프리카의 시작, 탕헤르(땅져).
스페인과 50km밖에 떨어져 있지 않아 유럽에서 페리를 타고 모로코를 여행하는 사람들이 늘어가고 있다.
오래전부터 모로코와 스페인은 영향을 주고받았다. 특히 탕헤르는 모로코에서 스페인어가
가장 잘 통하는 곳이다. 자체 법률과 행정부를 둘 만큼 독립적인 도시로, 과거 난민과 불법체류자가
드나들고 검은 돈이 밀려오던 곳이기도 했다. 왠지 모르게 모험이 기다리고 있을 것 같은 탕헤르의 골목은
현 모로코 국왕 모하메드 6세의 막대한 투자를 통해 개보수 공사가 이루어지며 빠르게 발전하고 있다.

> 여행 포인트
>
> 관광 ★★★　　미식 ★★　　쇼핑 ★

> 이것만은 꼭 해보기
>
> ☐ 영화 〈본 얼티메이텀〉에 나온
> 　 그랑 카페 드 파리에서 민트 티 한잔!
> ☐ 카스바 뷰포인트에서 바다 너머 스페인 바라보기
> ☐ 페니키아인의 무덤에서 노을 감상하기

탕헤르 들어가기 & 나가기

탕헤르 공항 이용하기

한국에서 탕헤르로 출발하는 직항편은 없지만, 유럽을 경유하여 탕헤르로 들어오는 항공편은 많다. 대표적인 항공사로 부엘링항공과 에어 아라비아가 있다.
탕헤르 공항에서 시내로 이동하는 방법은 택시가 유일하다. 공항 건물 밖으로 나오면 택시를 쉽게 잡을 수 있고 시내까지의 거리는 15km로 약 25분 소요된다.

탕헤르 이븐 바투타 공항
Tangier Ibn Battouta Airport(TNG)

모로코 출신 세계여행가 이븐 바투타의 이름을 딴 자그마한 공항으로 유럽 주요 도시를 오가는 항공이 운행된다. 탕헤르 공항 규모는 크지 않고 사람도 많지 않아 수하물을 빨리 찾을 수 있고, 수하물 수취대 옆에 있는 환전소의 환율 조건은 시내보다 좋으니 필요하다면 이용해보자.
공항 밖으로 나가기 전, 경찰에게 여권을 제출해야 하는 절차를 거치니 여권을 달라고 해도 당황하지 말자.

주소 Aéroport Tangier-Ibn Batouta, Tánger
교통 메디나에서 택시로 25분
홈페이지 www.tangier-airport.com
지도 p.85-D

🚕 택시

정류장에 있는 안내판에 적힌 요금을 미리 확인하고 탑승한다. 흥정을 하거나 공항에서 동행자를 구하면 보다 저렴한 가격에 이동할 수 있다. 참고로 탕헤르 공항에서 쉐프샤우엔까지 두 시간이면 이동할 수 있다.

탕헤르의 교통수단

탕헤르는 여행자들의 거점도시로 여행자 대부분 페스, 쉐프샤우엔 혹은 라바트로 이동한다. 탕헤르는 타 주요 도시에 비해 볼거리가 적지만 유럽과 아프리카 대륙을 잇는 중요한 위치에 있어 교통 이용이 편리하다.

🛥 페리

스페인에서 한 시간 남짓 페리를 타면 탕헤르에 도착한다. 탕헤르 메드 항구는 스페인 알헤시라스Algeciras로 이동할 때 이용하는데 메디나에서 택시로 45분 소요되어 번거롭지만 스페인 타리파Tarifa에 도착 후 알헤시라스까지 무료 셔틀버스를 운행하는 곳이 많으니 참고하자. 여행자들이 가장 많이 이용하는 구간은 타리파-탕헤르 구간으로 하루에 12번 이상 운행하여 극성수기(부활절 기간, 8·10월 마지막 주)를 제외하면 티켓을 구하는 것은 어렵지 않다. 티켓은 인터넷이나 탕헤르 시내 여행사 또는 선착장에서 예약할 수 있다. 참고로 모로코와 스페인은 1시간(서머타임 적용 시 2시간)의 시차가 있으니 잊지 말자.

페리 운행 스케줄

출발지	목적지	운행 편수	요금, 소요 시간
스페인 타리파	탕헤르 항구	1일 12회	약 40EUR 1시간
스페인 알헤시라스	탕헤르 메드 항구	1일 16~22회	약 20EUR 1시간 30분~2시간

🚆 기차

탕헤르 빌 기차역 Tánger Ville Railway Station

일반 열차와 침대 열차가 있지만 2017년에 완공된 테제베TGV 기차를 타면 단시간 내에 다른 도시로 이동이 가능하다. 페스, 메크네스, 마라케시, 라바트, 카사블랑카를 오가는 기차가 있고 시내에서 탕헤르 빌 기차역까지는 쁘띠 택시로 10DH이면 충분하다.

주소 Near Place du Maghreb Arabe, Tánger
교통 메디나에서 택시로 15분
홈페이지 www.oncf.ma
지도 p.85-C

🚌 시외버스

씨티엠CTM 버스와 수프라투어SupraTours 버스를 타고 내리는 버스 터미널은 두 곳으로, 탕헤르 빌 기차역 근처에 있는 씨티엠CTM 버스 사무실과 시내에서 7km 떨어진 곳에 위치한 씨티엠CTM 버스 Messagerie Tánger 지점이 있다. 목적지에 따라 버스 탑승하는 곳이 다르니 미리 문의하는 것이 좋고, 씨티엠CTM Messagerie Tánger 지점에 가려면 택시 흥정이 쉽지 않으니 현지인이 타고 있는 택시에 합승하는 것이 좋다. 쉐프샤우엔, 페스, 마라케시, 카사블랑카, 라바트 등 주요 도시로 연결되는 다양한 버스가 있고 출발도시라 연착이 많지 않아서 편리하다.

씨티엠CTM 버스 사무실
주소 Avenue Moulay Youssef, Tánger
교통 탕헤르 빌 기차역에서 택시로 5분
전화 0539-320383
지도 p.85-C

씨티엠CTM 버스 Messagerie Tánger 지점
주소 La Rocade 9, Tánger
교통 탕헤르 빌 기차역에서 택시로 10분
전화 0800-090030
지도 p.85-F

🚕 그랑 택시

별도의 택시 승차장은 없으며 기본적으로 버스 터미널에서 승차한다. 버스 터미널은 시내에서 약 2km 거리에 떨어져 있는데, 손님을 기다리는 그랑 택시를 볼 수 있다. 버스보다 빠르고 편리하지만 인원이 모일 때까지 기다려야 하는 불편함이 있다.

이동 소요 시간 및 요금
● 아실라 30분(30DH) ● 테투안 1시간(35DH)

PLUS 탕헤르의 시내교통

볼거리 대부분이 메디나에 몰려 있으므로 도보로 이동할 수 있고 탕헤르 빌 기차역이나 버스 터미널을 오갈 때만 쁘띠 택시를 이용하면 된다.

쁘띠 택시

다른 도시와 마찬가지로 합승제이고 미터제로 운행된다. 간혹 미터기를 사용하지 않거나 미터기 요금보다 과한 금액을 청구하는 경우가 있는데 나온 금액만 내면 된다. 탕헤르 시내에서는 어디나 5DH 이하로 이동할 수 있다. 참고로 탕헤르의 쁘띠 택시 색깔은 하늘색이다.

PLUS 환전 & ATM

환전소 거리(p.90)에 가면 환전소를 쉽게 발견할 수 있고 여러 곳의 환율을 비교한 후 환전할 수 있다. 단, 탕헤르 공항을 이용한다면 수하물 수취대 옆에 있는 환전소가 시내보다 환율 조건이 좋으니 참고하자. ATM은 최대 2,000DH까지 인출 가능하나 현금이 부족해 인출할 수 없는 경우도 종종 있다.

탕헤르 일일 추천코스

탕헤르는 모든 볼거리가 메디나에 몰려 있는 편이라 도보로 충분히 이동 가능하다.
잠깐 머물다가 다른 도시로 넘어가는 일정이라면 1947년 4월 9일 광장과
수크 다클리 광장 그리고 카스바 순서로 산책하는 일정을 추천한다.

총 소요 시간 6시간

1947년 4월 9일 광장
탕헤르 여행의 시작과 끝

도보 10분

알 하주이 요새
옛 흔적이 남아 있는 요새를
따라 산책하기

도보 15분

페니키아인의 무덤
현지인들이 즐겨 찾는
노을 전망 스폿

도보 15분

카스바
성벽을 따라 세월의 흐름을
느낄 수 있는 곳

도보 30분

파스퇴르 거리 & 프랑스 광장
탕헤르의 과거와 현재가
공존하는 곳

PLUS 탕헤르, 알차게 즐기자

먼저 탕헤르 여행의 시작점 <u>1947년 4월 9일 광장</u>은 시네마 리프와 함께 둘러보자. <u>수크 다클리 광장</u>을 지나 끝자락에 위치한 <u>알 하주이 요새</u>는 영국 속령 지브롤터의 영국군 해안포가 남아 있다. 오후에는 탕헤르의 과거와 현재가 공존하는 <u>파스퇴르 거리</u>에 있는 '그랑 카페 드 파리'에서 커피 한잔 해보자. 이어 로마 시대에 지은 카스바에서 지브롤터 해협을 조망해보자. <u>페니키아인의 무덤</u>은 바다 위로 지는 노을을 감상하기 좋은 곳이다. 마지막 코스로 카스바 광장에 위치한 '레 피스 주 데투아'는 탕헤르의 밤을 즐기기 좋은 곳으로 안달루시안 전통음악을 들을 수 있다.

여행 경비	
식비	
라 테라스 두 다르 엘 카스바	80DH
그랑 카페 드 파리	10DH
레 피스 주 데투아	30DH
※교통비 없음(모든 코스 도보 이동 가능)	
총 예상 비용	120DH

sightseeing
탕헤르의 볼거리

메디나
Medina of Tánger

유럽 대륙에서 가장 빨리 만나볼 수 있는 탕헤르 메디나
이곳은 다양한 민족과 문화의 교차점으로 모로코 그 어느 곳보다도
이국적인 분위기가 물씬 풍긴다. 모로코인 듯 아닌 듯 복잡한 메디나는
어딘가 음침하고 묘한 분위기가 감돈다. 약 52년간 탕헤르에 살며 작품을 집필했던
소설 〈꿈의 도시〉 작가 폴 볼스(Paul Bowles, 1910~1999년), 1950년대를 이곳에서 보낸 소설가 윌리엄 버로스(William Burroughs, 1914~1997년), 영화 〈티파니에서 아침을〉 원작자 트루먼 커포티(Truman Capote, 1924~1984년),
영화 〈007 제임스 본드〉 시리즈의 작가 이안 플레밍(Ian Fleming, 1908~1964년) 등
문학과 지성의 집결지로 세계적인 작가와 작품을 배출한 도시이기도 하다.

★★ 1947년 4월 9일 광장 (그랑 소코)
Place du 9 Avril 1947
(Grand Socco)

탕헤르 여행의 시작점

메디나 입구인 파스 문Bab Fass 앞에 위치한 광장으로 커다란 분수와 잔디밭이 조성되어 있고 벤치가 있어 시민들의 휴식공간으로 사용된다. 또한 과일, 향신료 등 다양한 물건을 판매하는 상점과 로컬 레스토랑이 즐비하여 저렴하게 식사할 수 있다. 이곳은 메디나로 들어가기 전, 차로 갈 수 있는 마지막 지점이기도 하다. 가파른 언덕을 따라 올라가면 카스바 입구로 이어진다. ❶ 참고로 1947년 4월 9일은 모로코 전 국왕 모하메드 5세가 모로코 독립을 선언한 날이다.

주소 Place du 9 Avril 1947, Tánger 교통 탕헤르 항구에서 도보 20분 운영 상시 개방 (상점 10:00~20:00) 지도 p.86-F

★★ 시네마 리프
Cinéma Rif

1947년 4월 9일 광장 앞에 자리한 영화관 겸 카페

탕헤르를 빛냈던 지성과 문학의 힘은 여전히 살아 숨 쉬고 있다. 그 일환으로 오늘날 탕헤르의 지성과 문학을 이끄는 곳이 바로 이곳이다. 시네마 리프는 모로코의 영화학도들이 모이는 곳으로 크고 작은 영화제가 자주 열리는데 이 기간에 방문하면 평소에 접하기 힘든 영화를 저렴한 가격에 볼 수 있다. 단, 대부분의 영화는 프랑스어로 상영된다. 영화관 옆에는 와이파이를 무료로 사용할 수 있는 실내외 카페가 있어 커피 한잔 마시며 광장을 조망하기 좋다.

주소 Place 9 Avril, Tánger 교통 1947년 4월 9일 광장에서 도보 1분 전화 0539-934683 운영 08:00~23:00 휴무 월요일 홈페이지 www.cinemathequedetanger.com 지도 p.86-F

★
환전소 거리
Rue Siaghine

1947년 4월 9일 광장과 수크 다클리 광장을 잇는 골목
그 옛날 탕헤르에서 가장 번화했던 골목으로 '은 세공 거리'라는 뜻을 담고 있다. 전통적인 발코니를 뽐내는 1800년대 후반의 건물들이 빼곡히 들어서 있다. 골목 중간에 눈에 띄는 '라 인마쿨라다 콘셉시온 성당Church of the Immaculate Conception'은 1880년 스페인 정부에 의해 지어진 것으로 마더 테레사 재단 소속이고 미사는 진행하지 않는다. 지금은 기념품 가게와 카페, 환전소로 이용되고 있다.

주소 Rue es Siaghine, Tánger(Rue Siaghine,Tánger) **교통** 1947년 4월 9일 광장에서 파스 문을 통과해 도보 2분 **운영** 상시 개방(상점 10:00~20:00) **지도** p.87-G

★★
수크 다클리 광장
(쁘띠 소코)
Place Souk Dakhli
(Petit Socco)

옛 흔적이 고스란히 남아 있는 거리
환전소 거리를 따라 완만한 내리막길을 내려가면 나오는, 탕헤르에서 가장 유명한 밀거래 골목으로 마약과 매춘이 이루어지던 곳이다. 지금은 옛 흔적이 남아 있는 골목 카페에 앉아 민트 티를 즐기는 사람들로 북적인다. 거리를 따라 좀 더 내려가면 포르투갈 성당으로 사용하다가 1815년 증축하여 모스크로 이용하는 그랜드 모스크Grand Mosque가 있고, 조금 더 내려가면 탕헤르 항구가 내려다보이는 알 하주이 요새Borj Al-hajou가 나온다. 이곳은 지브롤터의 영국군 해안포가 남아 있는 요새로 대포는 20톤이 넘는 무게를 자랑하지만 실제 사용된 적은 없다. 요새에서 왼쪽을 바라보면 어마어마한 규모를 자랑하는 호텔이 보이는데 이는 안달루시안 스타일로 지어진 '콘티넨탈 호텔Hotel Continental'로 탕헤르에서 가장 오래된 호텔이다.

주소 Place Souk Dakhli, Tánger **교통** 1947년 4월 9일 광장에서 파스 문을 통과해 도보 4분 **운영** 상시 개방(상점 10:00~22:00) **지도** p.87-G

> **PLUS** 지도 보기 어려운 탕헤르, 대체 어떤 이름이 맞는 걸까?

과거 스페인과 프랑스 식민시절에 붙은 거리명과 스폿명이 아랍어로 변경되었다. 하지만 여전히 예전 거리명을 사용하는 사람이 많기에 여행자들은 헷갈릴 수밖에 없다. 가장 흔히 쓰이는 몇 가지는 기억해두자.

메인 광장 Main Squares

옛 지명	변경된 지명
Grand Socco	Place du 9 Avril 1947
Petit Socco	Place Souk Dakhli

메디나 Medina

옛 지명	변경된 지명
Rue des Chretiens	Rue des Almouahidines
Rue de la Marine	Rue Djemaa Kebir
Rue des Postes	Avenue Mokhatar Ahardane

신시가지 Ville Nouvelle

옛 지명	변경된 지명
Boulevard de Paris	Avenue Sidi Mohammed Ben Abdallah

해변 Beach

옛 지명	변경된 지명
Avenue d'Espagne	Avenue Mohammed VI
Avenue des FAR	Avenue Mohammed VI

> **PLUS** 탕헤르에서 놓치면 후회할 뷰포인트 BEST 3

페니키아인의 무덤(지도 p.86-A)
Tombeaux des Phéniciens

알 하주이 요새(지도 p.87-B)
Borj Al-hajou

알 바하르 문(지도 p.86-B)
Bab Al-Bahr

★★★★
카스바
Kasbah

지브롤터 해협이 한눈에 내려다보이는 성채
로마 시대에 지어지고 물레이 이스마일(Moulay Ismail, 1645~1727년) 왕 통치기간에 지금과 같은 모습을 갖추게 되었다. 1947년 4월 9일 광장과 수크 다클리 광장에 비해 조용한 분위기가 흐르는데 알 바흐르 문Bab Al-Bahr을 통과하면 지브롤터 해협이 내려다보이고 전망 좋은 호텔과 레스토랑이 즐비하다. 카스바 내에 위치한 '지중해 문화 박물관Musee des Cultures Mediterraneennes'은 유물이 많지는 않지만 박물관 옆길을 따라 걸어가면 옛 흔적이 남아 있는 성곽을 볼 수 있다. 카스바를 통해 메디나로 내려오는 길에 안내판을 따라가면 1304년 탕헤르에서 태어나 중동을 거쳐 러시아, 중앙아시아 및 중국과 스리랑카, 아프리카 여행 후 1355년 〈이븐 바투타 여행기〉를 집필한, 세계 최초의 세계여행가 이븐 바투타의 무덤 Tomb of Ibn Battouta을 볼 수 있으나 문이 닫혀 있는 경우가 많다.

❶ 참고로 카스바 근처에는 끈질기게 말을 걸어오는 호객꾼이 있으니 으슥한 골목을 걷거나 늦은 밤에 방문하는 것은 위험하다.

주소 Kasbah, Tánger **교통** 1947년 4월 9일 광장에서 언덕을 따라 도보 10분
운영 상시 개방(상점 10:00~20:00), 지중해 문화 박물관 수~월요일 10:00~18:00
요금 20DH **지도** p.86-B

★★
파스퇴르 거리 &
프랑스 광장
Avenue Pasteur & Place de France

주소 Ave. Pasteur & Place de France, Tánger
교통 1947년 4월 9일 광장에서 도보 10분
운영 상시 개방 (상점 10:00~20:00)
지도 p.86-J, 87-K

탕헤르 신시가지의 중심지

모하메드 5세 거리와 맞닿은 파스퇴르 거리와 프랑스 광장은 신시가지의 중심지로 탕헤르의 과거와 현재가 공존하는 곳이다. 1920년부터 같은 자리를 지키며 수많은 작가가 글을 쓰던 메디나 밖 최초의 카페, 그랑 카페 드 파리Gran Café de Paris는 영화 〈본 얼티메이텀〉에 등장하며 여행자들의 필수코스가 되었다. 프랑스 광장을 지나 파스퇴르 거리를 걷다 보면 커다란 대포가 놓인 '소르 메게진Sour Meêgazine'과 카페 '테라사 디 파리스Terrasse des Paresseux'가 나오는데, '게으름 피우기 좋은 테라스'라는 별칭이 있을 만큼 늘어져 있기 좋고 날씨가 좋으면 대서양 너머 스페인까지 조망할 수 있다. 탕헤르의 작가들이 사랑하는 서점 '라이브러리 데 콜론Librairie des Colonnes'(54번지)과 '레 인솔라이트Les Insolites'(28번지)를 방문할 수 있다. 여기서 멀지 않은 곳에는 1913년에 지어진 '그랑 테아트로 세르반테스Gran Teatro Cervantes'(현재 사용하지 않음)의 흔적을 볼 수 있고 지도나 여행 정보를 얻을 수 있는 '탕헤르 공식 관광안내소Tourist Office'(29번지)도 파스퇴르 거리에 있다.

★★★
페니키아인의 무덤
Tombeaux des Phéniciens

주소 Near Avenue Hadj Mohammed Tazi, Tánger
교통 카스바 입구에서 도보 15분
운영 상시 개방
지도 p.86-A

바다 너머로 지는 노을이 환상적인 곳

무덤이 돌로 이루어진 언덕으로, 바다 너머로 지는 노을이 환상적인 곳이다. 여행자보다는 현지인들이 즐겨 찾고 카스바 입구에서 15분 정도 직진하면 된다. 근처에 위치한 '하파 카페Hafa Cafe'는 1921년에 오픈한 탕헤르의 상징적인 곳으로 바다를 향해 나 있는 테라스 의자에 앉아 도란도란 이야기를 나누는 사람들을 볼 수 있다. ❗ 단, 이 근처에 마약을 하는 사람이 많으니 노을은 페니키아인의 무덤 쪽에서 보는 것이 좋고 해가 완전히 지기 전에 카스바 쪽으로 돌아오는 게 좋다.

restaurant
탕헤르의 식당

라 포사다 델 하파
Restaurant La Posada del Hafa

다양한 종류의 해산물을 맛볼 수 있는 곳
'하파 카페Hafa Cafe' 근처에 있는 곳으로 다양한 해산물을 얼음 위에 올려두고 즉석에서 조리하여 판매한다. 메뉴 종류가 꽤 많고, 그중에서도 각종 생선류, 새우를 넣어 만든 까수엘라나 파에야가 괜찮으나 가격대가 높고 조리시간이 오래 걸리는 편이다. ❶ 좌석은 실내와 정원으로 나뉘어 있는데 정원에는 모기가 많은 편이니 주의하자.

주소 28 Avenue Hadj Mohammed Tazi, Tánger **교통** 카스바 입구에서 도보 8분
전화 0539-372203 **영업** 11:00~01:00 **예산** 70~300DH *카드 가능 **지도** p.86-A

그랑 카페 드 파리
Gran Café de Paris

👍 **영화 <본 얼티메이텀> 추격 장면에 나오는 그곳!**
1920년부터 한자리를 지키며 수많은 작가들에게 영감을 준 이곳은 메디나 밖에 처음 만들어진 카페로 여전히 인기가 많다. 사거리 코너에 있어 야외석에 앉아 바삐 움직이는 사람들을 보다 보면 왜 작가들이 이곳을 사랑했는지 짐작이 간다. 간단한 스낵과 민트 티, 커피 등을 판매해 간단히 아침식사나 티타임을 즐기기 좋다.

주소 Avenue Pasteur, Tánger
교통 1947년 4월 9일 광장에서 도보 7분
영업 06:00~23:00 **휴무** 라마단 기간
예산 10~30DH
지도 p.86-J

레 피스 주 데투아
Les Fils du Detroit

👍 **매일 밤 안달루시안 공연이 펼쳐지는 곳**

카스바 광장 구석에 있는 아주 작은 공간으로, 40년 넘는 세월 동안 매일 밤 구슬픈 안달루시안 전통음악을 연주하는 다섯 할아버지에 의해 운영된다. 무료 공연을 보며 민트 티를 마실 수 있고 공연이 마음에 들었다며 기부금을 내는 사람이 많다. 좁디좁은 공간에 현지인과 여행자가 옹기종기 모여앉아 민트 티를 홀짝이며 주름이 깊게 팬 할아버지들의 꿈결 같은 연주를 듣고 있노라면 시공간을 초월해 과거 어느 시대에 불시착한 느낌마저 든다. 공연은 매일 저녁에 열리고 개인 사정으로 연주하지 않는 경우도 있다. 낮에는 한 분의 할아버지가 민트 티를 팔며 공간을 소개해주니 미리 공연 여부를 확인하는 것이 좋다.

주소 Place du Méchouar, Tánger **교통** 카스바 입구에서 도보 4분
영업 10:00~21:00(안달루시안 공연 19:00~20:00) **예산** 민트 티 20DH
홈페이지 soundcloud.com/les-fils-du-detroit(공연 음악 청취 홈페이지)
지도 p.86-B

이탈리안
L'Italienne

현지인들이 가장 즐겨 찾는 베이커리
파스퇴르 거리를 걷다가 출출하면 잠시 들러서 빵을 구입할 수 있는 자그마한 베이커리에는 갓 구운 빵을 쉴 새 없이 들여와 고소한 냄새가 진동한다. 크루아상과 바게트, 시나몬 롤 외에도 예쁘게 장식한 각종 케이크를 맛볼 수 있다. 아침이면 식사를 하기 위해 빵을 구입하는 현지인을 볼 수 있다.

❗ 베이커리에서 100m 떨어진 곳에 맥도날드가 있으니 참고하자.

주소 8 Rue al Moutanabi, Tánger **교통** 1947년 4월 9일 광장에서 도보 15분
전화 0539-931991 **영업** 토~목요일 06:00~22:30, 금요일 12:15~22:00 **예산** 5~50DH
홈페이지 litalienne-ii.business.site **지도** p.87-K

안나 이 빠울로
Anna e Paolo

이탈리아인이 운영하는 이탈리아 식당
메디나에서 도보로 15~20분 거리에 있어 찾기 쉽지 않지만, 파스퇴르 거리를 구경삼아 걸으며 다녀오기 좋다. 자그마한 식당은 언제나 손님이 가득한데 탕헤르에서 가장 괜찮은 이탈리아 음식을 맛볼 수 있고 커피 맛도 괜찮다. 2층으로 가는 계단 옆에는 탕헤르의 옛 모습이 담긴 사진이 전시되어 있다. ❗ 참고로 가게 입구 위에 '셀라 그릴Chellah Grill'이라는 간판이 걸려 있으니 확인하고 들어가자.

주소 77 Avenue Prince Héritier, Tánger **교통** 1947년 4월 9일 광장에서 도보 20분
전화 0539-944617 **영업** 12:00~15:00, 20:00~23:00 **휴무** 일요일
예산 50~130DH **지도** p.86-J

라 테라스 드 다르 엘 카스바
La Terrasse de Dar el Kasbah

아기자기한 정원과 친절한 주인이 있는 곳

광장에서 카스바로 오르는 언덕길 중간에 있는 레스토랑으로 레게 뮤지션 밥 말리의 벽화가 그려진 벽에 둘러싸여 발견하기 쉽지 않다. 외국 유학시절 한국인과 룸메이트로 지내 한국 문화에 대해 잘 알고 있는 주인은 타진을 주문하면 밥을 조금 내어주는 호의를 보이는 등 한국 여행자에게 각별한 애정을 갖고 있다. 모로코 전통음식을 파는 곳으로 가격이 저렴한 편은 아니나 맛이 괜찮고 주문 시 빵과 올리브가 제공되며 커피 맛도 무난하다.

주소 14 Rue de la Kasbah, Tánger
교통 1947년 4월 9일 광장에서 도보 5분 **전화** 0661-882408
영업 12:00~15:00, 19:00~22:00 **휴무** 월요일 **예산** 60~130DH
홈페이지 laterrassedardelkasbah.business.site **지도** p.86-F

라 에스파뇰라
La Espanola

간단히 아침식사하기 좋은 곳

커다란 규모에 비해 항상 한적한데다 가격도 저렴해서 유지가 될까 싶지만 1959년부터 명맥을 이어온 곳이다. 메뉴판에 있는 오믈렛, 케이크, 음료 외에도 냉장고에 진열된 디저트를 직접 보고 주문할 수 있다. 요리 대부분은 양이 적은 대신 가격이 저렴하니 다양한 음식을 주문해 맛볼 수 있다.

주소 97 Rue de La Liberte, Tánger
교통 1947년 4월 9일 광장에서 도보 5분 **전화** 0539-935957
영업 07:30~22:00 **예산** 20~80DH **지도** p.86-J

엘 모로코
El Morocco

아침에는 나무 밑 카페, 저녁에는 멋진 바!
카스바 입구를 통과하면 가장 먼저 보이는 레스토랑으로 아침과 저녁에 문 여는 위치가 다르다. 아침에는 부엌 쪽문만 열어 커다란 나무 밑에 테이블을 놓고 브런치 카페로 운영하고 저녁에는 실내에서 바와 함께 운영된다. 하지만 브런치를 제외한 음식은 형편없으니 아침 산책을 하며 브런치를 즐기는 정도로 만족하자. ❗ 이곳은 사정이 있을 때마다 문을 닫고 영업시간 또한 일정하지 않으니 일부러 찾아가는 수고는 하지 않는 것이 좋다.

주소 Place du Tabor, Tánger **교통** 카스바 입구에서 도보 1분
전화 0539-948139 **영업** 09:00~15:00, 19:30~23:00(유동적) **예산** 40~150DH
홈페이지 elmoroccoclub.ma **지도** p.86-B

아롱글라스
A l'anglaise

가족이 운영하는 작은 카페
카스바로 올라가는 언덕 끝부분에 위치한 아롱글라스는 화가이자 패션 디자이너인 딸과 아버지가 운영하는 작은 카페로 앤티크 장식이 가득한 독특한 인테리어가 눈길을 끈다. 하지만 이 카페의 진면목은 한껏 늘어지기 좋은 분위기에 취하기 좋은 3층 옥상에 있다. 타진, 파스티야 등 모로코 전통 음식과 브런치를 즐길 수 있는데 그중에서 치킨 파스티야가 괜찮다. ❗ 2층은 숙소로 운영되지만 카페 손님과 화장실을 함께 사용해야 해서 불편하고 음식 냄새가 많이 올라와서 숙소로는 추천하지 않는다.

주소 37 Rue de la Kasbah, Tánger **교통** 카스바 입구에서 도보 2분
전화 0635-186766 **영업** 10:00~20:30 **예산** 40~100DH **지도** p.86-F

hotel
탕헤르의 숙소

오 뚜아 포트
Aux 3 Portes

👍 **저택을 여행자 숙소로 개조한 곳**
탕헤르 숙소 중 가격에 구애받지 않고 딱 한 곳만 고른다면 이곳에 묵고 싶을 정도로 아름답다. 과거 귀족이 살던 저택을 그대로 여행자 숙소로 탈바꿈시킨 곳이다. 간판도 없어서 아는 사람만 갈 수 있는 곳으로 카스바 바로 옆에 있지만, 초행길에는 찾기 어려우니 미리 연락해 카스바 입구에서 픽업 서비스를 받는 것이 좋다. 바다가 내려다보이는 아름다운 정원과 빈티지 가구가 가득한 이곳에서 여유를 부릴 기회를 놓치지 말자.

주소 Rue Oualad Sidi Ben Assa, Tánger **교통** 카스바 입구에서 도보 2분
전화 0614-008534 **예산** 100~120EUR **홈페이지** aux3portes.com **지도** p.86-B

라 딴제리나
La Tangerina

모로코 여성이 운영하는 호텔
카스바 입구에서 멀지 않은 곳에 위치하고 바다가 한눈에 내려다보이는 환상적인 풍경을 자랑하는 호텔로 카스바에서 꽤 큰 규모를 자랑한다. 서양 패키지팀이 자주 묵는 곳이라 북적거릴 때도 있지만 바다를 내려다보며 한가로이 시간을 보내기 안성맞춤이고 주인이 굉장히 친절하다.

주소 19 Riad Sultan Kasbah, Tánger **교통** 카스바 입구에서 도보 3분
전화 0539-947731 **예산** 95~150EUR **홈페이지** latangerina.com **지도** p.86-B

카스바 로즈
Kasbah Rose

절벽 위에 지어진 호텔
카스바 문을 통과해 골목을 따라 내려가거나 카페 '아롱글라스A l'anglaise' 맞은편 계단을 올라가면 쉽게 찾을 수 있다. 호텔에서는 탕헤르 시내가 훤히 내려다보이는 풍경이 펼쳐진다. 20년 전, 모로코로 이민 와서 아이를 낳고 살며 숙소를 운영하고 싶어 하던 프랑스 여성이 손수 꾸며 방마다 사연을 가지고 있으니 궁금하다면 물어보자. ❶ 객실에는 스피커가 설치되어 숙소측에서 음악을 틀어두지만 볼륨 버튼을 돌려 줄일 수 있다.

주소 Rue 30 Merrouche Kasbah, Tánger **교통** 카스바 입구에서 도보 2분
전화 0653-638071 **예산** 50~70EUR **홈페이지** kasbahrose.com **지도** p.86-B

알 호씨마
Al Hoceima

메디나 밖의 저렴한 숙소
파스퇴르 거리 옆에 위치, 메디나까지 도보 이동이 가능한 숙소 중 가격 대비 시설이 괜찮다. 객실마다 상태가 다른데 창문이나 화장실이 없는 경우도 있으니 미리 확인하고 가격 흥정을 열심히 하는 것이 좋다. 모로코 어디나 해당되는 말이지만 ❶ 밤에는 치안이 좋지 않으니 해가 지면 일찌감치 숙소에 돌아와 쉬는 것이 좋다.

주소 Rue al Moutanabi, Tánger **교통** 1947년 4월 9일 광장에서 도보 10분
전화 0539-939192 **예산** 30~50EUR **지도** p.87-K

쉐프샤우엔

CHEFCHAOUEN شفشاون

파란색은 사람을 끌어당기는 힘이 있다. 그리스 산토리니, 인도 조드푸르와 더불어
'3대 스머프 마을'로 불리는 쉐프샤우엔은 마을을 감싸 안은 두 개의 산이 염소의 뿔을 닮아 붙은 이름이다.
온통 파란색 물감으로 칠해버린 듯 손만 닿아도 심장까지 파란색으로 물들 것 같은 이곳은
15세기 기독교의 박해로 이주한 무슬림과 유대인의 거주지역을 구분하기 위해
무슬림은 흰색, 유대인은 파란색으로 칠하며 역사가 시작되었다. 지금은 여행자의 로망을 불러일으키는
파란 골목과 고양이들의 천국이 된 쉐프샤우엔은 꼭 가봐야 하는 모로코 대표도시 중 하나다.

여행 포인트
관광 ★★★★★　미식 ★★★　쇼핑 ★★★★★

이것만은 꼭 해보기
☐ 파란 골목 사이를 거닐며 인생 샷 남기기
☐ 스페인 모스크에서 노을 바라보기
☐ 저렴한 가격의 기념품 쇼핑하기

쉐프샤우엔 들어가기 & 나가기

산 중턱에 위치한 쉐프샤우엔을 오가는 교통수단은 오로지 버스와 그랑 택시뿐이다. 버스 회사별로 터미널이 나뉘어 있는 다른 도시와는 달리 커다란 버스 터미널 한 곳에서 탑승할 수 있어 편하다.

🚌 시외버스

쉐프샤우엔 버스 터미널 건물에는 다양한 버스 회사 매표소가 모여 있어 소요 시간과 요금을 비교할 수 있다. 매표소에 짐값을 지불한 후 직접 짐을 버스에 실어야 한다. 야외에는 작은 카페와 매점, 유료 화장실이 있고 계단을 내려오면 버스 승차장이 있는데 다른 도시를 경유해 오는 버스가 많아서 연착되는 경우가 많다. 버스 터미널은 메디나에서 1.5km 떨어져 있고 차로 5분 정도 소요되며 택시 요금은 10~15DH 선이다. 씨티엠CTM 버스를 이용한다면 메디나 바로 옆에 있는 사무실에서 티켓을 발권할 수 있다.

주소 Avenue Maghreb Arabe, Chefchaouen
교통 메디나에서 택시로 5분
홈페이지 www.ctm.ma
지도 p.105-D

🚕 그랑 택시

탕헤르 공항 혹은 탕헤르 메디나의 1947년 4월 9일 광장 근처에서 쉐프샤우엔행 택시를 탑승할 수 있다.

이동 소요 시간(쉐프샤우엔 메디나 기준)
- 탕헤르 메디나 2시간
- 헤라클레스 동굴(탕헤르 근교 지역) 2시간 30분
- 페스 4시간 30분
- 라바트 2시간 45분

씨티엠CTM 버스 매표소

'사이버 카페 @ 안달루시아Cyber Cafe @ Andalaussia'라고 적힌 가게 안으로 들어가면 자그마한 씨티엠CTM 버스 매표소가 있다. 참고로 쉐프샤우엔에 드나드는 버스는 매진이 빠른 편이니 일정이 확정되면 미리 구입해두는 것이 좋다.

주소 Avenue Mmoulay Ali Ibn Rachid, Chefchaouen
교통 수크 문에서 도보 1분
운영 10:00~21:00 **지도** p.105-B

> **PLUS 환전 & ATM**
>
> 환전소는 메디나 밖 Moulay Ali Ibn Rachid 거리와 메디나 내에 골고루 분포되어 있고, 지도에 표시된 몇 개의 ATM도 이용할 수 있다.

> **PLUS 쉐프샤우엔 일일 추천코스**
>
> 쉐프샤우엔 메디나는 규모가 작아 딱히 추천코스는 없다. 유적지보다는 파란 골목 자체가 가장 큰 볼거리이고 특별한 유적지가 없으니 낮에는 쉬엄쉬엄 골목을 거닐고 해 질 무렵 스페인 모스크에 올라가 저녁 노을을 바라보는 것을 추천한다.

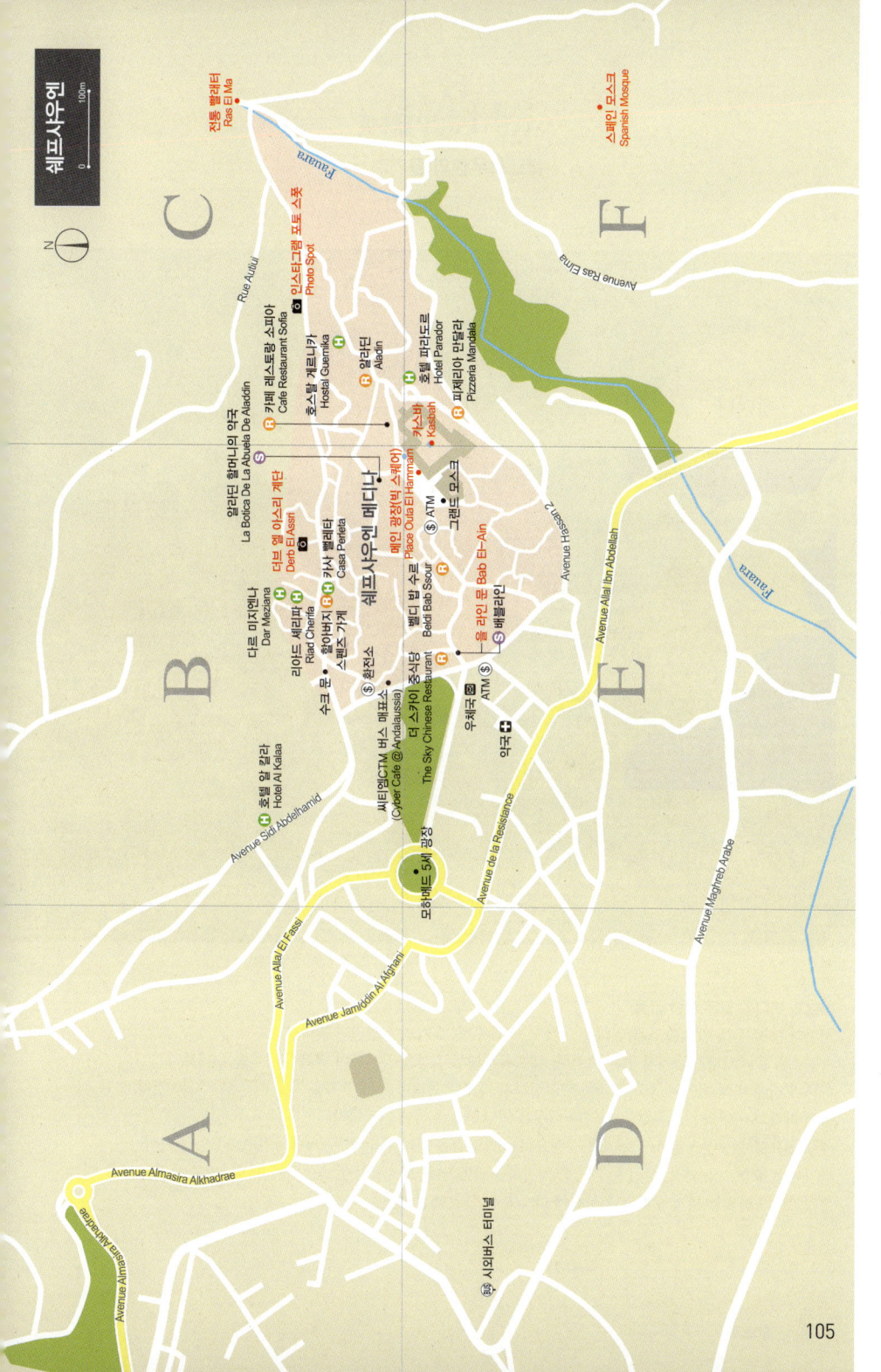

sightseeing
쉐프샤우엔의 볼거리

메디나
Medina of Chefchaouen

하늘과 바다를 닮은 파란 골목
저마다 멋진 옷을 입고 포즈를 취하는 여행자, 원래부터 그 자리에 있었던 것마냥 자연스럽게 여기저기 늘어져 있는 고양이. 쉐프샤우엔의 일상을 공유하며 골목길 사이를 누벼보자. 다른 도시에 비해 치안이 좋고 호객행위도 심하지 않으나 인적이 드문 골목을 지날 때는 조심하는 것이 좋고 슬쩍 다가와서 마약을 권유하는 마약 판매상을 만나면 단호하게 거절하자.
매주 월요일에는 수크 문Bab Souk을 중심으로 내리막길을 따라 을 라인 문(배블라인)Bab El-Ain까지 장이 서는데 채소와 과일, 생선 등 다양한 먹거리를 판매한다. 모로코의 여느 동네와 마찬가지로 사진을 찍을 때는 현지인들의 동의를 먼저 구하거나 사진에 나오지 않도록 조심하자.

> **PLUS** 모로코에는 왜 고양이가 많을까?

아랍 국가를 여행해 본 여행자라면 누구나 한번쯤 개에 비해 훨씬 많은 고양이에 의문을 품곤 한다. 고양이들은 메디나 안과 밖, 상점의 카펫, 가게 내 진열된 선반은 물론 향신료 가게와 심지어 식당에도 있다. 친절한 모로코 사람들은 이들에게 간식까지 챙겨준다.

이는 이슬람교의 사도 모하메드와 관련이 있는데, 무슬림들은 고양이 이마에 있는 줄무늬를 모하메드가 고양이를 하도 쓰다듬어서 생긴 자국 혹은 모하메드를 상징하는 M이라고 부르기도 한다. 아랍 국가에서 고양이는 함부로 할 수 없는 존재로 고양이를 죽이면 곡식으로 벌금을 물어야 했고 고양이를 먹는 것은 돼지고기와 마찬가지로 '하람(할랄의 반대말)' 식품에 속한다. 이런 이유로 모로코 어디에서나 한가로이 늘어져 있는 고양이를 볼 수 있고 사람을 잘 따른다. 참고로 고양이는 소금 간이 된 음식은 소화하지 못할 수도 있으니 간식을 줄 때 조심해야 한다.

SPECIAL

쉐프샤우엔 메디나 최고의 포토 스폿

①

① **더브 엘 아스리Derb El Assri 계단**
쉐프샤우엔 메디나에서 가장 예쁘기로 소문난 골목으로 사진 찍는 사람들로 항상 붐빈다. 참고로 계단의 위치는 숙소 '리아드 셰리파Riad Cherifa' 근처에 있고, 사진 찍는 사람들이 몰려 있어 찾기 쉽다.

② **인스타그램 포토 스폿이 된 이름 없는 골목**
전통 빨래터로 걸어가다가 옆 페이지처럼 보이는 사진 속 간판을 보고 찾아야 한다. 예쁘게 잘 꾸며진 공간으로 사진이 잘 나오니 요금 5DH(촬영 요금을 받는 집주인 상주)을 투자해 최고의 인생 샷을 건져보자.

③ **스페인 모스크에서 바라보는 메디나의 모습**
한눈에 내려다보이는 메디나의 모습도 멋있지만 해 질 무렵, 파란 도시에 노을이 걸린 모습은 그 어떤 곳에서도 볼 수 없는 장관이다.

④ **알라딘 할머니의 약국(p.115)**
비누와 향신료를 파는 가게로 우리네 메주처럼 천장에 달아놓은 비누가 몽환적인 분위기를 자아낸다. 단, 장사를 하는 곳이니 사진을 찍었다면 물건을 구입하는 센스를 잊지 말자.

★★
메인 광장
Place Outa El Hammam

분수를 중심으로 형성된 광장
현지에서는 '빅 스퀘어'라고 불리는 곳으로 오래된 성벽이 남아 있는 카스바와 다양한 레스토랑, 기념품을 파는 상점이 빼곡하게 들어서 있다. 하지만 광장 내 위치한 레스토랑은 대체로 맛이 없고 가격대가 높은 편이라 추천하기 어렵고 광장에서 샛길로 들어가는 골목에 있는 레스토랑들이 맛이나 가격 면에서 훨씬 나은 편이다. 현지인과 여행자들이 약속 장소로 자주 애용하는 곳으로 별다른 볼거리는 없고, 작은 동네라 오가며 계속 지나가게 되니 일부러 찾아갈 필요는 없다. ❶ 특히 광장에 있는 카스바 내 정원이 아름다운 편이라 산책하기 좋은데, 문을 닫아 놓는 경우가 많으니 지나가다 문이 열려 있으면 가장 먼저 둘러보는 것이 좋다.

주소 Place outa el Hammam, Chefchaouen **교통** 수크 문에서 도보 10분 **운영** 상시 개방(상점 10:00~22:00) **지도** p.105-E

★★
전통 빨래터
Ras El Ma

계곡물을 이용해 빨래하는 곳
메디나에서 스페인 모스크로 가기 위해 반드시 거쳐야 하는 곳으로 안사르 문Bab el-Ansar을 지나면 볼 수 있다. 다리를 중심으로 양쪽에 설치되어 있고 계곡에서 흘러 내려오는 물을 이용해 빨래할 수 있도록 넓적한 돌이 놓여 있다. 여행자를 위해 만들어 놓은 것이 아니라 현지인들이 이용하는 곳으로 날씨가 좋은 날이면 돌에 빨래를 놓고 탁탁 두드려 빨래하는 모습을 볼 수 있다. 빨래터 옆에는 계곡물이 흐르는 쪽으로 의자를 놓고 오렌지 주스 등 간단한 음료를 파는 카페가 있어 현지인들이 즐겨 찾는다.

주소 Avenue Ras Elma, Chefchaouen **교통** 수크 문에서 도보 25분 **운영** 상시 개방 **지도** p.105-C

★★★★
스페인 모스크
Spanish Mosque

파란 도시가 한눈에 내려다보이는 뷰포인트

메디나의 모습을 내려다보기 가장 좋은 곳으로 해가 질 무렵 쉐프샤우엔에 온 여행자는 모두 이곳에서 만날 수 있다. 입구가 따로 있는 것이 아니어서 헷갈릴 수 있는데, 전통 빨래터를 건너면 시작되는 계단을 따라 천천히 25분 정도 걸으면 정상에 오를 수 있다. 야트막한 언덕 정상에 하얀색 모스크가 있어 이를 '스페인 모스크'라 부른다. 큰 볼거리는 없지만 이곳에 올라 메디나를 내려다보면 개미굴처럼 복잡한 골목이 한눈에 들어온다. 특히 해가 지면서 파랗고 하얀 쉐프샤우엔의 집들이 붉은 색으로 물드는 모습은 어디에서도 볼 수 없는 장관이라 노을이 질 때 많은 여행자가 이곳을 찾는다. 하지만 가로등이 없어 ❶ 해가 완전히 진 후에는 어두컴컴해지므로 안전과 치안상 위험할 수 있으니 노을이 지는 모습을 보며 하산하는 것이 좋다. 혼자 가는 것보다 일행을 만들어 같이 가는 것을 추천하고, 상황이 여의치 않다면 다른 여행자가 내려올 때 같이 이동하는 것이 좋다.

주소 Bouzaafer, Chefchaouen
교통 전통 빨래터에서 언덕을 따라 도보 25분 **운영** 상시 개방 **요금** 무료
지도 p.105-F

restaurant
쉐프샤우엔의 식당

카페 레스토랑 소피아
Cafe Restaurant Sofia

👍 **광장 근처의 괜찮은 레스토랑**

가격 대비 맛이 없는 식당들이 모여 있는 메인 광장 근처 레스토랑 중 그나마 나은 곳으로 실내외에 좌석이 마련되어 있다. 모로코식 샐러드와 샌드위치, 타진과 꾸스꾸스, 스프링롤 등 다양한 모로코 전통음식이 있고 그중에서도 타진과 꾸스꾸스가 괜찮다.

주소 Near Avenue Hassan II, Chefchaouen **교통** 메인 광장에서 도보 3분 **전화** 0671-286649 **영업** 10:00~22:00 **예산** 60~130DH **지도** p.105-C

더 스카이 중식당
The Sky Chinese Restaurant

👍 **쉐프샤우엔에서 가장 맛있는 중식당**

쉐프샤우엔에는 모로코-중국 간 무비자협정 체결 후 물밀듯이 몰려드는 중국 여행자를 위한 레스토랑이 여럿 생겼다. 2017년 5월에 문을 연 이곳은 다른 곳에 비해 맛이 월등히 뛰어나다. 세트메뉴의 가격이 합리적이고 2인 이상이면 훠궈를 주문할 수 있으며 맛도 무난하다. 언제나 손님이 많아 주문하려면 적극적으로 어필해야 하는데, 그나마 음식은 빨리 나온다. 참고로 쉐프샤우엔은 여행자가 많이 찾는 곳이지만 지역 특성상 다양한 재료와 실력 있는 셰프가 있기 어렵기 때문에 소위 '엄지 척'을 부르는 맛집을 찾기란 꽤 힘들다. 그런 이유로 이곳에서 한 번 식사를 해보고 쉐프샤우엔을 떠날 때까지 모든 끼니를 이곳에서 해결하는 여행자가 많은 편이다.

주소 Sis a DB My Arbi Derkaoui, Chefchaouen **교통** 을 라인 문에서 도보 1분 **전화** 0613-196580 **영업** 10:00~22:00 **예산** 50~300DH **지도** p.105-E

할아버지 스펜즈 가게

👍 1디르함의 행복

느지막한 오후에 파란 골목을 걷다 보면 손에 동그란 무언가를 주렁주렁 꿰어 들고 다니는 할아버지들을 볼 수 있다. 이는 카페에서 음료와 함께 먹기 위해 가져가는 도넛으로 메디나 내에 서너 곳의 스펜즈 가게가 있다. 할아버지 가게는 숙소 '카사 뻴레타Casa Perleta' 정문에서 1m 떨어진 곳에 있는데 간판이 없고 문 여는 시간이 일정하지 않아 찾기 쉽지 않다. 하지만 쫀득쫀득하면서도 바삭한 이곳의 스펜즈는 타의 추종을 불허하니 문이 열렸다면 꼭 한번 맛보자. 근처에 있는 카페 '자카리아 초콜릿 페스트리 벨쥐Zakaria Chocolat Patisserie Belge'의 핫초코를 곁들이면 금상첨화!

주소 Near Casa Perleta, Chefchaouen **교통** 수크 문에서 도보 7분
영업 16:00~(유동적) **휴무** 일요일 **예산** 1DH **지도** p.105-B

벨디 밥 수르
Beldi Bab Ssour

합리적인 가격의 타진을 파는 곳

쉐프샤우엔에 오면 한번쯤 들르는 곳으로, 양이 적지만 가격이 저렴하다. 타진을 먹는 사람이 가장 많은데 그중에서 새우 타진은 스페인 감바스와 맛이 똑같다. 이곳에서 놓치면 안 될 메뉴는 걸쭉한 아보카도 주스! 식사시간에는 사람이 많아서 합석은 기본이다. 쉐프샤우엔의 많은 레스토랑처럼 유명세에 미치지 못하므로 기대치를 낮추고 가는 것이 좋다.

주소 5 Rue Elkharrazin, Chefchaouen **교통** 메인 광장에서 도보 3분
전화 0660-261128 **영업** 12:00~22:00 **예산** 50~120DH
지도 p.105-E

피제리아 만달라
Pizzeria Mandala

자타공인 쉐프샤우엔 파스타 맛집

이름 그대로 이탈리아 전문 식당으로 파스타, 피자, 샐러드 그리고 스테이크를 맛볼 수 있다. 쉐프샤우엔에서 가장 맛있는 파스타를 먹을 수 있고 샐러드도 괜찮은 편이나 피자와 스테이크는 추천하기 어렵다. 유명세를 타고 가격을 계속 올려서 언제까지 추천할 수 있을지는 모르나 가격대는 아직은 수긍할 만하다. 테이블이 많지 않아서 식사시간에는 기다려야 하는 경우가 많고 포장해서 가져가는 사람도 많다.

주소 Avenue Hassan II, Chefchaouen **교통** 메인 광장에서 도보 5분 **전화** 0539-882808 **영업** 12:00~24:00 **예산** 80~250DH **홈페이지** www.pizzeriamandala.com **지도** p.105-F

알라딘
Aladin

메인 광장 근처에 자리한 전망 좋은 레스토랑

4층짜리 호텔의 3·4층에 있는 레스토랑으로 탁 트인 루프톱에서 바라보는 풍경이 인상적이다. 다만, 음식의 맛과 양에 비해 가격이 너무 비싸서 추천하기 어려우니 민트 티나 커피 한잔 마시며 다리쉼하는 정도로 만족하자. 식사시간대가 아니면 직원들이 손님 드나드는 것을 확인하지 않아 주문이 어려우니 메뉴판을 받아서 미리 주문하고 올라가는 것이 낫다.

주소 26 Rue Targui, Chefchaouen **교통** 메인 광장에서 도보 2분 **전화** 0665-406464 **영업** 10:00~23:00 **예산** 80~350DH **지도** p.105-C

shopping
쉐프샤우엔의 쇼핑

알라딘 할머니의 약국
La Botica De La Abuela De Aladdin

모로코 여행자들이 입을 모아 추천하는 비누 가게
여행의 끝자락에 쉐프샤우엔을 찾은 사람이라면 이곳의 물건으로 배낭을 꽉 채우게 될지도 모른다. 쉐프샤우엔은 다른 도시보다 기념품이 저렴한 편인데 특히 이 가게는 정찰제로 운영하고 포장도 예뻐서 선물용 기념품을 구입하기 안성맞춤이다. '알라딘 할머니의 약국'이라는 가게 이름에 걸맞게 천장에 매달린 색색의 비누는 동화 속 한 장면을 연상케 해 사진을 찍는 여행자도 많다. 2층에는 오일과 고체향수, 다양한 향신료를 판매하는데 향신료는 품질에 비해 가격대가 조금 비싼 편이다.

주소 Rue Targui Place Outa El Hamam, Chefchaouen **교통** 메인 광장에서 도보 1분
전화 0661-258357 **영업** 10:00~21:00 **예산** 20~50DH **지도** p.105-B

배블라인
Bab El-Ain

현지인이 즐겨 찾는 향신료 가게
을 라인 문을 지나 광장으로 가는 길목에 있고 가게 안에서 흘러나오는 오묘한 향에 절로 발걸음이 향한다. 한국에서도 즐겨 사용하는 시나몬과 생강, 후추부터 정향, 고수, 커민, 장미 그리고 세계에서 가장 비싼 향신료인 사프란까지 원스톱으로 구입할 수 있다. 각종 요리에 향신료를 즐겨 사용하는 현지인들이 주로 찾는 곳이라 품질과 신선도가 보장되고 가격도 다른 곳에 비해 저렴하다. 되도록이면 소포장을 하여 향이 날아가지 않도록 하는 것이 좋다. 모로코 전통음식에 관심이 있다면 타진 그릇과 향신료를 구입해보자.

주소 을 라인 문 근처
교통 을 라인 문에서 도보 2분
영업 10:00~21:00 **예산** 10~150DH
지도 p.105-E

hotel
쉐프샤우엔의 숙소

다르 미지엔나
Dar Meziana

👍 **파란 골목이 내려다보이는 집**
모로코 전통방식에 따라 중정을 갖춘 리아드 형식의 호텔로 오랜 기간 가이드로 근무하여 영어와 다양한 언어에 능통한 주인이 있어서 모로코의 역사, 문화 등 다양한 이야기를 들을 수 있다. 참고로 리아드와 다르의 차이는 마당에 오렌지 나무 네 그루의 유무로 나뉘는데 나무가 있으면 리아드, 없으면 다르로 불린다. 한 층의 규모가 큰 것은 아니지만 높은 층으로 갈수록 경치가 좋은 편이고 테라스가 있는 객실도 있으며 루프톱에서는 쉐프샤우엔을 내려다볼 수 있다. 주인이 정성껏 준비한 아침식사도 꽤 푸짐한 편이고 특히 유럽 여행자 사이에서는 '조식으로 나오는 커피가 맛있는 숙소'로 알려져 있다.

주소 Derb Zaghdoud, Chefchaouen **교통** 수크 문에서 도보 4분
전화 0539-987806 **예산** 55~90EUR *카드 가능 **홈페이지** www.riadmeziana.com
지도 p.105-B

리아드 셰리파
Riad Cherifa

👍 외부에서는 보이지 않는 반전 매력이 있는 곳

'할머니 댁'이라는 뜻을 가진 리아드 셰리파는 여러 번의 확장으로 미로 같은 구조이지만 관리를 열심히 해서 가격 대비 시설이 굉장히 좋은 편이다. 특히 야외처럼 꾸민 수영장은 사진 찍기 좋아하는 여행자 사이에서 인기가 많고, 루프톱에서 내려다보이는 전망도 훌륭하다. 공용공간에 커피 머신이 준비되어 있어서 누구나 언제든 자유롭게 이용할 수 있고, 호텔 내 준비된 함맘도 시설이 괜찮은 편이다.

주소 6 Ahmed Laaroussi, Bab Souk Derb, Chefchaouen
교통 수크 문에서 도보 7분 **전화** 0539-986370 **예산** 80~120EUR *카드 가능
홈페이지 riadcherifa.com, reserves@riadcherifa.com(예약) **지도** p.105-B

쉐프샤우엔 117

호텔 파라도르
Hotel Parador

교통이 편리한 호텔
차가 들어올 수 있는 곳에 있어 짐이 많거나 계단을 오르내리기 힘든 사람에게 추천하고 싶다. 뚜렷한 특징은 없지만 친숙한 분위기에 마음이 놓인다. 서양 패키지팀이 많아 시끌벅적한 편이다. 편리한 교통 빼고는 장점은 없지만 레스토랑은 주류 라이선스가 있는 곳이니 술이 고프다면 찾아보자.

주소 Place El Makhzen, Chefchaouen **교통** 메인 광장에서 도보 3분
전화 0539-986324 **예산** 40~70EUR *카드 가능
홈페이지 hotelparadorchefchaouene.online **지도** p.105-F

호스탈 게르니카
Hostal Guernika

무심함이 주는 편안함이 있는 곳
깍듯한 서비스보다 편안한 분위기를 원하는 여행자에게 추천하는 곳으로 자연스러운 인테리어와 다소 무심한 주인이 운영하는 호스텔이다. 침구는 깨끗하고 물도 잘 나와 머물기에 편하다. 다만 낮에는 근처 골목에 소음이 있다.

주소 49 Onssar, Chefchaouen
교통 메인 광장에서 도보 7분
전화 0539-987434 **요금** 20~40EUR
지도 p.105-C

카사 뻴레타
Casa Perleta

아기자기한 소품이 돋보이는 호텔

메디나 입구인 수크 문에서 멀지 않고 오르막길을 오르지 않아도 되는 장점을 지닌 호텔. 규모는 크지 않지만 인테리어에 신경을 많이 쓴 것이 느껴진다. 중정에 놓인 테이블에서 수다를 떨기 좋고 시설 대비 가격도 괜찮다. 신발 모양 열쇠고리는 이곳의 매력 포인트!

주소 Medina –Bab el Souk, Chefchaouen **교통** 수크 문에서 도보 7분
전화 0539-988979 **요금** 60~90EUR *카드 가능 **홈페이지** www.casaperleta.com
지도 p.105-B

호텔 알 칼라
Hotel Al Kalaa

메디나 밖 한적한 곳에 위치한 호텔

최근 리모델링을 마친 곳으로 수크 문에서 도보 8분 거리에 있다. 메디나 밖에 위치해 호텔 앞까지 차가 들어올 수 있고, 가격이 저렴한 것이 장점이다. 근처 카페나 레스토랑에는 현지인들이 많아 현지 분위기를 느낄 수 있다. 전망이 좋지만 엘리베이터가 없으니 참고하자.

주소 114 Sidi Abdelhamid, Chefchaouen **교통** 수크 문에서 도보 8분
전화 0539-988537 **요금** 15~40EUR **메일** alkalaaalkalaa@gmail.com(예약)
지도 p.105-B

페스 FÈS ساف

페스는 모로코에서 세 번째로 큰 도시이자 가장 오래된 도시로 만 개가 넘는 골목을 품은 미로도시다.
도시 이름인 페스는 아랍어로 '곡괭이'를 의미하는데 8세기 말, 땅을 개간해 도시를 만들 때 곡괭이를 사용했고
그 와중에 황금 곡괭이를 발견했다는 전설에서 유래한다. 페스는 세계 최초로 대학이 세워진 곳이기도 하다.
13세기 이베리아 반도에서 쫓겨난 무슬림과 안달루시안, 학자들과 세월을 함께한 페스는
아프리카와 중동, 유럽의 문화가 뒤섞인 독특한 예술의 보고다.
그러나 좁고 으슥한 골목은 길을 찾기 어렵고 소매치기가 도사리고 있어 여행자에게 호락호락한 도시는 아니다.

여행 포인트

관광 ★★★★★   미식 ★★★   쇼핑 ★★★

이것만은 꼭 해보기

- ☐ 천연 가죽 염색장 태너리 방문하기
- ☐ 세계에서 가장 오래된 대학교 방문하기
- ☐ 마린 왕조의 무덤 언덕에서 페스 메디나 내려다보기

페스 들어가기 & 나가기

페스 공항 이용하기

한국에서 페스로 출발하는 직항편은 없지만, 유럽을 경유하여 페스로 들어오는 항공편은 많다. 대표적인 항공사로는 부엘링항공과 라이언 에어가 있다.
페스 공항에서 메디나까지는 약 30~40분 소요되고 버스나 택시로 이동할 수 있다.

페스 사이스 국제공항
Fès-Saïs Airport(FEZ)

시내에서 17km 떨어진 곳에 위치하며 전면이 통유리로 되어 있어 내부에서도 햇살을 고스란히 느낄 수 있다. 규모가 작아 식사할 수 있는 레스토랑도 없지만, 유럽의 주요 도시 연결편이 많은 편이다. 페스를 통해 모로코로 들어올 때 입국심사 양식을 주지 않는 경우가 많으니 줄을 서기 전에 공항 내 비치된 양식을 챙기는 것이 좋다. 페스 공항은 엑스레이 짐 검사를 철저히 하는 편이다. 출국 시 항공사에 따라 비자 유무를 확인하는 도장을 받아야 하는 경우도 있다.

주소 Aéroport Fes Saïss Oulad Tayeb, Fès
교통 시내에서 택시로 35분
전화 5224-35858 **홈페이지** www.onda.ma

🚌 버스

공항 밖에서 16번 버스를 타고 신시가지New City Fès 정류장에 하차 후 바르셀로 호텔Barcelo Hotel 앞에서 9·29번 버스를 갈아타고 메디나로 갈 수 있다. 버스 요금은 4DH.

🚕 택시

페스 공항에서 메디나 입구인 부줄르드 문Bab Boujloud까지 약 40분 소요된다. 공항 출구로 나오면 택시 기사들이 호객행위를 한다. 대부분 150~200DH을 부르지만 정가는 120DH이니 단호하게 이 가격으로 흥정하자. 한 대에 최대 네 명까지 탑승할 수 있다. 참고로 메디나 외곽에서 메디나까지 택시로 이동한다면 7~10DH이면 충분하다.

페스의 교통수단

페스는 여러 도시로 가는 기차나 버스가 많아서 어느 도시로 가든 이동이 불편하지 않다. 하지만 버스 운행 편수에 제한이 있는 쉐프샤우엔이나 사막 투어를 하러 사하라 사막(메르주가)으로 이동할 경우 동행이 있다면 그랑 택시로 이동하는 것이 효율적이다.

🚆 기차
페스 기차역 Fès Railway Station

메디나 입구에 있는 부줄르드 문과 비슷한 모습의 기차역으로 부줄르드 문까지는 택시로 15분 정도 소요되고 요금은 약 10~12DH 정도면 충분하다.

주소 Avenue des Almohades, Fès
교통 시내에서 택시로 15분 **전화** 0535-930333
홈페이지 www.oncf.ma **지도** p.126-C

기차 운행 스케줄

지명	요금(일등석/이등석), 소요 시간
탕헤르 (1일 5회)	164/111DH 5시간
아실라 (1일 8회)	340/190DH 4시간
마라케시 (1일 8회)	290/190DH 7시간 35분 (라바트, 메크네스, 카사블랑카 경유)
카사블랑카 (1일 19회)	240/120DH 3시간
라바트 (1일 20회)	180/90DH 3시간 30분(메크네스 경유)

*사하라 사막(메르주가)으로 가는 기차는 운행하지 않음

🚌 그랑 택시

페스 기차역 혹은 부줄르드 문으로 들어가기 전에 보이는 마흐루크 문Bab Mahrouk 근처에서 탑승 가능하다.

이동 소요 시간
- 메크네스 1시간
- 물레이 야콥 20분
- 마라케시 8시간
- 카사블랑카 3시간 30분
- 라바트 2시간 30분

🚌 시외버스

페스는 출발 및 도착도시로 계획해도 좋을 만큼 교통의 요지여서 탕헤르, 쉐프샤우엔, 마라케시, 라바트 및 사하라 사막(메르주가는 수프라투어SupraTours 버스만 가능)까지 버스로 이동이 가능하다.

씨티엠CTM 버스 운행 스케줄

지명	요금, 소요 시간
메크네스 (1일 15회)	25DH 1시간
탕헤르 (1일 3회)	125DH 6~8시간
쉐프샤우엔 (1일 4회)	80DH 4시간 30분
마라케시 (1일 5회)	190~210DH 5시간 30분~10시간
카사블랑카 (1일 13회)	100DH 4시간 30분
라바트 (1일 14회)	80DH 3시간 30분

주소 Gare Routiere CTM, Atlas En Face Du Tribunal Lere Instance, Fès
교통 메디나에서 택시로 15분
전화 0535-636032
홈페이지 www.ctm.ma **지도** p.126-E

수프라투어 SupraTours 버스

페스 기차역 근처에 위치하고 다른 도시로 가는 버스도 있지만 사하라 사막(메르주가)에 가려면 무조건 수프라투어SupraTours 버스를 이용해야 한다. 하루에 한 대뿐이라 성수기에는 티켓을 구하기 쉽지 않으니 일정이 정해지면 바로 예매해두는 것이 좋다. 참고로 사하라 사막(메르주가)까지 약 9시간 소요된다.

주소 Avenue des Almohades, Fès
교통 메디나에서 택시로 15분 **전화** 0535-652622
홈페이지 www.supratours.ma **지도** p.126-C

PLUS 페스의 시내교통

페스에서 택시를 이용하는 경우는 다른 지역에서 올 때와 신시가지 구역 또는 마린 왕조의 무덤에 갈 때뿐이다. 메디나 내 작은 골목에는 차가 들어갈 수 없으며, 도보로도 이동 가능하다.

쁘띠 택시
택시 탑승 시 미터기를 작동하는지 확인하고 출발하자. 메디나에서 출발해 신시가지 구역이나 마린 왕조의 무덤까지는 약 10DH 정도. 참고로 페스의 쁘띠 택시 색깔은 빨간색이다.

PLUS 환전 & ATM

메디나 내에서 환전 혹은 ATM을 이용하려면 딸락 스게라Talaa Seghira 길에 있는 뱅크 포퓰레어 Banque Populaire 은행과 부줄르드 문 옆에 있는 소사이어트 제너럴Societe Generale 은행을 이용할 수 있고, 신시가지 구역 중 빌라 누벨 구역 내 모하메드 5세Mohammed V 거리에 가면 환전소를 쉽게 발견할 수 있다.

페스 일일 추천코스

볼거리는 대부분 메디나 내에 몰려 있어 마린 왕조의 무덤을 제외한 모든 곳은 도보 이동이 가능하다.
길 찾기가 쉽지 않아 가이드를 고용하면 시간을 절약할 수 있는데, 호텔에서 소개받는 것이 가장 좋은 방법.
가격은 흥정으로 이뤄지는데, 가이드의 역량과 안내시간에 따라 가격은 달라진다.

Start
총 소요 시간 6시간

도보 10분

카라위원 대학교
세계에서 가장 오래된 대학교

슈와라 태너리
세계 최대 전통 가죽 염색장

도보 10분

택시 5분

마린 왕조의 무덤
메디나 전체를
조망할 수 있는 곳

도보 15분

부 인나니아 신학교
무어양식의 진수를
엿볼 수 있는 곳

헨나 수크
천연 염색재료와 미용제품을
파는 전통시장

PLUS 페스, 알차게 즐기자

르시프 문을 시작으로 금속 세공시장 세파린 광장을 둘러보고, 세계 최초의 대학교 카라위원 모스크를 지나 8세기부터 전통방식을 따라 가죽 염색을 하는 태너리를 보고 헨나 수크에 가보자. 이후 물이 채워지는 속도를 이용해 종이 울리도록 만든 물시계와 화려한 조각이 돋보이는 부 인나니아 신학교를 돌아보자. 그리고 마린 왕조의 무덤 언덕에 올라 메디나를 조망해보자.

여행 경비

교통비
페스 메디나 ↔ 마린 왕조의 무덤   택시(왕복) 20DH

입장료
부 인나니아 신학교   20DH

식비
카페 클락 혹은 메이드 인 엠   100DH
메종 무아 아난   130DH

합계   270DH

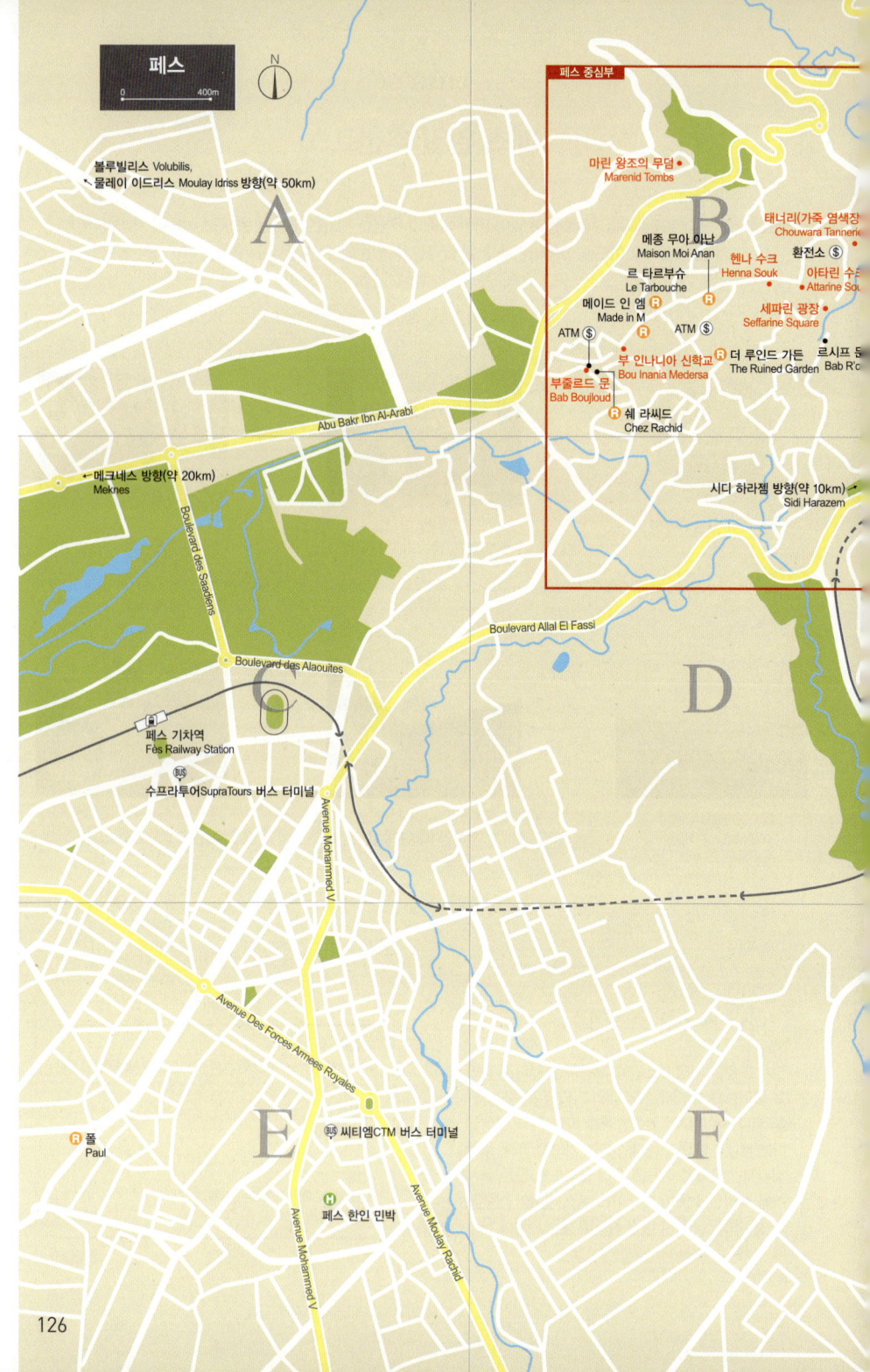

sightseeing
페스의 볼거리

메디나
Medina of Fès

걸어서 다닐 수 있는 세계에서 가장 큰 도시

모로코 여행의 핵심은 어느 도시에 가든 바로 메디나에 있다.
그중에서도 페스 메디나는 1,300년의 역사를 간직한 곳으로 어마어마한 크기를 자랑한다.
골목이 좁고 비슷한데다 높은 건물이 없어 메디나 안에서 나고 자란 사람이 아니고서는 길찾기가 어렵다.
이는 강렬한 햇빛과 적의 침입으로부터 생존하기 위한 결과물이었다.
페스는 모로코 전역에 이슬람 문화를 전파한 지역이기도 한데, 옛 알모하드 · 알모라비드 왕조 당시의 모습을
잘 보존하고 있어 역사도시로 손꼽힌다. 7세기 초 스페인 안달루시아 및 튀니지에서 폭동을 일으킨 사람들이
이주하면서 자연스레 구역이 나뉘었다. 크게 안달루시안 거주지역 페스 엘 발리(올드 페스)Fès el Bali,
튀니지인 거주지역 페스 엘 제이디드(뉴 페스)Fès el Jadid, 프랑스 식민시절에 만들어진 빌라 누벨Ville Nouvelle,
유대인 거주지역 멜라Mellah 등 네 구역으로 나뉜다. 페스 메디나로 불리는 메디나 구역은 페스 엘 발리다.
금요일에는 가게들이 문을 닫는 곳이 많고, 좁은 골목길에서 "발레"라는 말이 들리면
나귀나 리어카가 지나가는 것이니 옆으로 비켜서주자.

★★★
부줄르드 문
Bab Boujloud

'블루 게이트Blue Gate'라 불리는 메디나의 관문

메디나를 감싸고 있는 성벽의 길이는 약 16km이고 문은 총 열여덟 개가 있다. 그중에서도 1912년에 세워진 부줄르드 문은 메디나의 관문으로 불리는데, 메디나 바깥 벽에는 페스를 상징하는 푸른색 타일, 안쪽 벽에는 이슬람을 상징하는 초록색 타일과 아라베스크 무늬가 장식되어 있다. 밖에서 보이는 색이 푸른색이기 때문에 '블루 게이트Blue Gate'라 부르기도 한다. 문을 통과해 이어지는 왼쪽은 딸락 크비라(큰 골목)Talaa Kebira, 오른쪽은 딸락 스게라(작은 골목)Talaa Seghira가 시작되는데 이 두 길을 따라 내려가면 주요 관광지가 나온다. 부줄르드 문은 고도가 높은 곳에 있기 때문에 메디나에서 길을 잃어버렸을 때 고도가 높은 곳으로 올라가다 보면 이곳을 찾을 수 있다. 유적지가 몰려 있는 르시프 문Bab R'cif 근처도 자주 이용하게 된다.

주소 Bab Boujloud, Fès
교통 페스 공항에서 택시로 40분
지도 p.127-C

★★ 카라위윈 모스크
Al Qarawiyin

세계 최초의 대학교

부 인나니아 신학교에서 큰 골목을 따라 계속 내려온 곳에 위치하며 859년 튀니지 망명자 알 페헤리의 딸 파티마(Fatima al-Fihiri, 800~880년)에 의해 세워졌다. 총 2만 명을 수용할 수 있는 북아프리카 최대 규모의 이 모스크는 세계에서 가장 오래된 대학교다. 페스의 가장 오래된 신학교인 메파린 신학교Medersa Meffarine, 14세기에 세워진 메스바히아 신학교 Medersa Mesbahia, 17세기에 세워진 세라틴 신학교Medersa al-Cherratin 등 오래된 신학교 건물과, 이드리스 1세의 성역이자 이드리스 2세의 무덤이 있는 곳이기도 하다. 이 대학들은 '이슬람 지성의 용광로'로 많은 지성인들을 배출했고, 13세기 초 이베리아 반도에서 쫓겨난 무슬림이 전파한 유럽 문화와 아랍의 과학기술, 예술이 가미되어 정점을 이루었다. 14세기를 정점으로 점차 쇠퇴의 길을 걸었으나 모로코 독립 후 법학부를 설립하고 여성의 입학을 허용하였으며 학습체계를 재조직하는 등 많은 변화가 있었다. 또한 학과과정을 이슬람 법, 신학, 아랍학으로 나누면서 신학과 아랍학은 각각 테투안과 마라케시로 이동했다. 무슬림이 아니면 입장할 수 없고 마린 왕조의 무덤이나 대학 정문 맞은편에 있는 카펫 상점 옥상에 가면 성전을 나타내는 초록색 기와지붕을 볼 수 있다. 이곳은 두 개의 미나렛(모스크의 첨탑)이 있는 것으로 유명한데 하나는 미나렛, 다른 하나는 천문대로 사용하던 것이다.

❶ 정문 맞은편에 있는 건물은 카라위윈 모스크와 같은 시기에 만들어진 공중 화장실로 옛 모습을 간직하고 있다. 화장실 내 가운데에 있는 물은 우두(기도 전 몸을 씻는 것)를 위한 것으로 지하수를 사용한다.

주소 Al Qarawiyin Talaa Kebira, Fès 교통 부줄르드 문에서 도보 25분
운영 무슬림 외 입장 불가 지도 p.127-D

★★★★ 부 인나니아 신학교
Bou Inania Maderssa

무어양식의 대표 건축물

1350년 술탄 아부 이난 파리스(Abu Inan Faris, 1329~1358년)에 의해 세워진 마린 왕조 최대의 신학교로 지금은 모스크로 사용하고 있다. 윗부분은 화려한 조각을 빼곡히 새겨 넣었고, 아랫부분은 스투코 장식(Stucco, 건축물 벽면에 바르는 미장재료)으로 화려함을 더한 이곳의 1층은 교실, 2층은 기숙사로 사용되던 작은 방들이 있다. 기도시간 외에 관광객 입장이 가능하다.

주소 Talaa Sghira, Fès 교통 부줄르드 문에서 도보 2분 전화 0671-732265
운영 09:00~18:00(기도시간 입장 불가) 요금 20DH 지도 p.127-C

★
아타린 수크
Attarine Souk

각종 향신료가 진열되어 있는 곳
카라위윈 모스크 근처에 있는 향신료 시장으로 모로코 전통음식을 요리할 때 빼놓을 수 없는 카다몬, 강황, 커민 등 각종 향신료가 있어 향긋한 냄새를 풍긴다. 예전엔 향신료만 파는 특화구역이었지만 지금은 메이드 인 차이나의 물결을 따라 중국에서 제조한 옷이나 신발을 더 많이 판매한다.

주소 Rue Talaa Kebira, Fès **교통** 부줄르드 문에서 도보 13분 **운영** 상시 개방 **요금** 무료 **지도** p.127-D

★★
헨나 수크
Henna Souk

천연 염색재료와 미용제품을 파는 곳
헨나 수크에는 손이나 몸, 머리카락을 염색하는 천연 염색재료인 헨나 Henna와 모로코 고체향수와 안티몬 Antimony을 갈아서 만든 마스카라 등 다양한 미용제품이 있다. 헨나 수크에서 눈여겨봐야 할 곳은 '마리스탄 시디 프레즈 Maristan Sidi Frej'라 적힌 건물이다. 이곳은 1286년부터 1944년까지 정신병원으로 이용되던 곳인데, 놀라운 사실은 그 옛날에 정신병원을 세웠다는 것과 한국에 불과 20여 년 전에 알려지기 시작한 음악치료를 통해 환자를 치료하려고 시도했다는 점이다.

주소 Henna Souk, Fès **교통** 부줄르드 문에서 도보 12분 **운영** 상시 개방 **요금** 무료 **지도** p.127-D

★★★★★
태너리(가죽 염색장)
Tannerie

세계 최고이자 최초의 가죽 염색장

여행자가 페스를 찾는 가장 큰 이유인 태너리(가죽 염색장)는 8세기 후반 페스에 도시가 건설되며 처음 만들어진 곳으로, 지금도 전통방식 그대로 가죽을 염색하는 모습을 볼 수 있다. 메디나 내에는 총 세 개의 태너리가 있는데 그중에서 슈와라 태너리Chouwara Tannerie가 가장 크고 오래되었다. 하천이 지나가는 곳에 위치하는데다가 큰 규모이지만 건물로 둘러싸여 밖에서는 찾기가 어렵고 호객꾼이나 투어를 하는 가이드를 따라 건물 옥상으로 올라가면 염색장을 볼 수 있다. 염색장을 가장 잘 볼 수 있는 가게는 '10번 가게'로 옥상에 올라가서 관람했다면 자그마한 물건을 구입하는 센스를 잊지 말자. 이곳은 제품 품질도 다른 곳에 비해 괜찮다. 비둘기 배설물과 섞어 만든 염색약 악취 때문에 태너리를 찾는 여행자들에게 민트 잎을 주기도 한다.

❗ 참고로 오후에는 모든 색이 섞여서 탁한 색으로 변하니 팔레트처럼 알록달록한 가죽 염색장을 보고 싶다면 아침에 방문하는 것이 좋다.

주소 10 Derb Chouwara, Fès (10번 가게)
교통 르시프 문에서 도보 7분
운영 09:30~17:00(유동적)
요금 무료 **지도** p.127-D

PLUS 세상에서 가장 오래된 가죽 염색 공정

약 한 달 정도 소요되는 공정 과정을 알아보자.
낙타나 양, 염소 등 동물 원피를 물에 담가 깨끗하게 씻은 후 털이나 지방 등을 제거하고 부드럽게 만들기 위해 석회가 들어 있는 수조에 닷새 정도 담가 놓는다. 매일 뒤집고 섞어주는 과정을 통해 섬유구조가 풀어진다. 이후 가죽을 씻고 염료로 염색한다. 수조를 채운 알록달록한 색깔 때문에 거대한 팔레트처럼 보이기도 하는데 이는 모두 천연 염색재료로 초록색은 민트, 갈색은 나무껍질, 빨간색은 양귀비꽃, 파란색은 인디고, 흰색은 비둘기 배설물, 검정색은 안티몬 그리고 가격이 비싸서 따로 취급하는 노란색은 사프란이다. 여러 번 뒤집고 주무르며 염색을 하고 햇볕에 말린 후 고르게 펴서 늘리는 과정을 거친 후 다양한 제품으로 재탄생된다.

★★
세파린 광장
Seffarine Square

금속 공예품을 만드는 곳

하루 종일 금속을 두드려 다양한 물품을 만드느라 챙챙거리는 소리가 끊이지 않는다. 정교한 무늬 혹은 캘리그라피를 새겨 넣은 동판이나 냄비, 타진 그릇 등 금속으로 만든 제품이 모여 있다. 광장에 위치한 카라위윈 도서관에는 쿠란과 율법에 관한 장서를 소장하고 있다.

주소 Seffarine Square, Fès 교통 르시프 문에서 도보 6분 운영 상시 개방 요금 무료 지도 p.127-D

★★
네자린 광장
Complexe Nejjarine

목수들의 작업장 옆에 위치한 곳

초록색 지붕에 화려한 조각과 모자이크로 장식한 네자린 샘이 보인다면 그곳이 바로 네자린 광장이다. 18세기에 만들어진 곳으로 '네자린Nejjarine'은 목수를 뜻하는데, 지금도 이곳은 가구 전문상점이 즐비하고 주로 향나무를 사용해 가구를 만들어서 근처에 가면 향긋한 나무 냄새가 난다. 오래 전에 상인들이 숙소로 사용하던 카라반 사라이Karavan Sarai는 나무로 만든 물건을 전시하고 판매하는 박물관으로 운영되고 있다.

주소 Rue Nejjarine, Fès 교통 르시프 문에서 도보 10분 운영 상시 개방 요금 무료 지도 p.127-E

★★★
물시계
Dar al Magana

기도시간을 알려주던 시계

1357년에 천문학자 아부 알 하산(Abu al-Hassan, 1297~1357년)이 만든 물시계로 부 인나니아 신학교와 연결되어 있다. 황동 그릇이 놓인 열두 개의 창문과 플랫폼으로 구성되어 있고 일정한 속도로 떨어진 물이 채워지면 정시에 창문이 열리도록 설계되어 시간을 알 수 있었다. 하루에 다섯 번 지켜야 하는 이슬람 기도시간을 위해 만들어진 것으로 현재는 형태만 남아 있을 뿐 사용하지 않는다. 페스에서 가장 유명한 '카페 클락Cafe Clock'도 같은 건물에 위치하고 이 때문에 카페 이름의 유래가 되었다.

주소 Seffarine Square, Fès
교통 부줄르드 문에서 도보 2분
요금 무료 지도 p.127-C

★★★★
마린 왕조의 무덤
Marenid Tombs

메디나를 한눈에 내려다볼 수 있는 곳

13~15세기를 호령하던 옛 마린 왕조의 무덤이 있던 자리. 메디나에서 택시로 5~10분 거리에 위치한 야트막한 언덕에는 풀 뜯는 염소와 부서진 성벽만 남아 있다. 골목과 골목이 빼곡하게 들어선 메디나와는 확연히 대조되는 넓은 들판이 펼쳐져 또 다른 분위기를 느낄 수 있다. 또 메디나 골목 안에서는 볼 수 없는 또 다른 메디나의 모습을 볼 수 있고 해가 질 무렵에는 더욱 아름다운 풍경을 마주할 수 있다. ❗ 다만 인적이 드문 곳이니 혼자 가는 것은 절대 추천하지 않는다. 내려올 때 언덕 근처에서는 택시를 잡기 어려울 수도 있으니 갈 때 미리 왕복 가격으로 흥정하는 것이 좋다.

주소 Marenid Tombs, Fès
교통 부줄르드 문에서 택시로 10분
운영 상시 개방
요금 무료 지도 p.127-A

SPECIAL

페스에서 떠나는 근교 여행

시디 하라젬 Sidi Harazem
페스에서 30분 거리에 위치한 온천도시

페스에서 동쪽으로 10km가량 떨어진 물레이 야콥Moulay Yacoub의 온천으로, 미네랄이 풍부한 온천수로 알려져 있다. 수영장과 개인욕실 구조로 되어 있고, 수영장 구조의 유황 온천에 들어가려면 반드시 수영복을 착용해야 한다. 단, 유황 냄새가 수영복에 배어서 재사용하기 어렵다.

교통 메디나에서 택시로 30분 **지도** p.126-D

메크네스 Meknes
왕조의 4대 수도 중 한 도시

모로코의 현재 수도인 라바트, 그 이전에 수도로 사용된 페스, 사디 왕조와 알모라비드 왕조의 수도 마라케시에 이어 17세기 알라위 왕조의 물레이 이스마일Moulay Ismail 왕 시절 수도였던 메크네스. 기차로 40분 거리에 있는 페스에 비해 저평가된 감이 있는 작은 도시지만 유네스코 세계유산으로 지정될 만큼 옛 모습이 잘 보존되어 있다. 제마 엘 프나 광장을 본떠 세운 엘 하딤 광장Place El-Hadim 주변으로 레스토랑이나 숙소 등 여행자 거리가 형성되어 있다. 대표적인 볼거리는 물레이 이스마일 왕의 무덤과 다르 자마이 박물관Musee Dar Jamai이다. 물레이 이스마일 영묘Mausoleum of Moulay Ismail은 17세기에 세워진 초록색 지붕의 건물로 물레이 이스마일의 가족이 묻혀 있다. 다르 자마이 박물관은 1882년 모하메드 벨라비 엘-자마이Mohammed Belarbi el-Jamai 모로코 전 수상에 의해 지어진 곳으로, 화려한 나무 공예품과 장식이 인상적이다. 여덟 개의 방으로 이루어진 갤러리에는 나무, 세라믹, 카펫, 보석 등 각기 다른 품목이 전시되어 있다. 가장 큰 볼거리는 모로코 방Moroccan Room으로 전통양식 그대로 꾸며진 모습을 볼 수 있다.

교통 메디나에서 택시로 1시간 **지도** p.126-C

볼루빌리스 Volubilis
로마 유적지가 남아 있는 도시

메크네스에서 30km 떨어진 이곳은 꽤 많은 로마 유적지를 볼 수 있는 것으로 유명하다. 1세기경 로마인들이 이곳에 도시를 세웠고, 이후 이슬람 왕조가 이곳을 점령한 후 석조를 사용해 페스와 메크네스를 세웠다. 온전하게 보존되어 있는 건물은 없지만 비가 잘 오지 않는 기후 덕에 당시 만든 모자이크가 잘 보존되어 있다. 나올 때는 택시를 잡기 어려우니 올 때 구경시간을 포함해 왕복 가격으로 비용을 흥정하는 것이 좋다.

교통 메디나에서 택시로 1시간 30분 **지도** p.126-A

물레이 이드리스 Moulay Idriss
모로코의 베르사유

볼루빌리스에서 5km 떨어진 곳에 있는 물레이 이드리스는 이슬람교의 선지자 모하메드의 손자가 만든 도시로 두 개의 언덕에 하얀색 집이 빼곡히 들어서 있다. 물레이 이드리스의 무덤이 있어서 '모로코 최대 성지 순례지'로 불리지만 무슬림이 아니면 입장할 수 없다. 언덕을 따라 올라가면 마을을 조망할 수 있는 뷰포인트가 있는데 노을 질 때의 광경이 아름답다. 관광지가 아니어서 금요일부터 일요일 사이에는 문 닫는 곳이 많으니 미리 확인하는 것이 좋다.

교통 메디나에서 택시로 1시간 30분 **지도** p.126-A

restaurant
페스의 식당

더 루인드 가든
The Ruined Garden

👍 **폐허의 아름다움을 고스란히**
메인 도로에서 작은 골목을 따라 찾아간 이곳은 '폐허 정원'이라는 이름에 걸맞게 여기저기 부서진 벽을 살려 압도적인 분위기를 자아낸다. 모로코 전통음식을 판매하는 곳으로, 점심과 저녁식사 메뉴가 다르고 맛도 괜찮은 편이다. 영어 메뉴판이 따로 준비되어 있고 조리시간만 일곱 시간 이상 걸리는 양고기 음식과 파스티야는 예약해야 한다. 식사 때마다 나오는 홉스를 직접 만들어보면 보람이 있어선지 더 맛있게 즐길 수 있는데 이곳의 쿠킹 클래스는 페스에서 가장 유명한 곳이니 관심 있다면 신청해보자.

주소 15 Derb Idrissy Sidi Ahmed Chaoui, Fès **교통** 부줄르드 문에서 도보 13분 **전화** 0649-191410 **영업** 13:00~21:30 **예산** 80~200DH **홈페이지** ruinedgarden.com **지도** p.127-D

메종 무아 아난
Maison Moi Anan

👍 **태국 출신 디자이너 겸 셰프가 운영하는 태국 식당**
이정표를 따라 좁은 골목 사이 더 좁은 골목으로 들어간 곳에 자리한 태국 식당으로 태국 분위기가 물씬 풍긴다. 태국 현지에서나 맛볼 수 있는 다양한 메뉴가 있고 프랑스 파리에서 공수한 타이 허브와 직접 기른 채소를 사용한다. 모든 메뉴는 사진과 제공되어 주문하기 편하다. 디자이너이자 셰프인 아난은 패션쇼를 위해 모로코를 찾았다가 타진 맛에 반해 모로코에 살게 되었고 3년 전, 레스토랑과 디자인한 옷을 파는 부티크를 운영하게 됐다고. 성수기에는 예약하지 않으면 자리 잡기 어려우니 예약을 추천한다.

주소 30 Zkak Lma Hay Ben Safi Kebira, Fès
교통 부줄르드 문에서 도보 10분
전화 0652-497391
영업 19:00~23:30 **휴무** 일요일
예산 100~300DH
홈페이지 www.maisonmoianan.com
지도 p.127-C

메이드 인 엠
Made in M

톡톡 튀는 인테리어로 사랑받는 카페

세월의 흔적이 고스란히 남아 있는 골목 사이에 이런 곳이 있다는 것이 믿기지 않을 만큼 세련된 인테리어의 카페. 통유리창으로 돼 있어 이곳을 지나는 사람이라면 누구나 안에서는 밖을, 밖에서는 안을 구경한다. 샌드위치와 타진 등 간단한 먹거리를 파는데 파니니처럼 속을 채워 꾹 누른 따끈한 빵이 제일 괜찮다. 제대로 된 식사를 하고 싶다면 다른 레스토랑을 추천하지만 간단하게 한 끼를 해결하고 싶다면 추천할 만하다. 다만 커피 맛은 그럭저럭이다.

주소 246 Rue Talaa Kebira, Fès
교통 부줄르드 문에서 도보 5분
전화 0535-634116 **영업** 10:00~21:15
예산 40~130DH **인스타그램** @madeinmfes
지도 p.127-C

쉐 라씨드
Chez Rachid

로컬 맛집이 궁금하다면

골목에 다닥다닥 붙어 있는 레스토랑 중 유독 손님이 많은 집이 있다면 바로 이곳이다. 별다를 것 없어 보여, 양옆에 나란히 붙은 다른 레스토랑에서 식사를 하면서 이곳의 인기 비결을 알았다. 이곳은 친절한 직원과 신선한 재료를 듬뿍 사용해 월등히 맛있는 음식을 파는 곳으로 양고기 구이와 꾸스꾸스가 맛있다. ❶ 참고로 모로코에는 '쉐Chez'라는 이름을 가진 레스토랑이 많은데 영어권 국가가 아니므로 '체즈'라고 읽지 않고 '쉐'라고 읽어야 한다는 것을 기억하자.

주소 Rue Talaa Sghira, Fès
교통 부줄르드 문에서 도보 2분
전화 0663-356467
영업 08:00~24:00 **휴무** 금요일
예산 60~150DH
지도 p.127-C

카페 클락
Cafe Clock

👍 **물시계 옆에 위치한 카페**

간판을 따라 물시계 옆 골목으로 들어가면 왼쪽에 있는 3층짜리 카페다. 좌석이 여기저기 흩어져 있어 자리 잡기가 쉽지 않은데 날씨가 좋을 때는 3층 테라스 좌석이 인기가 많다. 다양한 모로코 전통음식과 퓨전 음식이 있는데, 그중에서도 낙타 고기(독특한 음식을 즐기는 사람에게만 추천)와 아몬드 셰이크가 인기 메뉴다. 음식도 괜찮지만 간단히 케이크와 음료를 즐기러 오는 사람도 꽤 많다. 이곳의 쿠킹 클래스가 페스에서 가장 유명하고 매일 밤마다 색다른 이벤트를 진행하니 미리 홈페이지를 확인한 후 방문하면 더 좋다. 카페 수익금의 일부는 근처에 위치한 어린이 도서관에 기부되고 마라케시에도 지점을 두고 있다.

주소 7 Derb el Magana, Fès **교통** 부줄르드 문에서 도보 2분
전화 0535-637855 **영업** 09:00~23:00 **예산** 70~200DH *카드 가능
홈페이지 cafeclock.com **지도** p.127-C

르 타르부슈
Le Tarbouche

작은 가게는 언제나 복작복작

유럽 여행자들의 압도적인 지지를 받는 곳이지만 인기에 비해 맛은 떨어진다. 하지만 모로코 전통음식 외에 다양한 메뉴를 판매하니 모로코 음식에 질린 여행자는 한번쯤 가볼 만하다. 규모가 크지 않지만 밀려드는 여행자로 간혹 주문이 누락되는 경우가 있으니 오래 기다린다 싶으면 주문이 제대로 됐는지 확인하는 게 좋다. 지나가는 사람들을 보며 식사할 수 있는 야외 좌석은 언제나 인기 만점이다.

주소 43 Rue Talaa Kebira, Fès **교통** 부줄르드 문에서 도보 7분
전화 0535-638466 **영업** 11:00~22:00 **예산** 70~150DH **지도** p.127-C

시네마 카페
Cinema Cafe

현지인들에게 사랑받는 카페

현지 대학생들이 즐겨 찾는 곳으로 다른 곳보다 저렴한 가격에 괜찮은 음식을 맛볼 수 있다. 피자, 버거와 샐러드, 타코, 파니니가 있고 피자가 가장 인기 있으나 해산물을 사용한 음식은 관리가 잘 되지 않는 편이니 다른 메뉴를 선택하는 것이 좋다. 각종 영화 포스터와 책이 진열되어 있는데 주인이 영화 관련 일을 하다가 카페를 시작했기 때문이라고. 참고로 시네마 카페가 있는 골목은 블루 게이트 근처 샛길 중 가장 이용 빈도가 높다.

주소 Rue de la Poste, Fès 교통 부줄르드 문에서 도보 1분
전화 0535-638395 영업 토~목요일 09:00~23:00, 금요일 15:00~23:00
예산 40~100DH 홈페이지 cinemacafefez.business.site 지도 p.127-C

폴
Paul

페스에서 가장 맛있는 빵을 먹을 수 있는 곳

부줄르드 문에서 택시를 타고 15분 정도 이동해야 하는 번거로움은 있으나 현지 음식이 잘 맞지 않으면 찾아가볼 만한 카페로, 다양한 종류의 빵과 브런치 메뉴를 판매한다. 메디나보다 씨티엠CTM 버스 터미널에서 가까운 편이니 이 근처로 갈 일이 있을 때 가기 좋다. 참고로 폴은 1889년 프랑스 파리에서 생긴 프랜차이즈 베이커리로 세계 각지에 지점을 두고 있다.

주소 Ave Allal Ben Abdellah, Fès 교통 부줄르드 문에서 택시로 18분
전화 0535-626334 영업 08:00~22:00 예산 50~200DH
홈페이지 paul-maroc.com 지도 p.126-E

페스의 숙소

리아드 이드리시
Riad Idrissy

👍 **식당 안에 자리한 보석같이 숨겨진 곳**

아무도 찾지 않는 폐허의 벽을 수리하지 않고 멋스럽게 바꿔서, 폐허도 사랑스러울 수 있다는 것을 보여준 리아드 이드리시. 레스토랑 '더 루인드 가든The Ruined Garden'에서 문지방 하나만 넘으면 나오는 숙소로, 이슬람 궁전의 숨겨진 하렘처럼 비밀스러우면서 신비한 느낌을 간직한 곳이다. 화려한 옷장을 열어보면 전통의상과 모로코 전통신발 바부슈까지 옵션으로 갖추고 있어 사진 찍기 좋아하는 여행자에게 인기 만점. 이른 아침 객실 문 앞에 커피와 차를 담은 바구니를 가져다주고 로비로 내려오면 잼, 과일, 견과류, 요구르트 등 다양한 아침식사를 차려주는 게 특징이다.

주소 13 Derb Idrissy, Fès **교통** 부줄르드 문에서 도보 13분
전화 05356-33066 **요금** 60~90EUR **홈페이지** riadidrissy.com **지도** p.127-D

리아드
메종 블루 앤 스파
Riad Maison Bleue and Spa

👍 **세 채의 집을 붙여서 만든 호텔**

복작복작한 메디나 골목에서 도보로 3분 거리에 위치해 있지만 한적한 분위기를 풍기고, 택시를 타고 숙소로 바로 이동할 수 있어 굉장히 편리하다. 수영장과 레스토랑, 스파(추천하기는 어렵다) 등 다양한 부대시설을 갖추고 있고 친절한 직원과 향신료 시장인 아타린 수크에서 볼 수 있는 물건들을 이용한 독특한 어메니티, 화려한 뷔페 아침식사까지 여러모로 만족스럽다. 어마어마한 대저택으로 개미굴 같은 구조로 이루어져 있어서 자칫하면 길을 잃기 쉬우니 체크인 시 직원의 설명을 잘 기억해두자. 통유리 너머 초록 언덕에서 풀을 뜯고 있는 양을 보고 있으면 마치 영화 속 한 장면을 보고 있는 듯 평화롭다.

주소 Derb El Miter, Fès **교통** 부줄르드 문에서 도보 10분
전화 0535-741873 **요금** 140~170EUR *카드 가능
홈페이지 www.maisonbleue.com/pages/maison **지도** p.127-C

라 메종 블루
La Maison Bleue

접근성이 좋은 곳

부줄르드 문 근처에 위치하지만 복잡한 골목 밖에 있어서 편하다. 소박한 외부와 달리 궁전을 연상시키는 화려한 무늬가 돋보이는 곳으로 웰컴 과일과 탄산수가 무료로 제공된다. 객실마다 책상이 있어 노트북을 사용하는 여행자라면 만족할 만하다. 이곳은 저녁식사(오후 7~11시)가 화려한 것으로 유명한데, 예약제이고 테이블에 예약자의 이름을 새겨두는 등 정성이 묻어나는 서비스를 제공한다. 전통음악과 함께 근사한 저녁식사를 즐길 수 있다.

주소 2 Place Batha, Fès **교통** 부줄르드 문에서 도보 3분 **전화** 0535-740686 **요금** 120~150EUR *카드 가능 **홈페이지** www.maisonbleue.com **지도** p.127-C

페스 한인 민박

👍 **페스에서 유일한 한인 민박**

모로코에 오래 거주한 한국인이 운영하는 곳으로 따뜻한 한식을 아침식사로 제공한다. 깨끗한 시설과 한국어로 도움받을 수 있어서 편히 쉬어가기 좋다. 넓은 거실과 2인실, 도미토리로 구성되어 있고 도미토리는 화장실과 샤워실을 공동으로 사용해야 하지만 4인실이라 붐비지 않는다. 냉장고와 커피 포트를 사용할 수 있고 아침식사 외 유료로 한식을 주문할 수 있다. 메디나에서 택시로 15분 정도 떨어진 거리에 있으나, 씨티엠CTM 버스 터미널 근처에 위치해 이용이 편리하다.

주소 12 Res Marbrouka Aitskato 2 Ave, R.H., Fès **교통** 부줄르드 문에서 택시 20분 **전화** 0535-740686 **요금** 9~6월 도미토리 200DH, 트윈룸 550DH, 7·8월 도미토리 250DH, 트윈룸 600DH **카카오톡** moroccofes(예약) **지도** p.127-E

페스 리아드 아나타
Fès Riad Anata

SNS에서 뜨는 사진 스폿
인증 샷 남기기 좋아하는 사람이라면 눈여겨봐야 할 숙소로, 예쁜 중정과 창문 덕에 인플루언서 SNS에 자주 등장하는 곳이다. 가격 대비 위치와 시설이 썩 좋은 편은 아니나 딱히 단점도 없다. 단, 옆집이 공사 중이라(2019년 기준) 낮에는 각종 소음에 노출되어 있는데 작업이 끝날 때까지는 늦잠을 즐기는 사람이라면 추천하기 어렵다.

주소 Derb El-Hamia, Fès **교통** 부줄르드 문에서 도보 18분 **전화** 0535-741537 **요금** 120~150EUR **홈페이지** www.riad-anata.com **지도** p.127-E

다르 잔낫
Dar Jannat

메디나 내 저렴한 숙소
부줄르드 문에서 약 300m 거리에 위치한 곳으로 메디나 내에 있지만 지도를 보고 찾아가기 쉽다. 6인실 도미토리와 2·3인실 등 선택의 폭이 넓고 가격 대비 아침식사도 훌륭한 편이다. 다만 메인 골목에서 숙소로 가는 7~8m 정도의 작은 골목이 저녁에는 어두운 편이니 치안에 신경쓰는 것이 좋다. 타 숙소에 비해 저렴해서 주머니 가벼운 여행자에게 추천한다.

주소 89 Rue Talaa Sghira, Fès **교통** 부줄르드 문에서 도보 5분 **전화** 0535-636000 **요금** 20~40EUR **홈페이지** riadjannat.com **지도** p.127-C

사하라 사막

SAHARA DESERT صحراء صحارى

세계에서 가장 큰 황무지 사하라 사막.
아무것도 받아들이지 않는 동시에 모든 것을 포용하는 사막은 기본 사람만 알 수 있다.
각자의 이유를 가지고 사막으로 향하지만
아름다운 노을과 굴곡진 능선을 따라 걷는 것은 평생 잊지 못할 기억으로 남을 것이다.
사하라 사막은 세 국가에 걸쳐 있는 어마어마한 크기로 대부분 마라케시나 페스에서
사막 투어나 버스를 이용해 사하라 사막이 있는 하실라비드(메르주가)를 찾는다.

사하라 사막에서 이것만은 꼭 해보기
☐ 끝없는 지평선 따라 사막 거닐기
☐ 아름다운 노을을 배경으로 인생 샷 남기기
☐ 모닥불 피워놓고 쏟아지는 은하수 감상하기

SAHARA DESERT

사막 투어의 모든 것

모로코 여행자 대다수는 사하라 사막의 로망을 안고 이곳에 온다. 하지만 사하라 사막을 여행하는 것은 생각보다 쉽지 않다. 일교차가 심할 뿐더러 샤워실은 물론 화장실도 따로 없어서 씻는 것은 당연히 불가능하고, 남녀 불문하고 사막 투어를 혼자서 떠난다는 것은 위험한 상황을 초래할 수 있다. 이 외에도 사막에서 하룻밤을 묵는 것은 자신의 생명 및 안전과 직결되는 부분이니 다섯 단계를 꼼꼼하게 읽고 자신에게 맞는 투어를 골라보도록 하자. 참고로 투어 가격은 출발지역마다, 시간대에 따라 편차가 커 적정금액은 따로 없지만 메르주가 근처에 위치한 숙소 '알리네 L'Auberge Oasis' 기준으로 1박 2일 450DH, 2박 3일에 750DH 선이다.

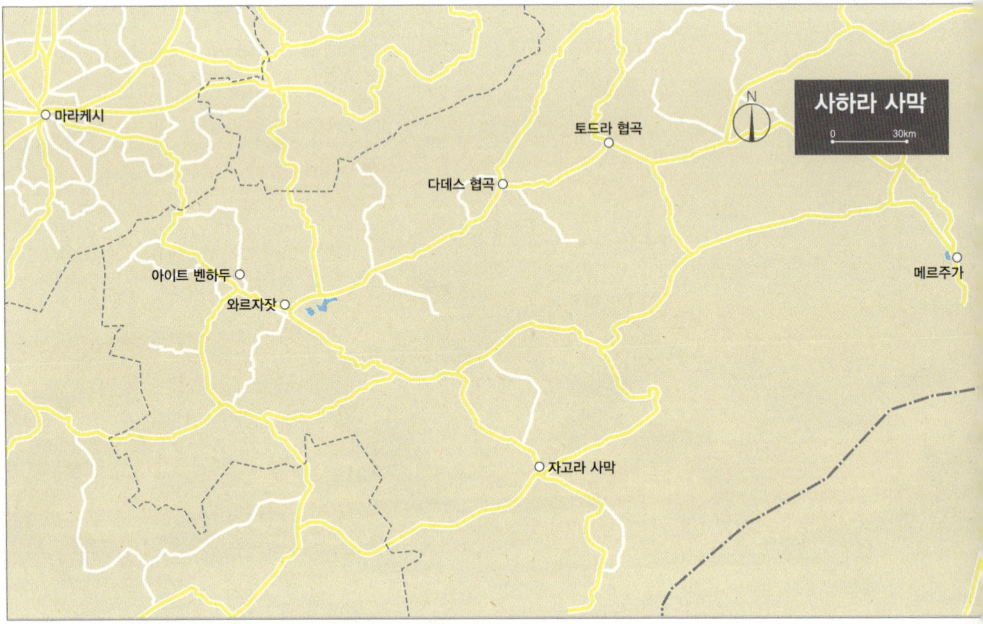

STEP 1

가보고 싶은 장소 정하기

사하라 사막은 굉장히 넓다. 각 사막은 특징과 접근 방법이 모두 다른데 여행자 여건에 따라 각기 다른 사막을 선택할 수 있다. 사막으로 갈 때는 마라케시나 페스에서 출발하여 반대 도시로 이동하는 동선이 가장 좋다(예시 : 마라케시→사하라 사막→페스 또는 페스→사하라 사막→마라케시). 한국 여행자가 가장 즐겨 찾는 곳은 메르주가 Merzouga로 이곳에 있는 호텔에서 사막 투어를 신청해 다녀올 수 있다.

메르주가로 가는 방법은 버스나 그랑 택시를 타고 이동하거나 1박 2일 혹은 2박 3일 투어에 참여해 여러 도시를 거쳐 가는 두 가지 방법이 있다. 이때 거쳐 가는 도시로는 거대한 영화 세트장으로 사용되는 아이트 벤하두, 군사적 요지로 사용된 와르자잣, 카스바 계곡이라 불리는 다데스 협곡, 아프리카의 그랜드 캐니언으로 불리는 토드라 협곡이 있다.

STEP 2

업체 선정하기 & 동행 구하기

마라케시 출발 시 숙소 혹은 제마 엘 프나 광장 근처에 있는 업체에서 투어를 신청할 수 있다. 대부분 루트는 비슷하지만 포함된 옵션 사항(물, 식사, 숙소 객실 상태, 차량 좌석 수 등)을 조목조목 따져본 후 흥정해보자. 이때 정한 사항을 종이에 적어 계약서를 작성하는 것이 좋고 영수증을 꼭 챙기자.

한국 여행자는 모로코 주요 도시에서 차를 타고 메르주가로 이동하는 경우가 많아서 투어에 참여하면 외국 여행자와 함께할 확률이 높다. 사막에서 하룻밤을 보내야 하는 투어 특성상 동행을 잘 만나는 것이 여행의 만족도를 크게 좌우하는데 메르주가 근처 하실라비드에 있는 숙소 '알리네L'Auberge Oasis'에 가면 한국 여행자 동행을 쉽게 만날 수 있다. 사막에서 잔다는 것은 말 그대로 사막에서 노숙을 하는 것이다. 이는 생각보다 위험한 일이니 검증된 업체를 이용하자.

STEP 3

준비물 챙기기

메인 배낭과 캐리어는 호텔에 맡기고 꼭 필요한 짐만 챙긴다. 타 죽을 만큼 더운 한여름에도 사막의 밤은 춥다. 업체에 따라 다르지만 대부분 얇은 벽으로 된 움막에서 지내니 여벌의 옷을 챙겨가야 한다. ❶ 필수 준비물은 선크림과 모자(스카프), 선글라스, 얇은 긴팔 여벌 옷 또는 전통의상 젤라바를 챙기자. 카메라를 가져간다면 모래 바람을 막기 위한 장비(지퍼백도 괜찮다)를 준비하는 것이 좋고 밤에 별을 찍고 싶다면 삼각대도 필요하다. 대부분의 업체에서 물을 주지만 한 병만 무료로 제공하고 비싼 값에 파는 경우도 있으니 미리 확인하자. 주류는 추가 비용을 지불하거나 개별적으로 준비해야 한다. 캠프파이어를 하면 감자나 고구마와 쿠킹호일을 챙겨 가면 더 즐거운 투어를 보낼 수 있다.

> **PLUS** 생각보다 위험한 낙타 타기
>
> 처음 낙타를 보면 생각보다 큰 덩치에 놀랄지도 모른다. 간혹 낙타를 타고 이동하다가 낙마하여 골절이 되는 경우가 있는데, 낙타의 높이를 생각하면 아찔한 일이다. 낙타를 탈 때는 발걸이에 발을 걸면 안정감을 느낄 수 있지만 낙마할 경우 발이 걸려서 더 큰 사고로 이어질 수 있으니 낙타에 올라타면 가급적 발걸이는 이용하지 않는 편이 좋다. 장시간 낙타를 타는 것이 내키지 않는다면 ATV를 타고 이동하는 방법이 있다.

STEP 4

출발 & 사막 투어 즐기기

호텔에서 낙타를 타고 사막으로 출발한다. 한 시간 정도 낙타를 타고 이동하면 하룻밤을 보낼 베이스 캠프가 신기루처럼 나타난다. 여기에는 몸을 눕힐 수 있는 자그마한 방과 부엌, 캠프파이어를 할 수 있는 공간이 준비되어 있다. 준비된 다과를 먹으며 휴식한 후 본격적으로 투어를 즐긴다. 주로 인생 샷을 찍거나 샌드보딩을 하게 된다. **사진촬영**의 경우 사막 언덕에 올라 노을을 배경으로 일행과 역광을 이용한 사진을 찍는다. 다양한 포즈로 사진을 찍고 싶다면 물건 등을 놓고 원근감을 활용해 재미있게 찍을 수도 있다(미리 유튜브를 참고하고 가면 좋다). **샌드보딩**은 사막 언덕에서 보드를 타고 내려오는 액티비티로 잘못된 자세로 타다간 팔다리에 화상을 입을 수 있으니 해가 질 때 타는 것이 좋고, 가이드의 안내에 따라 움직이는 게 좋다.

해가 지면 베이스 캠프로 내려와 준비된 저녁식사를 먹는다. 대개 타진과 밥, 샐러드를 제공하는 곳이 많다. 식사를 마치고 자유시간으로 **캠프파이어**를 하며 베르베르 전통음악 연주를 듣거나 별을 보며 담소를 나누며 시간을 보낸다.

STEP 5

사막 투어를 마치며

아침에 일어나면 이부자리를 정리하고 민트 티 한잔을 마시고 출발한다. 이동 교통수단은 사막으로 들어올 때와 같으므로 낙타 혹은 ATV를 타게 된다. 호텔로 돌아와서 아침식사를 하며 휴식을 취한다. 돌아오는 날 버스를 이용해 다른 도시로 이동하고 싶다면 메르주가에 있는 수프라투어SupraTours 버스 터미널에서 티켓을 예매해두는 것이 좋다. 대개 하루 정도 휴식을 취하고 다른 도시로 이동하는 경우가 많다.

PLUS 메르주가의 레스토랑 & 숙소

{ 식당 } 스낵 무스타파 Snack Mustapha

인상 좋은 무스타파 할아버지가 운영하는 작은 레스토랑으로 한국 및 일본 여행자의 압도적 지지를 받는 알리네 호텔과 가까워 언제나 식사시간이면 복작복작하다. 메뉴는 많지 않지만 주문과 동시에 만들어서 집밥을 먹는 듯한 느낌마저 든다. 베르베르식 오믈렛과 샐러드가 맛있는 편이고 레스토랑 근처에는 다양한 물건을 파는 슈퍼마켓(오전 7시~오후 10시)이 있다.

영업 11:00~20:00 **요금** 5~30DH

{ 식당 } 레스토랑 파티마 Restaurant Fatima

메르주가의 몇 안되는 레스토랑 중 가장 인기 많은 레스토랑으로 모로코 분위기가 물씬 풍기는 아기자기한 인테리어가 인상적이다. 타진과 샐러드 등 다양한 모로코 전통음식을 맛볼 수 있고 친근하게 말을 붙여오는 직원들도 친절하다. 실내석 1층과 야외석 2층으로 나뉘어 있는데, 2층의 천막 좌석이 인기가 많다. 사막을 배경으로 상주하는 고양이를 보며 식사할 수 있다.

영업 12:00~20:00 **예산** 20~100DH

{ 숙소 } 알리네 L'Auberge Oasis

사하라 사막 투어는 "알리네 호텔에 가면 모든 것이 해결된다"는 말이 있을 정도로 한국 및 일본, 최근 들어 중국 여행자까지 즐겨 찾는 호텔이다. 사막 투어는 사람이 많으면 많을수록 재미있는 만큼 언제나 한국 여행자 동행을 구할 수 있는데다가 오랜 기간 검증된 업체라 안전하다는 것이 이곳의 장점이다. 친근한 이름과는 달리 수영장이 딸린 큰 규모의 2층 호텔로 에어컨이 있는 방과 없는 방으로 나뉘어 있다. 너른 루프톱 테이블은 침낭을 말리거나 광합성을 하는 여행자들의 아지트다. 버스 도착 시 예약하면 무료 픽업 서비스를 제공하는데, 메르주가가 아닌 하실라비드 정류장에 내려야 한다는 것을 기억해두자.

예약 www.facebook.com/aubergeoasis(메시지) **예산** 250/160DH(에어컨 여부, 아침·저녁식사 포함), 사막 투어 1박 2일 오전 출발 450DH, 오후 출발 350DH

SPECIAL

사하라 사막의 근교도시

2박 3일 사막 투어를 할 경우 거쳐 가게 되는 곳으로 대중교통을 타고 이동할 수 있다.
이름이 알려진 관광지보다 규모는 작지만 매력 있는 도시들이니 여유가 있다면 묵어가는 것도 좋다.

아이트 벤하두 Aït Benhaddou
마을 전체가 흙으로 지어져 멀리서 보면 커다란 흙산처럼 보이는 이곳은 11세기 베르베르인에 의해 건설되었다. 유네스코 세계유산으로 지정되고 영화 촬영지로 알려지며 투어 코스에 빠지지 않는 곳으로 영화 〈글래디에이터〉와 〈미이라〉 등 다양한 영화를 촬영했다. 인생 샷을 찍을 수 있는 장소로 급부상하고 있으니 다양한 SNS를 참고해보자.

자고라 사막 Zagora Desert
우리가 흔히 상상하는 사막의 모습은 아니다. 부드러운 모래가 깔려 있는 곳으로 시간은 없지만 사막의 분위기라도 느껴보고 싶을 때 찾는 최후의 장소라 하겠다. 이 사막만 다녀올 수 있고 1박 2일 투어에 참가해서 아틀라스 산맥과 아이트 벤하두, 와르자잣을 함께 돌아볼 수 있다.

와르자잣 Ouarzazate
영화 박물관과 세트장을 보기 위해 거쳐 가는 도시로 커다란 파라오 석상이 눈길을 끄는 곳이다. 사하라 사막으로 가는 투어에 참가하면 이곳에 위치한 호텔에 묵게 되는데, 타우릴트 카스바Taourirt Kasbah도 구경할 만하고 전통 방식을 고수하며 살아가는 마을도 이색적이다. 영화를 좋아하는 사람이라면 시간을 쪼개서라도 찾으면 좋을 곳으로 '모로코 배경의 영화 & 드라마(p.42)'를 참고하여 관련 영화를 보고 찾으면 더욱 흥미로울 것이다.

다데스 협곡 Dades Gorges
카스바 계곡으로 불리는 이곳은 수많은 카스바 사이에 오아시스가 자리 잡고 있다. 보고 있어도 믿기지 않을 정도로 기묘한 바위의 향연이 펼쳐지고 노을이 질 때 이곳을 찾으면 바위의 색이 변하며 자아내는 아름다운 풍경을 감상할 수 있다.

토드라 협곡 Todgha Gorges
2억 년 전 지각 변동으로 생겨난 이곳은 최고 160m가 넘는 초대형 협곡으로 달에 불시착한 위압감마저 든다. 협곡 사이로 흐르는 계곡은 수질이 좋은 편으로 '장미의 계곡'이라는 별칭을 가지고 있고 이곳에서 빨래를 하는 현지인을 흔히 볼 수 있다. 바위틈에서 솟아나는 샘물은 건강에 좋다고 해서 아기를 낳기 원하는 여성들이 담아가는 경우가 많다. 암벽등반을 위해 찾는 여행자도 많고 근처에 숙박업소가 여럿 있다.

다데스 협곡

토드라 협곡

> **PLUS** 베르베르인은 누구인가요?

기원전 8,000년 신석기 시대, 한국으로 생각해보면 서울 암사동에서 농경을 시작하고 빗살무늬 토기를 사용하던 그때 북아프리카에 살던 토착민족이다. 이집트 및 북아프리카 연안에 거주하다가 이후 남사하라 사막으로 영토를 확장하였으나 7세기 모로코를 점령한 이드리스 왕조에 의해 이슬람 문화가 들어와 현재까지 유지되고 있다. 현재 모로코에는 약 1,200만 명의 베르베르인이 남아 있고 모로코의 공용어인 베르베르어를 사용한다. 세계적으로 유명한 전 축구선수 지네딘 지단도 베르베르인이다.

마라케시   MARRAKECH مراكش

모로코 남쪽에 위치한 '붉은 보석'이라 불리는 예술의 도시, 마라케시. 11세기 후반 베르베르인 알모라비드 왕조에 의해 형성되어 이후 사디Saadi 왕조가 마라케시를 수도로 지정하면서 문화적으로 비약적인 발전을 이루었고, 당시 건축물과 유물이 지금도 남아 있다. 미로를 방불케 하는 좁은 골목과 '마조렐 블루'라는 새로운 파란색을 만들어낸 마조렐 정원, 세계에서 가장 오래된 시장 제마 엘 프나 광장 등 다양한 볼거리로 여행자들을 불러 모은다. 마라케시의 가장 큰 매력은 광장에서 열정적으로 자신의 삶을 살아가는 사람들이다. 그들이 뿜어내는 생명력은 어느 곳에서도 느끼기 힘든 매력임이 분명하다.

(여행 포인트)

관광 ★★★★★   미식 ★★★★★   쇼핑 ★★★★★

(이것만은 꼭 해보기)

☐ 미로 같은 마라케시 메디나 돌아다니기
☐ 없는 것 빼고 다 있는 제마 엘 프나 광장 구경하기
☐ 마라케시 하늘을 닮은 마조렐 정원 관람하기

· 탕헤르
· 쉐프샤우엔
· 페스

★ 마라케시

마라케시 들어가기 & 나가기

마라케시 공항 이용하기

한국에서 마라케시로 가는 직항편은 없고, 유럽을 경유하여 마라케시로 들어오는 항공편은 많다. 대표적인 항공사로는 에어프랑스가 있다.
마라케시 공항에서 시내로 가는 방법은 공항버스, 택시, 호텔 픽업 차량이 있다. 모로코의 다른 도시를 여행했거나 흥정에 자신 있다면 택시를 타도 좋지만, 그렇지 않다면 바가지 쓰기 십상이다. 별다른 주의사항은 없지만 제마 엘 프나 광장에서 숙소를 찾기 쉽지 않으니 숙소 주인과 장소를 정한 후 만나서 이동하는 것이 좋다. 이도저도 자신 없다면 비용을 조금 더 들여 호텔 픽업 차량 서비스를 받자.

마라케시 메나라 공항
Marrakech Menara Airport(RAK)

영화 <섹스 앤 더 시티 2>에서 주인공들이 아랍에미리트 아부다비(실제 모로코)에 첫발을 디딘 공항이 바로 이곳이다. 모로코 국내선뿐만 아니라 유럽이나 다른 아랍 국가로도 취항하는 국제공항이다. 공항 내 통신사 부스에 여권을 제출하면 무료로 심카드를 받을 수 있고, 환전소의 환율 조건은 시내와 크게 다르지 않다. 공항을 나와 왼쪽으로 가면 버스 정류장이 보인다.

주소 Ménara, Marrakech
교통 제마 엘 프나 광장에서 택시로 15분
전화 052-444-7910
홈페이지 marrakech.airport-authority.com
지도 p.161-E

🚌 공항버스

공항에서 시내로 이동하는 가장 저렴한 교통수단이다. 탑승 시 기사님께 내릴 장소가 되면 알려달라고 귀띔해두면 잘 알려준다. 왕복 티켓은 2주간 유효하니 필요하다면 왕복 티켓을 구입하는 것이 좋다.

가격 편도 30DH(또는 3EUR), 왕복 50DH
운행 시간 06:00~23:05(20분 간격으로 운행)
소요 시간 메디나까지 약 20분
운행 루트 공항 ⋯ 제마 엘 프나 광장(메디나) ⋯ Gare Routière ⋯ Gueliz ⋯ Gare du Train ⋯ 공항

🚖 택시

공항에서 제마 엘 프나 광장까지 약 15분 정도 소요된다. 요금은 대략 70DH이 적당하지만, 흥정에 소질이 없다면 200DH도 각오해야 하니 가급적 공항버스를 추천한다. 마라케시에서는 오후 8시 이후에는 할증요금이 붙는다. 메디나 내에 위치한 숙소로 간다면 근처 가까운 입구에 내리는 것이 좋다.

마라케시의 교통수단

여행 동선상 마라케시 다음으로 가기 좋은 곳은 사하라 사막(메르주가), 페스, 에사우이라, 카사블랑카 등이 있다. 마라케시는 교통이 발달한 곳이라 다른 도시로 이동할 때 기차와 버스 등 선택의 폭이 넓다는 장점이 있다. 성수기에는 티켓이 매진되는 경우가 종종 있으니 일정이 정해지면 빨리 티켓을 구입하는 것이 좋다.

🚆 기차

마라케시 기차역 Marrakech Railway Station

제마 엘 프나 광장에서 택시로 10분 거리에 떨어져 있으며 시내버스 8·10번으로도 갈 수 있다. 정교한 무늬가 인상적인 입구로 들어가 정면에 보이는 전 모로코 국왕 사진 아래에 매표소가 있다. 역사 안에는 맥도날드와 KFC 등 패스트푸드점이 있고 ATM은 건물을 마주보고 왼쪽에 있다.

기차 운행 스케줄

지명	요금(일등석/이등석), 소요 시간
카사블랑카 (1일 9회)	148/95DH 3시간 15분
페스 (1일 8회)	311/206DH 7시간 30분
메크네스 (1일 8회)	280/184DH 6시간 45분
라바트 (1일 9회)	195/127DH 4시간 15분
탕헤르 (1일 7회)	327/216DH 9시간 45분

*야간기차는 침대칸(일등석)과 좌석(이등석)으로 나뉨

주소 Avenue Hassan II, Marrakech
교통 제나 엘 프나 광장에서 택시로 10분
전화 0890-203040
홈페이지 www.oncf.ma **지도** p.161-C

🚌 시외버스

마라케시에서 출발하는 시외버스는 페스, 카사블랑카, 라바트 등 모로코 주요 도시를 운행한다. 시외버스 터미널은 제마 엘 프나 광장에서 도보 20분 거리에 위치한 도클라 문Bab Doukkala에 있으며, 택시나 시내버스 8·10번(Avenue Hassan II 하차)을 이용하면 된다. 시외버스 터미널 근처의 대형마트 아스왁Aswak에서 간식 등 먹거리를 구입할 수 있다. 씨티엠CTM과 수프라투어SupraTours 버스 터미널은 큰 길을 사이에 두고 마주보고 있다.

씨티엠CTM 버스 운행 스케줄

지명	요금, 소요 시간
페스 (1일 6회)	190DH(일반) 8~9시간
와르자잣 (1일 5회)	90DH(일반) 4시간 30분
자고라 사막 (1일 2회)	155DH(일반) 7시간 30분
에사우이라 (1일 2회)	80DH(일반) 3시간 30분
카사블랑카 (1일 15회)	90(일반)/130DH(우등) 3시간 30분

주소 Rue Abou Bakr Seddiq, Marrakech
교통 제마 엘 프나 광장에서 택시로 15분
전화 8000-90030
홈페이지 www.ctm.ma
지도 p.161-C

수프라투어SupraTours 버스 운행 편수
- 페스 1일 1회 *야간버스
- 사하라 사막(메르주가) 1일 1회
- 사하라 사막(자고라 사막) 1일 1회
- 에사우이라 1일 6회
- 아가디르 1일 12회

주소 N8, Marrakech
교통 제마 엘 프나 광장에서 택시로 15분
전화 5244-33221
홈페이지 www.supratours.com
지도 p.161-C

마라케시의 시내교통

볼거리는 대부분 메디나에 위치해 있어 도보로 이동할 수 있다. 그 외의 지역은 버스로 갈 수 있으나 안전상의 이유로 여행자가 이용하기 쉽지 않아 대부분 쁘띠 택시를 이용한다.

🚌 시내버스
15~30분 간격으로 운행하는 시내버스는 마라케시 기차역이나 버스 터미널, 마조렐 정원에 갈 때 유용하다. 요금을 내면 티켓을 주는데, 간혹 검표하는 사람이 있으니 내릴 때까지 잘 가지고 있어야 한다. 정류장 표시가 잘 되어 있지 않으므로 목적지 근처에서 손을 들며 이야기하면 세워준다.

🚕 쁘띠 택시
미터제로 운행되지만 흥정하려고 드는 경우가 많다. 씨티엠CTM 버스 터미널에서 메디나까지는 최대 20DH, 메디나에서 마조렐 정원까지는 15DH이면 충분하다. 현지인을 태우고 가는 택시는 흥정하지 않아도 돼 합승 시 편리하고(탑승 시점의 미터기 요금을 확인해야 한다) 오후 8시 이후에는 할증요금이 붙는다. 참고로 마라케시의 쁘띠 택시 색깔은 베이지색이다.

🐴 마차
제마 엘 프나 광장이나 바디 궁전 근처에 가면 흔히 볼 수 있는 마차는 마라케시 시내관광을 위한 것으로 동물보호단체와 연계된 기사들에 의해 운영되고 있다. 성벽을 따라 30분 정도 천천히 이동하며 구경할 수 있고 정해진 가격은 없지만 120DH이면 충분하다. 모로코의 러시아워인 오전 8시, 오후 12시 그리고 오후 5~7시 사이는 교통 체증으로 여유롭게 관광을 즐기기 어려우니 이 시간대는 피하는 것이 좋다.

홈페이지 spana.org(동물보호단체 SPANA)

> **PLUS** 나는 '일곱 남자의 도시'에 간다!
>
> 현지인들이 마라케시를 지칭하는 다양한 이름 중 하나로 '일곱 남자의 도시' 혹은 '일곱 성인의 도시'라는 말이 있다. 이는 마라케시를 수호하는 일곱 남자가 각각의 사연을 통해 성인이 된 것을 일컫는 것으로 이들은 알라(신)의 축복을 받은 사람들로 여겨진다. 마라케시에 이들의 무덤이나 집이 남아 있어 순례하는 현지인들도 있다. 참고로 순례는 특정 요일과 장소에 방문하도록 정해져 있다. 마라케시가 왜 이렇게 불리는지 정도만 알아두자.

> **PLUS** 환전 & ATM
>
> 메디나 골목 곳곳에 환전소가 많아 편리하나 환전소마다 환율 차이가 큰 편이다. 몇 주일에 걸쳐 매일 확인한 결과 제마 엘 프나 광장 근처에 있는 '호텔 알리Hotel Ali'가 가장 환율 조건이 좋은 편이나 금액이 크지 않으면 큰 차이가 없으니 가까운 곳에서 환전하면 된다. ATM은 최대 2,000DH까지 인출 가능한 곳이 많고 일요일은 문을 닫는 곳이 많으니 미리 찾아두는 것이 좋다.

마라케시 일일 추천코스

마라케시에 오래 머물지 못하는 여행자를 위한 핵심코스다. 마라케시의 볼거리는 크게 메디나 안과 밖으로 나뉜다. 특히 주말은 유럽 여행자들로 붐벼 궁전이나 박물관에 입장할 때 줄을 서야 한다. 장기 여행자라면 목적지를 정하지 않고 메디나를 구석구석 걸으며 구경할 것을 추천한다.

Start

총 소요 시간 6시간

사디안의 무덤
화려한 장식이 가득한 곳

도보 8분 →

바디 궁전
아틀라스 산맥을 한눈에

도보 10분 + 택시 15분
*메디나 기준

제마 엘 프나 광장
세상에서 가장 흥겨운 광장

← 도보 2분

쿠투비아 모스크
'이슬람 3대 모스크' 중 한 곳

← 택시 10분

마조렐 정원
푸른 하늘을 닮은 정원

PLUS 마라케시, 알차게 즐기자

<u>사디안의 무덤</u>은 입구가 좁고 인원 제한이 있으니 오전에 방문하자. <u>바디 궁전</u>은 성채의 골격만 남은 폐허지만, 아틀라스 산과 어우러진 황토색 성벽을 따라 화려한 옛 모습이 남아 있다. 메디나 밖에 있는 <u>마조렐 정원</u>은 청명한 파란색과 노란색의 조화가 아름답고 베르베르 박물관도 둘러볼 수 있다. <u>쿠투비아 모스크</u>는 이슬람 3대 모스크 중 하나로 높이 69m의 첨탑은 마라케시 어디서나 볼 수 있다. 마지막 코스 <u>제마 엘 프나</u>는 세계 최고의 광장. 상상하는 모든 것을 볼 수 있으니 놓치지 말자.

여행 경비	
교통비	
마라케시 메디나 ⟷ 마조렐 정원	택시(왕복) 30DH
입장료	
사디안의 무덤	10DH
바디 궁전	10DH
마조렐 정원	70DH
식비	
나랑지 레스토랑	130DH
쉐 라미네 하즈 무스타파	100DH
합계	350DH

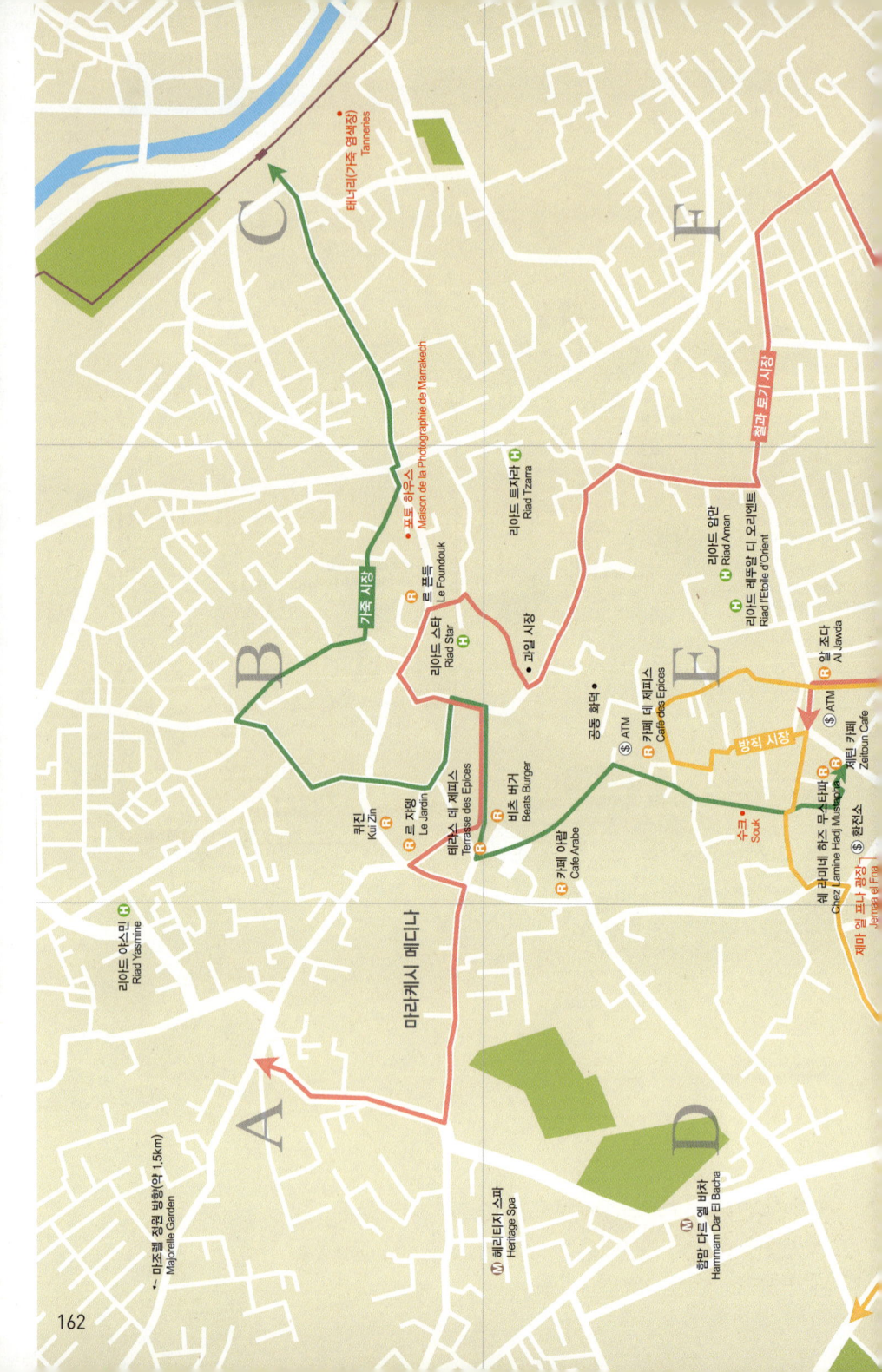

sightseeing
마라케시의 볼거리

메디나
Medina of Marrakech

붉은 태양의 도시

마라케시는 페스 다음으로 오랜 역사를 자랑하는 곳이다.
16세기 사디 왕조의 수도로 지정되면서 전성기를 맞아 아랍 건축기술의 백미라
불릴 만큼 뛰어난 건축물이 지어졌고 오늘날까지 그대로 보존되어 있다.
도시를 둘러싼 성벽은 물론 모스크와 대부분의 건축물이
붉은색을 띠고 있어 마라케시는 '붉은 도시' 혹은 '붉은 보석'이라는 별명을 가지고 있다.
성벽은 1130년에 준공된 것으로 둘레 19km에 202개의 타워와 스무 개의 문이 있는데
그 중 가장 아름다운 문은 무어 분위기가 물씬 나는 아그노 문Bab Agnaou이다.

★★★★★
제마 엘 프나 광장
Jemaa el Fna
UNESCO

마라케시의 첫인상
'세상에서 가장 흥미로운 장소'라 불리는 광장이지만 그 속에 숨은 이야기를 들으면 간담이 서늘해질지도 모른다. 죽음의 집회 또는 마지막 사원이라는 뜻을 가진 이곳은 범죄자를 공개처형하고 목을 걸어두던 곳으로, 다양한 영화와 소설의 배경지로도 등장하였다.

제마 엘 프나 광장의 하루는 이러하다. 오전에는 장이 서고 낮에는 곡예사가 코브라를 자유자재로 다루거나 줄타기를 하는 등 갖가지 공연이 광장 한복판에서 펼쳐진다. 하지만 광장을 오롯이 느끼려면 밤이 제격이다. 광장에 땅거미가 내리면 더위를 식히기 위해 사람들이 몰려 나오고 순식간에 다양한 음식을 파는 포장마차가 빼곡히 들어선다. 여기저기 들려오는 포장마차의 호객행위로 혼이 쏙 빠질 지경! 하지만 음식 맛은 직원의 열정에 미치지 못하니 제대로 된 식사를 하고 싶다면 근처 레스토랑에서 하는 것이 좋다. 갈고리를 매단 낚싯대로 콜라를 낚는 사람, 악사의 음악에 맞춰 정체 모를 춤을 추는 사람들 사이에 섞여 흥겨운 분위기를 즐겨보자.

현지인들은 이곳을 '빅 스퀘어Big Square'로 부른다. 메디나 내 거리 곳곳에는 제마 엘 프나 광장으로 가는 길을 표시한 이정표가 있다.

주소 Derb Chtouka, Marrakech
교통 마라케시 공항에서 택시로 15분
전화 0648-284165
운영 상시 개방(상점 10:00~22:00)
홈페이지 www.jemaa-el-fna.com
지도 p.162-E

> **PLUS** 제마 엘 프나 광장을 한눈에 보고 싶다면

제마 엘 프나 광장을 내려다보기에 가장 좋은 곳은 '카페 글레이셔Le Grand Balcon du Café Glacier(지도 p.163-H)'다. 하지만 이곳의 음식은 비싸고 맛없는 것으로도 유명하다. 대부분의 관광객들은 민트 티나 물 한 병을 주문해 풍경을 즐기는 목적으로 한번쯤 들르는 곳이다.

> **PLUS** 제마 엘 프나 광장에서 이것만은 조심하자!

❶ 뱀, 원숭이 관람
피리 소리에 맞춰 춤추는 뱀이나 원숭이를 여행자의 머리나 어깨에 얹고 사진을 찍도록 강요한 후 돈을 요구하는 사람들이 있으니 원하지 않는다면 눈길을 주지 말자. 독특한 볼거리지만 이를 위해 동물학대가 공공연히 자행되고 있다. 악사 연주에 사용하는 뱀은 입을 꿰매어 다물지 못하게 해놓고, 뱀이 죽으면 다른 뱀으로 교체하는 일이 반복되고 있다. 또한 아틀라스 산에서 원숭이를 불법으로 포획하는 일이 빈번하다.

❷ 헨나 아주머니
광장을 걷다 보면 흔히 만날 수 있는 사람들로 대부분 니캅(niqab 눈만 내놓고 가리는 옷차림)을 하고 있다. 관심을 보이면 손을 잡고 헨나를 그린 후 터무니없는 가격을 요구한다. 무엇보다 디자인도 형편없는 경우가 많다. 이들은 광장에서 일할 수 있는 정식 면허가 없기 때문에 얼굴을 가리고 활동하는 것이니, 만약 그들이 손을 잡고 그림을 그리겠다고 협박하고 돈을 요구한다면 경찰을 부르는 것이 좋다.
모로코에서 헨나 체험을 하고 싶다면 '헨나 카페Henna Cafe'나 페스의 '카페 클락Cafe Clock(p.140)'에서 체험할 것을 추천한다. 화학약품이 첨가된 블랙 헨나는 문신처럼 피부에 스며들어 피부병을 유발할 수 있으니 절대 해서는 안 된다.

❸ 포장마차 메뉴판 바꿔치기
광장의 포장마차에서 식사(혹은 주스)를 하게 되면 주문할 때 가격표가 적힌 메뉴판 사진을 찍어두는 것이 좋다. 식사를 마친 후 다른 가격이 적힌 메뉴판을 내밀거나 가격을 높여 부르는 경우가 많기 때문이다. 가격 대비 맛과 위생은 추천할 만하지 않다.

❹ 길을 알려주는 사람
메디나 전역에서 일어나는 가장 흔한 수법으로 자세한 내용은 '나를 따라오세요, Follw me(p.170)'를 참고하자. 참고로 정식 가이드는 항상 배지를 소지해야 하니 사전에 배지를 보여 달라고 하는 것이 좋다.

★★★★
쿠투비아 모스크
Koutoubia Mosque

마라케시 메디나의 랜드마크

1153년 술탄 압달 무멘(Abdal Mu'min 1094~1163년)에 의해 착공되어 1190년 완공되었다. 메디나 전체에 높은 건물이 없어 마라케시 어디에서나 볼 수 있다. 이슬람 3대 모스크로 손꼽히는 이곳의 첨탑은 높이 69m에 7층으로 이루어져 있는데, 이는 마라케시를 수호하는 일곱 성인을 상징하고 첨탑 앞에 얹은 세 개의 황금 왕관이 화룡점정이다. 스페인 세비야Sevilla의 히랄다 탑La Giralda의 모델이기도 한 이곳은 총 열일곱 개의 방으로 이루어져 있고 동시에 2만 5,000명을 수용할 수 있다.

❶ 단, 무슬림 외에는 내부 입장이 불가하다. 바디 궁전 내 작은 박물관에 가면 쿠투비아 모스크에서 사용하던 단상Minbar 유료 관람(10DH)할 수 있다. 쿠투비아 모스크 앞에는 오렌지 나무가 가득한 아름다운 정원이 있는데 개방되어 있어 누구나 쉬어갈 수 있다.

주소 Koutoubia Mosque, Marrakech
교통 제마 엘 프나 광장에서 도보 8분
운영 상시 개방(정원), 무슬림 외 입장 불가
지도 p.163-G

★★★★
바디 궁전
Badi Palace

속살이 드러난 궁전의 폐허

사디 왕조 중 가장 유명한 술탄 아흐멧(Ahmed al-Mansur 1549~1603년)의 궁으로 사용되던 바디 궁전은 '비교할 수 없는 궁전'이라는 뜻을 담고 있다. 스페인 알람브라 궁전La Alhambra을 본떠 지었으나 알라위Alawi 왕조에 의해 파괴되어 지금은 성채의 골격만 남아 있다. 이슬람 건축양식에 따라 중앙에는 정원이 있고 이를 중심으로 오렌지 나무가 심어져 있다.

지하에는 궁전의 옛 모습을 담은 사진과 노예를 묶어두던 물건이 전시되어 있고, 천장에 뚫린 구멍으로 빛이 들어오도록 지어졌다. 또한 쿠투비아 모스크에서 과거 사용하던 단상인 민바르Minbar를 유료로 관람 가능하다(입구에서 왼쪽 끝에 위치). 계단을 따라 궁전 위로 올라가서 전경을 내려다보면 황량한 정원에 심은 나무와 황토색 성벽 그리고 그 위에 둥지를 틀고 사는 황새를 볼 수 있다. 날씨가 좋으면 아틀라스 산이 파노라마로 펼쳐져 멋있는 광경을 볼 수 있다.

❶ 참고로 뼈대만 남은 궁전에는 뜨거운 햇볕을 가려줄 천장이 없다. 날씨가 더울 때는 돌아보기 어려우니 이른 아침이나 오후 늦게 찾는 편이 좋다.

주소 Ksibat Nhass, Marrakech
교통 제마 엘 프나 광장에서 도보 15분
전화 0524-378163
운영 09:00~17:00
요금 성인 10DH, 아동 3DH(단상 10DH)
지도 p.163-K

★★★★
바히아 궁전
Bahia Palace

오렌지 향을 머금은 궁전

입장권을 구입하고 오렌지 나무가 가득한 정원을 따라 걸어가면 입구가 나온다. 총 160개의 방으로 이루어진 궁전은 아름다운 색채와 정교한 스투코 장식으로 꾸민 기둥이 인상적이고, 정중앙에 위치한 분수를 볼 수 있다. 절제된 장식이 돋보이며 햇빛이 들어오도록 설계되어 밝고 환하다는 이름을 가졌지만, 지금은 화려했던 벽과 천장만 남아 쓸쓸한 느낌마저 든다. 프랑스 식민지시절 프랑스 총독이 기거하며 연회 장소로 이용했으며, 1894년부터 6년 동안 모로코 전 수상 아부 아흐멧의 사저로 사용되기도 했다.

주소 5 Rue Riad Zitoun el Jdid, Marrakech 교통 제마 엘 프나 광장에서 도보 18분
전화 0524-389564 운영 09:00~16:00 요금 성인 10DH, 아동 3DH 지도 p.163-I

★★
사디안의 무덤
Saadian Tombs

화려한 장식이 가득한 곳

16세기 마라케시를 지배했던 사디 왕조의 술탄 아흐멧이 지은 무덤으로, 입구에 들어서자마자 나오는 좁은 통로를 지나면 넓은 뜰이 나온다. 이는 알라위 왕조가 들어선 후 술탄 물레이 이스마일(Moulay Ismail 1672~1727년)이 전 왕조의 흔적을 지우기 위해 무덤 앞에 카스바를 짓고 좁은 통로를 통해서만 들어갈 수 있도록 만들었는데, 1917년 항공촬영으로 발견됐다. 통로를 빠져나오면 여러 채의 건물을 볼 수 있는데, 술탄 아흐멧의 모친과 왕자들의 무덤이 있는 곳으로 이탈리아산 대리석과 금으로 화려하게 장식되어 있다. 마당에 있는 첩과 신하들의 무덤을 포함해 총 66명의 무덤이 있고 왕의 무덤은 길게 늘어선 줄을 따라 들어가면 볼 수 있는데 입장은 불가하고 가드레일 밖에서 관람할 수 있다. 화려한 천장 장식과 쿠란의 글귀가 새겨진 나무 장식은 보고도 믿을 수 없을 만큼 화려하다. ❶ 사디안의 무덤은 입구가 좁아서 언제나 줄이 긴 편이다. 단체 여행자들의 필수코스인 만큼 이른 아침이나 오후에 찾는 편이 좋다.

주소 Rue de La Kasbah, Marrakech
교통 제마 엘 프나 광장에서 도보 15분
전화 0524-378163
운영 09:00~18:00
요금 10DH
지도 p.163-K

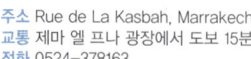

★★ 멜라
Mellah

유대인이 살던 구역

메디나의 남쪽, 유대인 거주지역으로 조성된 멜라는 나무로 된 문이 독특하다. 이곳의 랜드마크인 유대교 예배당(시나고그)은 유대인이 정착해 살며 예배를 드리던 곳으로 현재는 박물관을 겸하고 있다. 큰 규모의 예배당이 인상적이며 예배당 안에는 옛 거리와 사람들의 생활상이 담긴 사진과 영상 자료가 남아 있다. 이곳에서 멀지 않은 곳에 유대인 공동묘지가 있는데 재건축을 핑계로 과한 기부금을 요구하기도 하니 주의한다. 2017년 개최된 '티미카 펠 메디나Tmecha Fel Medina' 프로젝트를 통해 멜라 내 곳곳에 독특한 그라피티를 그려 이를 찾는 재미도 쏠쏠하다. ❗ 메디나 내 다른 곳과 달리 멜라는 치안이 좋은 편은 아니니 신변 안전에 유의하자.

주소 Mellah, Marrakech **교통** 제마 엘 프나 광장에서 도보 18분 **운영** 유대교 예배당(시나고그) 09:00~19:00 **휴무** 토요일 **요금** 유대교 예배당(시나고그) 10DH **홈페이지** montresso.com/portfolio_item/tmecha-fel-medina-jace/ (티미카 펠 메디나 프로젝트) **지도** p.163-I

★★ 포토 하우스
Maison de la Photographie de Marrakech

마라케시의 역사를 볼 수 있는 곳

저택을 개조해 만든 사진 박물관으로 마라케시의 옛 모습을 자세히 볼 수 있다. 많은 여행자들이 마라케시 관광지가 프린트된 사진을 구입하기 위해 이곳을 찾는다. 사진 속 옛 마라케시의 건물과 사람들이 오늘날 모습과 다르지 않다는 것이 새삼 놀랍다. 같은 점과 다른 점을 비교하며 감상하면 더욱 재미있다. 전시된 사진 일부는 굿즈로 판매되고 있다. 매주 금요일 오후 7시부터 45분간 전통음악 공연이 열린다.

주소 Rue Ahl Fes, Marrakech **교통** 제마 엘 프나 광장에서 도보 15분 **전화** 0524-385721 **운영** 09:30~19:00 **요금** 30DH(티켓에는 40DH으로 적혀 있으나 30DH만 받는다), 전통음악 공연 50DH **홈페이지** www.maisondelaphotographie.ma **지도** p.162-B

★★★★
태너리(가죽 염색장)
Tanneries

마라케시 가죽 염색장

잘 알려져 있지 않지만 마라케시 메디나에도 태너리(가죽 염색장)가 있다. 규모는 작지만 페스의 태너리에 갈 수 없는 사람은 한 번쯤 가볼 만하다. 페스에 갈 거라면 굳이 갈 필요는 없다. 길을 따라 작은 태너리가 몰려 있고 아치형 문을 마주 보고 마지막 오른쪽 골목으로 들어가면 가장 큰 태너리가 있다.

❗ 이곳에서 민트 잎을 주며 관리인이라고 접근하는 사람이 있는데 옥상에서 사진을 찍고 싶다면 누군가의 도움을 받긴 해야 하니 흥정한 후 도움을 받는 것이 좋다. 사진을 찍지 않는다면 가이드를 고용할 필요는 없다.

주소 Avenue Bab El Debbagh, Marrakech
교통 제마 엘 프나 광장에서 도보 30분 **운영** 상시 개방 **요금** 무료 **지도** p.162-C

PLUS 나를 따라오세요, Follow me

누구든 헤맬 수밖에 없는 메디나 골목 곳곳에는 길을 알려주고 돈을 받는 사람들이 있다. 지도를 보고 있거나 조금이라도 길을 헤매는 것 같으면 친절히 다가와서 가는 길을 알려준다고 따라오라고 하거나 축제가 있는데 같이 가지 않겠냐고 제안하고, 목적지 도착 후 어마어마한 금액을 요구하고 협박하는 경우가 종종 발생하니 따라가지 않는 것이 좋다. 메디나에 위치한 숙소 대부분은 숙박객들과 사전에 만날 장소를 정하고 차량으로 데리러 와 함께 숙소까지 이동한다. 따라서 숙소 예약 시 만날 장소를 정하고 전화번호를 받아두었다가 택시 기사에게 전화를 걸어달라고 하는 것이 좋다. 간혹 순수한 마음으로 길을 알려주는 사람들도 있는데, 그들은 가는 방법을 알려주지 데려다주지는 않는다. 자기를 따라오라는 사람을 만나면 단호하게 괜찮다고 말하고 그 자리에서 잠깐 기다린 후 출발하며 그 사람을 뒤따라가는 것이 아니라는 것을 보여주는 것이 좋다. 제마 엘 프나 광장 북쪽은 길이 복잡한 편이고 구글 맵에도 없는 길이 많으니 초행길이라면 바디 궁전 근처인 제마 엘 프나 광장 남쪽에 숙소를 잡는 것을 추천한다.

메디나 외곽
Suburb

메디나 바깥도 흥미로운 마라케시
볼거리가 메디나에 몰려 있는 다른 도시와는 달리 마라케시는
메디나 밖에도 유명세를 떨치는 굵직한 볼거리가 많다.
명품 브랜드 '이브 생 로랑'을 만들어낸 세계적인 패션 디자이너 이브 생 로랑의 집이자
파란색과 노란색의 조화가 아름다운 마조렐 정원, 마라케시 엽서에 가장 많이 등장하는 메나라 정원 등
메디나 바깥 구역에도 다양한 볼거리가 있으니 절대 놓치지 말자!

★★★★★
마조렐 정원
Majorelle Garden

마조렐 블루가 탄생한 정원

1924년 프랑스 화가 자크 마조렐(Jacques Majorelle 1886~1962년)이 지은 집으로, 모로코 전통양식으로 지은 집에 청명한 파란색을 칠해 마라케시의 하늘을 닮은 푸른 정원을 만들었다. 마조렐 블루Majorelle Blue라는 색이 생겨날 만큼 인상적인 이 파란색은 모로코 타일의 푸른 색깔에서 탄생한 것으로 보랏빛을 띤 파란색이라 강렬하면서도 산뜻하다. 1947년 일반에게 공개되었는데, 1962년 자크 마조렐이 프랑스에서 교통사고 후유증으로 생을 마감한 뒤 호텔에 팔린다는 소문이 돌자 이곳을 즐겨 찾던 프랑스 패션 디자이너 이브 생 로랑(Yves Saint-Laurent 1936~2008년)과 그의 연인 피에르 베르제Pierre Berge는 이곳을 구입했다. 정원 내 박물관에는 둘이 모은 모로코의 전통품과 마조렐의 작품 그리고 이브 생 로랑의 갤러리가 있다. 또한 베르베르인에 대한 설명과 함께 생활도구, 의상, 건축양식 및 카펫 등이 전시되어 있는데, 그중에서 장신구 전시관은 '별처럼 빛나는 방'에 전시되어 있으며 매우 아름답다.

❗ 마조렐 정원 근처에서 택시를 타면 바가지 요금을 내야 하니 입구에서 나와 오른쪽으로 걸어간 후 큰길에서 잡는 것이 좋다.

주소 Rue Yves Saint Laurent, Marrakech
교통 제마 엘 프나 광장에서 택시로 15분
전화 0524-313047
운영 10~4월 08:00~17:30, 5~9월 08:00~18:00, 라마단 기간 09:00~17:00
요금 성인 70DH, 학생 35DH(박물관 성인 30DH, 학생 25DH), 12세 미만 아동 무료
홈페이지 www.jardinmajorelle.com
지도 p.161-A

★★★
메나라 정원
Menara Garden
UNESCO

마라케시의 시크릿 가든

커다란 인공호수와 수많은 올리브 나무가 우거진 이곳은 1130년 베르베르 왕조인 알모하드Almohad 왕조의 압달 무멘에 의해 만들어졌다. 정원에 물을 주기 위해 만들어진 곳으로 아틀라스 산으로부터 카나트(Qanat 페르시아에서 유래한 지하관개 시스템으로 아랍 국가에서 사용한다)를 이용하여 물을 공급한다. '메나라'라는 이름은 파빌리온의 피라미드형 녹색 지붕 Menzeh에서 유래한 것으로 이는 16세기 사디 왕조 때 건축되었고, 물에 비친 모습이 아름다워 아틀라스 산과 함께 마라케시에서 판매하는 엽서에 자주 등장하는 장소다. 한적해서 큰 볼거리는 없지만 이곳에서 바라보는 노을은 환상적이니 해가 지기 전에 찾아가보자.

주소 Les Jardin De La Menara, Marrakech **교통** 제마 엘 프나 광장에서 택시로 18분
전화 0644-727244 **운영** 08:00~17:00 **요금** 20DH **지도** p.161-C

restaurant
마라케시의 식당

아말
Amal

👍 **집밥을 맛볼 수 있는 곳**

주택가에 있는 이곳은 모로코 여성단체에서 운영하는 곳으로 장애인 여성의 일자리 창출을 돕고 발생한 수익은 모두 모로코 여성교육을 위한 비용으로 사용된다. 애피타이저, 메인, 디저트로 구성된 메뉴는 매일 바뀌며 간이식 칠판에 적혀 있고 홈페이지에서도 미리 공지된다. 모로코 전통음식 외에도 인도, 이탈리아 음식 등 다양한 음식을 선보인다. 음식은 대체로 깔끔하고 맛이 강하지 않은 편이다. 인기가 많아 예약을 하지 않으면 오래 기다려야 할 수도 있다. 모로코 전통음식에 관심 있다면 쿠킹 클래스에 등록해보자.

❗ 담장 너머로 안뜰이 보이는데 왼쪽에 있는 벨을 눌러야 문을 열어준다. 그리고 영업시간이 매우 짧으니 유의하는 것이 좋다.

주소 Rues Allal ben Ahmad & Ibn Sina, Marrakech
교통 제마 엘 프나 광장에서 택시로 12분
전화 0524-446896
영업 12:00~15:50 **예산** 50~100DH
홈페이지 www.amalnonprofit.org
지도 p.161-A

알 조다
Al Jawda

한 번 가면 단골이 된다

간판도 없는 허름하고 작은 베이커리여서 그냥 지나치기 쉽지만 메디나에 사는 현지인들은 물론 관광객에게 인기가 많다. 매일 아침 구워내는 신선한 빵과 직접 만드는 수제 요거트가 인기 있다. 요거트는 설탕을 넣은 것과 넣지 않은 것이 있다. 찾기 쉽지 않지만 현지인들에게 물어보면 바로 가는 길을 알려준다. 다양한 빵이 진열된 가게 앞에 사람들이 길게 줄을 선 곳을 발견한다면 바로 이곳이다. 프랑스인들 사이에서는 이곳에서 만드는 깝 엘 가젤(코른 드 가젤)Corne des Gazelle이 굉장히 유명하다.

주소 Derb Dabachi, Marrakech
교통 제마 엘 프나 광장에서 도보 5분
전화 0524-387305
영업 07:00~24:00
예산 5~30DH **지도** p.162-E

쉐 라미네 하즈 무스타파
Chez Lamine Hadj Mustapha

👍 **현지인이 즐겨 찾는 딴지아 맛집**
일명 '하즈 무스타파'로 불리는 이곳은 메디나에서 가장 유명한 딴지아 맛집으로 메디나에서 딱 한 곳만 갈 수 있다면 이곳을 꼽을 정도로 오랜 역사를 자랑하고 모로코 국왕도 다녀간 현지 맛집이다. 전통방식으로 조리한 딴지아 외에 양고기 화덕구이도 맛이 괜찮다.

주소 Souk Ableuh, Marrakech
교통 제마 엘 프나 광장 내 위치
전화 0661-344341 **영업** 12:30~21:00
예산 75~200DH **지도** p.162-E

> ### TIP 타진 & 딴지아
> 모로코를 대표하는 전통음식 타진이 있다면 마라케시를 대표하는 음식으로는 딴지아가 있다. 딴지아는 종종 '노총각 음식'으로 불리는데, 이는 작은 항아리처럼 생긴 토기에 향신료를 버무린 고기와 채소를 채워 출근길에 함맘에 맡겨두면 하루 종일 약한 불에 익혀줘서 퇴근길에 이를 가져가서 먹기 때문에 생겨난 이름이라고 한다. 마라케시에서 정통 딴지아를 맛보고 싶다면 제마 엘 프나 광장에 위치한 '쉐 라미네 하즈 무스타파'를 꼭 찾아가보자.

박쉬시 카페
Bakchich Cafe

저렴하고 맛있는 커피와 독특한 인테리어
'한 푼 줍쇼'라는 뜻의 박쉬시. 벽에 붙은 자전거, 재활용품을 이용한 전등과 인조 잔디, 청바지로 만든 의자까지 카페 내부의 어느 하나 독특하지 않은 것이 없다. 깔끔한 분위기에 가격이 저렴하고 언제나 신나는 음악이 흘러나와 흥겹다. 음식이 아주 맛있는 편은 아니니 식사보다는 메디나를 걷다가 잠시 들러 커피나 민트 티 한잔하며 쉬어가기 좋다.

주소 5 Kanaria, Marrakech
교통 제마 엘 프나 광장에서 도보 5분
전화 0661-488692
영업 09:30~23:00
예산 10~80DH **지도** p.163-H

나랑지 레스토랑
Naranj Restaurant

👍 **마라케시 메디나 최고의 중동 식당**
시리아에서 온 와히브 씨가 운영하는 곳으로 정통 중동음식을 맛볼 수 있다. 모로코에서 무슨 중동음식이냐고 생각할 수 있지만 이곳의 음식을 맛보면 다음 여행지를 아랍 국가로 정할지도 모른다. 모로코는 이슬람 문화권으로 다양한 중동 상인들이 거주하고 비슷한 문화를 가지고 있다. 기본 반찬으로는 올리브와 마늘, 가지, 토마토, 고수를 섞은 소스와 피타 Pita 빵이 제공된다. 음식은 대부분 괜찮은 편으로 땁불라Tabboule 샐러드와 가지와 고기를 다져 만든 가지 요리 Fatet Batinjane가 한국 여행자 입맛에 가장 잘 맞는 편이다. 식당 내부가 들여다보이는 통유리 창문과 정문의 거리가 조금 떨어져 있는데, 이것을 노려 다른 레스토랑으로 데려가려는 호객꾼이 있으니 레스토랑 이름을 꼭 확인하고 들어가는 것이 좋다. 끊임없이 식당을 찾는 손님들이 많아 ❗ **적어도 하루 전에 예약해야** 하고 예약은 전화나 메일로 가능하다.

주소 84 Rue Riad Zitoun Jdid Kennaria, Marrakech
교통 제마 엘 프나 광장에서 도보 8분
전화 0524-386805
영업 11:30~22:30
예산 70~250DH
홈페이지 www.naranj.ma
지도 p.163-H

퀴진
Kui Zin

👍 **촉촉하면서도 바삭한 홉스는 이 집이 최고!**
현지인도 인정하는 타진 맛집. 특히 미트볼 타진과 샐러드, 채소를 듬뿍 넣은 라자냐가 인기 많고 매일 아침 직접 구운 홉스는 이 집을 따라갈 레스토랑이 없다. 루프톱 레스토랑이라 한낮에는 좀 더운 편이고, 저녁에는 모로코 악사의 라이브 연주가 더해져서 전혀 다른 분위기로 바뀌니 저녁에 찾을 것을 권한다. 이곳은 쿠킹 클래스도 진행하고 있으니 맛있는 타진을 만드는 방법을 배우고 싶다면 문의해보자.

주소 12 Rue Amsefah, Route Sidi Abdelaziz, Marrakech
교통 제마 엘 프나 광장에서 도보 10분 **전화** 0524-390984 **영업** 10:30~22:30
예산 50~150DH **홈페이지** www.kui-zin.com **지도** p.162-B

페페 네로
Pepe Nero

오렌지 향기가 은은하게 풍기는 곳

모로코 전통가옥인 리아드의 멋을 잘 살린 곳으로, 평범한 골목길에 위치한 것치고는 상상도 못할 정도로 화려한 반전 매력을 뽐낸다. 골목 안쪽에 위치해 찾기 어렵지만 메인 도로에서 이정표를 따라 골목 안쪽으로 들어오면 안내원을 만날 수 있다. 네 그루의 오렌지 나무가 있는 커다란 안뜰에서도 식사가 가능하다. 식사 중 꽃잎이 떨어지는 단점이 있지만 향이 매우 좋다. 모로코 전통음식과 이탈리아 음식 메뉴가 따로 준비되어 있는데 이탈리아 음식이 더 맛있는 편. 특히 파스타와 토마토 소스로 만든 로브스터 리조토가 괜찮다. 생일이라면 입구에서 직원에게 귀띔하면 식사 중 생일축하 노래와 케이크가 무료로 서비스되고 식당 안 모두가 함께 축하해준다. 생일자가 많은 날은 식사 내내 생일축하 노래가 흘러나오기도 한다.

주소 17 Derb Cherkaoui, Douar Graoua, Marrakech
교통 제마 엘 프나 광장에서 도보 10분
전화 0524-389067
영업 19:30~24:00 **휴무** 월요일
예산 100~400DH
홈페이지 www.pepenero-marrakech.com **지도** p.163-H

다르 아니카 키친
Dar Anika Kitchen

매일 저녁 라이브 공연이 펼쳐진다

숙소 '다르 아니카'와 함께 운영하는 레스토랑으로 건물 옥상에 위치해 있다. 흥겨운 분위기와 맛깔스러운 음식 덕에 투숙객이 아닌 외부 손님들도 즐겨 찾는 곳이다. 모로코 전통음식과 파스타, 케밥 등을 판매하는 곳으로 가격이 저렴한 편은 아니지만 맛은 대부분 괜찮은 편이며 모로코산 와인도 맛볼 수 있다. 나무를 이용한 인테리어는 마치 오두막이나 트리 하우스에서 식사하는 느낌이 들게 한다. 기타와 함께 펼쳐지는 라이브 공연을 즐기러 찾는 사람도 많다. 로터리 근처에 위치해 찾기 쉽고 택시로 올 수 있다.

주소 112 Riad Zitoun Kedim, Marrakech
교통 제마 엘 프나 광장에서 도보 12분
전화 0524-391751
영업 18:30~23:30
예산 150~350DH
홈페이지 riadanika.com **지도** p.163-H

카페 데 제피스
Cafè des Epices

👍 제마 엘 프나 광장 구경 중 쉬었다 가기 좋은 곳

3층으로 된 레스토랑은 여행자를 위한 레스토랑들보다 값이 조금 저렴한 덕에 언제나 여행자로 꽉 차 자리 잡기 쉽지 않다. 샌드위치, 버거, 타진, 샐러드와 브라우니, 크레페 등 메뉴가 많지는 않지만 맛은 대체로 무난하다. 특히 달걀과 함께 제공되는 미트볼 타진과 마시기만 해도 건강해질 것 같은 비트 주스가 이곳의 인기 메뉴다.

주소 75 Derb Rahba Lakdima, Marrakech **교통** 제마 엘 프나 광장에서 도보 5분 **전화** 0524-391770 **영업** 09:00~23:00 **예산** 30~120DH **홈페이지** cafedesepices.ma **지도** p.162-E

테라스 데 제피스
Terrasse des Epices

루프톱 레스토랑의 낭만이 있는 곳

테이블마다 귀여운 밀짚모자가 놓여 있는 3층 루프톱 레스토랑으로 타진, 꾸스꾸스 등 모로코 전통음식과 샐러드, 디저트 등 다양한 메뉴가 있다. 모로칸 샐러드와 미트볼 타진이 무난하고, 식전 빵과 함께 제공되는 다진 검정색과 초록색 올리브의 맛이 일품이다. 2층에 있는 공방에서는 테이블 위에 있는 밀짚모자에 이름을 새겨서 판매하고 있으니 관심 있다면 찾아가보자. 여행자의 안전을 위해 입장 시 2층에서 가방 검사를 하고 레스토랑 직원이 길 안내를 할 때도 있는데, 직원들은 항상 레스토랑 이름이 적힌 유니폼이나 모자를 쓴다. 복잡한 시장 거리에 있어 길 찾기가 어려워서인지 길 안내를 자처하고 돈을 요구하는 사람이 많으니 주의하자. 근처 상인들에게 레스토랑 위치를 물어보는 것이 가장 빠르다.

주소 15 Souk Cherifia, Sidi Abdel Aziz, Marrakech **교통** 제마 엘 프나 광장에서 도보 10분 **전화** 0524-375904 **영업** 11:00~24:00 **예산** 80~250DH **홈페이지** terrassedesepices.com **지도** p.162-B

르 픈득
Le Foundouk

저택에서 만찬을 즐기고 싶다면

자리에 앉으면 직원이 작은 주전자처럼 생긴 것을 가지고 오는데 이는 환영의 의미로 손에 뿌려주는 메리샤Mericha이니 손을 내밀어 서비스를 받으면 된다. 영어 메뉴가 준비되어 있어 주문이 편리하고 음료 주문을 먼저 받은 후 음료가 서비스된 다음에 요리 주문을 받는다. ❗ 꾸스꾸스와 타진 모두 괜찮은 편인데 고수가 많이 들어가니 좋아하지 않는다면 미리 이야기 하는 것이 좋다. 규모가 작은 편이 아닌데 저녁에만 문을 열고 언제나 예약이 꽉 차 있어서 사전에 예약하지 않으면 대문을 넘기도 어렵다. 마라케시 레스토랑 중 유일하게 와이파이가 없는 곳이기도 하다.

주소 55 Souk Hal Fes Kaat Bennahid, Marrakech **교통** 제마 엘 프나 광장 도보 13분
전화 0524-378190 **영업** 19:00~24:00 **휴무** 수요일 **예산** 150~300DH *카드 가능
홈페이지 www.foundouk.com **지도** p.162-B

코시 바
Kosy bar

피자가 맛있는 루프톱 레스토랑

바디 궁전 옆 넓은 광장에 위치한 레스토랑으로 주변 풍경이 훤히 내려다보인다. 다양한 메뉴가 있지만 피자와 주류 외에는 추천하기 어렵다. 피자는 화덕에서 구워내 도우가 바삭한 맛이 일품이며 주류로 모히토가 괜찮다. 좌석이 많아 적극적으로 주문하지 않으면 한없이 기다려야 할 수도 있다.

주소 47 Place des Ferblantiers, Rue de Berrima, Marrakech
교통 제마 엘 프나 광장에서 도보 15분 **전화** 0524-380324 **영업** 11:30~01:00
예산 50~150DH **인스타그램** @marrakech_kosybar **지도** p.163-K

르 쟈뎅
Le Jardin

잘 가꾼 정원에 귀여운 거북이 두 마리

메뉴는 많지 않지만 정갈한 편이고 홉스와 함께 올리브 오일을 제공한다. 많은 사람들이 주문하는 초록색 컵에 담긴 음료는 시그니처 메뉴인 아이스 민트 티로 설탕이 들어 있지 않으니 설탕을 원하면 미리 얘기하는 것이 좋다. 정원이 넓은 편이고 루프톱 좌석도 있지만 식사시간에는 자리가 없어 기다려야 할 때가 많다. 근처에 있는 레스토랑 '르 쟈뎅 시크릿Le Jardin Secret'과 다른 곳이니 헷갈리지 말자.

주소 32 Souk Jeld Sidi Abdelaziz, Marrakech
교통 제마 엘 프나 광장에서 도보 8분
전화 0524-378295
영업 10:00~22:00 **예산** 80~200DH
홈페이지 lejardinmarrakech.com
지도 p.162-B

카페 아랍
Cafe Arabe

각 층마다 다른 인테리어가 인상적

3층으로 된 커다란 레스토랑으로 '르 쟈뎅 시크릿Le Jardin Secret' 맞은편에 위치해 찾기 쉽다. 이름과는 달리 중동음식보다는 모로코 전통음식과 더불어 스프링롤, 아시아 음식과 파스타, 샐러드 등 다양한 음식을 판매하다 보니 주로 맥주 등 낮술을 즐기러 오는 여행자가 많다. 2층은 전통적인 느낌이고 3층은 모던한 인테리어가 인상적이며 2층에서 사진을 찍기 위해 찾아오는 사람도 많다.

주소 184 Rue Mouassine, Marrakech
교통 제마 엘 프나 광장에서 도보 8분
전화 0524-429728 **영업** 10:00~24:00 **예산** 70~200DH
홈페이지 www.cafearabe.com **지도** p.162-E

제틴 카페
Zeitoun Cafe

제마 엘 프나 광장 주변의 한적한 분위기의 카페

광장 중심지는 아니지만 한적한 분위기에서 광장을 즐길 수 있는 곳으로 3층 테라스에서 광장을 내려다볼 수 있다. 좋은 위치에 비해 가격이 저렴하고 모로코 전통음식의 평판이 좋다. 다른 곳에서는 보기 힘든 낙타 고기 타진이 있으니 한번쯤 도전해볼 만하다. 아침식사가 포함되지 않은 숙소에 묵는다면 아침식사로도 괜찮은 편인데 날씨가 좋으면 광장 너머 아틀라스 산까지 조망할 수 있다. 해가 진 후의 제마 엘 프나 광장의 활기찬 분위기를 즐기려는 사람이 많은 탓에 테라스 자리는 인기가 많으므로 미리 예약하는 것이 좋다. ❶ 사디안의 무덤 근처에 2호점이 있다.

주소 107 Place Jemaa El Fna, Marrakech **교통** 제마 엘 프나 광장 내 위치
전화 0524-427570 **영업** 09:00~01:00 **예산** 40~180DH
홈페이지 www.zeitouncafe.com **지도** p.162-E

비츠 버거
Beats Burger

꾸스꾸스와 타진에 질렸다면 주목!

익숙한 맛이 그리울 때 한번쯤 가볼 만한 버거집으로 두툼한 패티와 풍성한 채소의 조합이 제법 괜찮다. 여기에 바로 잘라서 튀겨내 단맛이 감도는 바삭바삭한 감자튀김에 함께 제공되는 세 가지 소스와 신선한 샐러드를 곁들이면 꽤 오래도록 생각날 맛이다. 파나 코타, 크렘 브륄레, 티라미수 등의 디저트도 판매한다. 여행자보다는 현지인이 즐겨 찾는 곳으로 가족적인 분위기를 느낄 수 있다.

주소 35 Souk Jeld Kimakhine, Marrakech **교통** 제마 엘 프나 광장에서 도보 10분
전화 0524-391213 **영업** 12:00~20:30 **예산** 60~130DH
인스타그램 @beatsburgermarrakech **지도** p.162-E

웍 투 웍
Wok to Walk

중국음식이 생각날 때 가보자
백화점 '카 에덴 쇼핑 센터Carre Eden Shopping Centre' 2층 푸드코트에 위치. 일부러 찾아갈 필요는 없고 기차나 버스를 이용하러 오갈 때 중국음식이 생각난다면 들러볼 만하다. 서브웨이처럼 내용물을 직접 골라야 하고 이에 따라 가격이 책정된다. 참고로 백화점에는 에이치 앤 엠H&M, 더바디샵THE BODY SHOP 을 비롯한 다양한 브랜드가 입점해 있고 야외에는 네스프레소 카페가 있다.

주소 Food court, Centre Commercial Carré Eden, Marrakech
교통 제마 엘 프나 광장에서 택시로 8분 **전화** 0524-434639
영업 11:30~22:00 **예산** 80~150DH **홈페이지** www.woktowalk.com **지도** p.161-A

라 뜨라또리아
La Trattoria

이탈리아인이 운영하는 이탈리아 음식점
옛 흑백영화를 떠오르게 하는 인테리어의 저택을 레스토랑으로 개조한 곳으로, 안뜰에는 수영장도 있다. 이탈리아인이 운영하는 곳으로 괜찮은 이탈리아 음식을 맛볼 수 있으나 ❗ 대체로 짠 편이니 소금을 조금만 넣어달라고 말하는 것이 좋다. 영어 메뉴판이 있어 주문 시 편리하다. 매일 오후 7~9시에는 피아노 연주를 들을 수 있다. 마조렐 정원에 가면 들러보길 권한다.

주소 179 Rue Mohammed El Bequal, Gueliz, Marrakech **교통** 마조렐 정원에서 택시로 7분 **전화** 0524-432641 **영업** 레스토랑 12:00~15:00, 19:00~24:00, 바 18:00~01:00 **예산** 100~250DH **홈페이지** latrattoriamarrakech.com **지도** p.161-C

spa
마라케시의 스파

함맘 다르 엘 바차
Hammam Dar El Bacha

마라케시 대표 함맘
가장 큰 대중 함맘으로 남녀별로 다른 시간대에 이용할 수 있다. 개인이 사용할 목욕용품을 가져가야 하고 요청 시 세신(약 50DH)을 받을 수 있다. 이곳은 1920년부터 이용되던 곳으로 역사적인 의미가 깊고 리아드의 표본으로 불릴 만큼 전통을 잘 살린 건축양식이 돋보인다. 모로코 사람들은 모스크에 가는 금요일이 되기 전 몸을 깨끗이 하러 함맘을 찾는 경우가 많다. 내부에는 매트와 수도꼭지 정도만 있고, 반드시 속옷을 착용해야 한다.

주소 20 Rue Lalla Fatima Zahra, Marrakech
교통 제마 엘 프나 광장에서 도보 10분
영업 남자 07:00~13:00, 여자 13:00~21:00 **예산** 10DH
지도 p.162-D

헤리티지 스파
Heritage Spa

제대로 된 함맘과 스파를 즐기기 안성맞춤
전문 세신사와 시설을 갖추고 있고 함맘과 마사지 모두 가능하므로 현지 함맘의 위생이나 안전이 염려되는 사람에게 추천할 만한 곳이다. 함맘은 증기가 나오는 작은 방에서 개별로 진행되고 올리브 비누와 아르간 비누 중 선택할 수 있다. 탈의 후 가운을 입고 목욕탕에서 선택한 비누를 바르고 증기를 쐬며 몸을 불린다. 때를 밀고 씻어낸 다음 보습제품을 바르고 증기를 쐬다가 다시 헹구고 마무리한다. 사용한 때밀이 수건은 가져가도록 비닐에 넣어준다. 함맘을 마치면 베르베르 움막처럼 꾸며진 공간에서 민트 티와 다과를 제공한다. 마사지는 다양한 오일과 부위를 고를 수 있는데 서비스는 꽤 훌륭한 편이다. 이곳은 스파 거리라 불릴 만큼 업체가 많은데 시설이나 퀄리티 모두 만족스러운 곳은 이곳이 유일하다. ❗ 예약은 메일로 하는 것이 확실하고 인기가 많은 편이라 일주일 전에 예약하는 것이 좋다.

주소 40 Arset Aouzal Rd, Marrakech
교통 제마 엘 프나 광장에서 도보 15분
영업 10:00~20:00
요금 290~500DH
홈페이지 heritagespamarrakech.com
지도 p.162-D

shopping
마라케시의 쇼핑

수크
Souk

걷기만 해도 흥미로운 골목
영화 〈섹스 앤 더 시티 2〉에서 캐리가 신발을 사던 시장으로, 옛 남자친구를 만나자 모스크에서 아잔 소리가 흘러나온 바로 그곳이다. 없는 것 빼고 다 있다는 이곳은 가죽제품, 카펫, 수공예품부터 향신료까지 모로코에서 나오는 모든 특산품을 판다. 좁은 골목이 꼬리에 꼬리를 물고 이어져 길이 매우 복잡하지만 길을 따라 걷다 보면 어느새 출구가 나타난다. 품질 좋은 물건을 저렴하게 구입할 수 있지만 흥정에 소질이 없다면 구경만 하자.

교통 메디나 곳곳에 위치 지도 p.162~163

나투스
Natus

선물용으로 제격인 제품을 판매하는 곳
모로코에서는 오일, 비누 등 질 좋은 제품을 저렴하게 구입할 수 있다. 하지만 메디나에서 구입한 제품은 사용에는 문제없지만 선물하기에는 알맞지 않은 것이 많다. 나투스는 샴푸 75DH, 블랙 비누 80DH 정도로 저렴하면서도 품질이 좋고 깔끔한 포장 덕에 선물용으로 안성맞춤이다. 마라케시에는 세 곳의 지점이 있는데 구엘리즈Gueliz 지점이 마조렐 정원에 오는 길에 들르기 좋다.

주소 Rue Tariq Bnou Ziad, Marrakech(Natus Gueliz)
교통 마조렐 정원에서 도보 10분
전화 0524-458107
영업 월~토요일 10:00~14:00, 15:00~19:00 휴무 일요일
예산 75~400DH
홈페이지 natusmarrakech.com
지도 p.161-C

hotel
마라케시의 숙소

리아드 스타
Riad Star

👍 **하얀 벽에 아름다운 조각이 인상적인 곳**

메디나 도착 후 숙소로 걸어오면 너무나도 복잡한 골목에 멘붕을 겪을 수도 있다. 하지만 벤 요세프 학교Ben Youssef Madrassa에서 도보 2분, 마라케시 박물관Museum de Marrakech에서 도보 3분 등 여러 관광지와 가까우면서도 시끌벅적한 시장과 떨어져 있어 조용하다. 숙소에서 가장 가까운 골목으로 차량 픽업 서비스를 운영하고 아날로그 휴대전화를 제공해 매번 외출할 때면 "길을 잃으면 언제든지 전화하라"고 말하는 친절한 매니저가 있어 든든하다. 두 개의 메인 파티오가 있고 예쁜 타일로 꾸민 수영장은 수영보다는 인증 샷을 찍는 용도로 더 인기를 끌고 있다. 골목 어귀에 함맘과 도자기를 구워내는 가마가 있어 간혹 장작을 태울 때가 있는데, 이때는 연기가 숙소까지 건너오기도 한다. 아침식사는 빵과 오렌지 주스, 과일, 달걀이 제공되고 음료는 커피와 차 중에서 선택할 수 있다. 드라이기와 작은 다리미, 냉장고가 있고 뜨거운 물을 트는 작동법이 조금 어려우니 체크인 시 미리 확인하자.

❗ 예약 시 직접 제작한 애플리케이션을 다운받을 수 있도록 보내주는데 유용하니 미리 다운받아 가자.

주소 31 Derb Alilich Kaat Bennahid, Marrakech
교통 제마 엘 프나 광장에서 도보 15분 **전화** 020-7570-0336
예산 110~230DH *카드 가능 **홈페이지** www.marrakech-riad.co.uk **지도** p.162-B

라 술타나
La Sultana

👍 **하루쯤 호캉스하며 쉬기 좋은 호텔**

체크인할 때부터 체크아웃할 때까지 마치 왕이 된 기분을 느낄 수 있는 곳. 체크인 시 웰컴 푸드로 옛날 왕이 즐겨 마셨다는 다과와 음료를 제공하고 어마어마한 크기의 숙소에서 길을 헤매지 않도록 일러스트 지도를 나눠준다. 수영장, 스파, 루프톱 등 다양한 편의시설이 갖춰져 있어 호텔 밖으로 나가지 않아도 즐겁게 하루를 보낼 수 있다. 아침식사는 뷔페식으로 수영장 근처에 있는 테이블에서 먹거나 하루 전날 나눠준 종이에 체크하면 숙소에서 먹을 수도 있다. 루프톱에 앉아서 메디나 골목을 바삐 오가는 사람들을 보고 있자면 여기가 같은 세상인가 하는 생각마저 들고 날씨가 좋으면 아틀라스 산을 조망할 수 있다. 여행 중 하루쯤 호캉스하며 쉬어가고 싶다면 추천할 만하다.

주소 403 Rue de La Kasbah, Marrakech
교통 사디안의 무덤에서 도보 1분
전화 0524-388008
예산 330~630DH *카드 가능
홈페이지 www.lasultanahotels.com
지도 p.163-K

리아드 즈
Riad Z

👍 **모던한 리아드의 결정판**

아침식사가 굉장히 훌륭하다. 레몬 나무와 선인장이 있는 루프톱은 날씨가 좋으면 아틀라스 산의 파노라마를 볼 수 있다. 골목 안쪽에 위치해 한적한 편이나 바람이 부는 날에는 옥상에 설치된 비닐막이 흔들려 좀 시끄러울 수 있다. 샴푸 등 어메니티는 나투스 제품을 사용하고 인테리어 소품은 모두 메디나에서 구입한 것이니 마음에 드는 제품이 있다면 구입처를 물어보고 시장에서 구입해도 좋다.

주소 38 Derb Rahala Rd, Marrakech **교통** 사디안의 무덤에서 도보 3분 **전화** 0638-959521 **예산** 85~100EUR **홈페이지** www.riadz.com **지도** p.163-J

리아드 트자라
Riad Tzarra

손으로 그린 지도를 주는 곳

시설에 비해 숙박비가 저렴하고 제마 엘 프나 광장까지 도보로 10분 정도 소요되어 조용하다. 크지 않은 공간에 많은 방이 있어 약간 비좁은 느낌이 들고 조명이 많지 않아 다소 어둡다. 햇볕이 잘 들지 않는 객실은 냄새가 나고 이불까지 꿉꿉한 느낌이 들어 지내기 불편할 수 있으니 미리 객실의 상태를 확인하는 것이 좋다. 골목 안에 있어 초행길에는 찾기 쉽지 않으니 픽업 서비스를 받는 것이 좋다. 체크인 시 직원들이 숙소에서 운영하는 함맘이나 스파를 권하는데, 가격 대비 추천하고 싶지는 않다.

주소 22 Derb Lalla Azzouna, Marrakech **교통** 제마 엘 프나 광장에서 도보 8분 **전화** 0524-377737 **예산** 70~120EUR *카드 가능 **홈페이지** www.riadtzarra.com **지도** p.162-E

리아드 암만
Riad Aman

가정적인 분위기의 리아드
작은 소품까지 모로코 느낌이 물씬 풍기는, 잘 꾸며진 가정집에 머무는 느낌이 들기도 한다. 영어에 능숙하고 친절한 직원들이 메디나에 대해 설명해줘 여러 가지로 도움을 받을 수 있다. 시설 자체는 가격대에 맞는 곳으로 뛰어나게 좋은 편은 아니나 커다란 오렌지 나무가 있는 테라스에서의 아침식사는 누구나 만족할 만하다. 작은 골목 사이에 위치해 초행길이라면 찾기 어려우니 미리 연락해서 픽업 서비스를 받는 것이 좋다.

주소 33 Derb Moulay Abdelkader Derb Dabachi, Marrakech
교통 제마 엘 프나 광장에서 도보 8분 **전화** 0662-669887 **예산** 70~110EUR
홈페이지 www.riadaman.com **지도** p.162-E

리아드 레뚜알 디 오리엔트
Riad l'Etoile d'Orient

전통과 현대식의 퓨전 인테리어
시설에 비해 비싼 편이지만 제마 엘 프나 광장에서 가까운 것이 큰 장점이다. 최근에 리모델링을 하여 깨끗한 느낌이 나고 비슷한 가격대의 다른 호텔보다 뜨거운 물이 잘 나온다. 햇볕이 잘 드는 루프톱은 한가로이 시간을 보내기에 안성맞춤이고 아침식사로 빵과 잼, 주스와 차가 제공된다. 전통을 살린 리아드를 탈피하고자 모던한 느낌의 인테리어로 바꿨는데 아쉽게도 조금 밋밋한 느낌이 든다.

주소 Derb Moulay Abdelkader, Derb Dabachi, Marrakech
교통 제마 엘 프나 광장에서 도보 7분 **전화** 0524-391791 **예산** 70~110EUR *카드 가능
홈페이지 www.etoiledorient.com **지도** p.162-E

리아드 야스민
Riad Yasmine

SNS에서 인기 폭발!
입소문을 타고 메디나에서 가장 핫한 리아드로 뜨고 있으며 최고 인기 비결은 중정에 있는 수영장이다. 실제 크기는 풀빌라 리조트의 개인 풀장 정도밖에 안 되지만 모로코의 화려한 색감과 야자수가 어우러져 인생 사진을 찍기에 안성맞춤이다. 가격 대비 시설은 낙후된 편이지만 이곳의 인기는 당분간 지속될 전망이다. 체크인 시 민트 티와 작은 쿠키를 주고 아침식사는 빵과 잼, 버터, 달걀, 주스, 차 등이 제공된다. 햇볕이 잘 들지 않는 객실은 눅눅한 느낌이 들지만 호텔 곳곳에 쉴 수 있는 해먹과 쿠션이 있어 객실에서 보내는 시간은 길지 않다.

주소 209 Rue Ank Jemel, Bab Taghzout, Marrakech
교통 제마 엘 프나 광장에서 도보 15분 **전화** 0524-337012 **예산** 70~100EUR *카드 가능
홈페이지 www.riad-yasmine.com **지도** p.162-A

리아드 팔레 데 프린세스
Riad Palais des Princesses

공주풍으로 꾸민 화려한 색감의 숙소
과하게 꾸민 듯한 인테리어로 어수선하지만 객실의 와이파이 속도가 꽤 빠르다. 좁은 골목 내에 위치해 조용한 편이나 중정에서 말하는 소리가 고스란히 들리니 소음에 취약한 사람은 고려하는 것이 좋다. 골목 입구에는 24시간 보안요원이 있어 든든하다. 아침식사는 뷔페식으로 다양한 메뉴를 제공한다.

주소 41 Rue Derb Jamaa, Marrakech **교통** 제마 엘 프나 광장에서 도보 10분
전화 0524-375340 **예산** 60~120EUR *카드 가능
홈페이지 www.palaisdesprincesses.com **지도** p.163-H

에사우이라 ESSAOUIRA الصويرة

작은 요새라는 뜻의 모가도르로 불리던 에사우이라(에싸웨라). 과거 페니키아인의 무역의 장으로 크레타인, 그리스인, 로마인이 살다가 15세기에는 포르투갈 요새로 사용되었다. 영화 세트장을 방불케 하는 지금의 요새는 1765년 당시 유럽의 축성기법으로 건축된 것으로 유럽과 아프리카를 잇는 교역의 중심지였다. 지금은 강한 바람이 부는 지역적 특성 덕분에 전 세계 서퍼들이 몰려든다. 뮤지션 지미 핸드릭스와 밥 말리가 사랑한 이 도시에서 그들의 음악을 연주하는 버스커를 쉽게 만날 수 있다. 아이들과 낙타가 노니는 해변 등 여유로운 분위기가 감도는 에사우이라는 자유로움의 대명사로 불리고 있다.

(여행 포인트)

관광 ★★★★　　미식 ★★★　　쇼핑 ★★★★

(이것만은 꼭 해보기)

□ 성벽 너머 바다로 지는 노을 보기
□ 독특한 에사우이라 미술 작품 감상하기
□ 품질 좋고 저렴한 아르간 오일 구입하기

에사우이라 들어가기 & 나가기

에사우이라 공항 이용하기

한국에서 에사우이라로 출발하는 직항편은 없다. 또한 유럽 주요 도시에서 출발해 에사우이라로 가는 항공편도 많지 않다. 모로코 국내선도 많지 않은데, 하루 1회 카사블랑카에서 에사우이라로 들어오는 직항이 있다. 일찍 예약하지 않으면 티켓을 구하기 어렵다.

에사우이라 모가도르 공항
Essaouira-Mogador Airport(ESU)

메디나에서 약 17km 떨어져 있고 차로 30분 정도 소요된다. 작은 규모여서 몇몇 카페와 면세점이 있다.

🚕 택시

에사우이라 공항 입구에서 택시를 탈 수 있고 메디나까지는 택시로 약 30분 소요되고, 약 150DH에 흥정할 수 있다.

주소 BP 131, Essaouira **교통** 메디나에서 택시로 30분
전화 0524-476704 **지도** p.196-F

에사우이라의 교통수단

에사우이라는 작은 어촌마을로, 카사블랑카와 마라케시를 오가는 버스가 있지만 편수가 많지 않은데다가 성수기(부활절, 그나우아 음악 축제 기간 등)에는 티켓 구하기가 더 쉽지 않으니 참조하자.

🚌 버스

기차가 없는 에사우이라에서 도시 간 이동 시 가장 유용한 교통수단은 버스다. 씨티엠CTM 버스, 수프라투어SupraTours 버스를 예약할 수 있는데 가격은 동일하지만 운행 편수는 수프라투어SupraTours 버스가 더 많은 편이다. 성수기인 여름 시즌을 제외하고는 하루 전이면 티켓 예매가 가능하다.

씨티엠CTM 버스

씨티엠CTM 버스 터미널은 메디나에서 1.7km 떨어진 곳에 있으나 메디나 내에 있는 사무실(오전 9시~오후 6시)에서 현금으로만 티켓을 구입할 수 있다. 스바 문 Bab Sbaa에서 택시로 10분 소요되고 7~10DH에 탑승할 수 있다.

주소 Rue Ibn Assaghir, Essaouira
교통 스바 문에서 택시로 10분
전화 0524-78476 **홈페이지** www.ctm.ma **지도** p.196-F

씨티엠CTM 버스 운행 스케줄

지명	요금(일반), 소요 시간
마라케시 (1일 2회)	80DH 2시간
아가디르 (1일 3회)	65~70DH 3시간
카사블랑카 (1일 4회)	140~150DH 7시간

씨티엠CTM 버스 터미널 입구

수프라투어 SupraTours 버스

마라케시 문Bab Marrakech으로 나가면 도보 2분 거리에 버스 터미널과 티켓 매표소가 있다. 티켓은 현금으로만 구입할 수 있다. 수프라투어SupraTours 버스는 운행지역과 편수가 적어 여행자들은 주로 씨티엠CTM 버스를 이용한다. 참고로 에사우이라 남쪽에 위치한 아가디르는 유럽 여행자들에게 휴양도시로 유명하다.

주소 Beside Rue Lalla Aicha, Essaouira
교통 스바 문에서 도보 5분 **전화** 0524-475317
홈페이지 www.supratours.ma **지도** p.196-F

수프라투어SupraTours 버스 운행 스케줄

지명	요금(일반), 소요 시간
마라케시(1일 7회)	80DH, 2시간 30분
아가디르(1일 1회)	70DH, 3시간

🚌 그랑 택시

도시 간 이동 시 버스와 비슷한 가격에 그랑 택시를 이용할 수 있다. 단, 승객이 모이지 않으면 출발하지 않으니 일행이 있을 때 이용하는 것이 좋다.

이동 소요 시간 및 요금
- 마라케시 2시간 30분(90DH)
- 아가디르 2시간(80DH)

PLUS 에사우이라의 시내교통

쁘띠 택시

볼거리가 메디나와 해변이 전부인 에사우이라에서는 도보 이동이 최고다. 단, 씨티엠CTM 버스 터미널을 이용한다면 메디나까지 택시로 7~10DH에 이동할 수 있다. 탑승하기 전에 흥정하는 것을 잊지 말자. 택시를 타고 싶다면 스바 문Bab Sbaa 또는 마라케시 문 밖으로 나가서 잡으면 된다. 참고로 에사우이라의 쁘띠 택시 색깔은 파란색이다.

환전 & ATM

에사우이라는 작은 마을이라 환전소나 ATM을 찾기 쉽지 않다. 지도에 표시된 환전소 위치를 참고하는 것이 좋다.

그나우아 음악 축제
Gnaoua Music Festival

1998년부터 매년 개최되는 모로코의 대표적인 음악 축제로 매년 6월 말에 열린다. 모로코 아티스트 외에도 다양한 유럽 아티스트가 참여하여 다양한 장르의 음악을 즐길 수 있다. 참고로 그나우아 음악이란 사하라 남부 아프리카의 전통음악과 이슬람 수피교의 음악이 혼합된 것으로 아프리카 주술에 사용되어 심리적인 병이나 전갈에 물렸을 때 이를 부르며 치료했다는 기록이 남아 있다.

홈페이지 festival-gnaoua.net

 TIP 에사우이라 지역 홈페이지

다양한 에사우이라 정보를 공유하는 홈페이지로 레스토랑, 호텔 정보 외에 실시간 공연과 축제 소식도 있으니 여행 전 참고하는 것이 좋다.

홈페이지 essaouira.madeinmedina.com

에사우이라 일일 추천코스

에사우이라의 모든 볼거리는 메디나 내에 있어서 도보로 이동할 수 있다.
메디나 규모도 크지 않아 어느 곳으로 가도 될 만큼 골목 대부분이 연결되어 있으니 길을 찾기 쉽다.
산책하듯 메디나를 구석구석 거닐어보자.

Start
총 소요 시간 7시간

슬랏 이카할 모가도르
유대인의 생활상이 남아 있는 곳

도보 10분 →

모하메드 박물관
에사우이라의 옛 모습을 찾아서

↓ 도보 3분

스칼라 드 라 카스바
메디나 전체가
유네스코 세계유산

← 도보 15분

에사우이라 해변
한적하게 산책하기 좋은 해변

← 도보 10분

스칼라 두 포
모로코의 해산물 요리를 저렴하게

PLUS 에사우이라, 알차게 즐기자

스바 문부터 두칼라 문으로 걸어가면(반대 방향도 괜찮다) 모든 볼거리를 볼 수 있다. 슬랏 이카할 모가도르에서 유대인의 생활상을 볼 수 있고, 모하메드 박물관에서 페니키아인이 사용하던 접시, 3세기에 발굴된 다양한 유물을 만날 수 있다. 오후에는 여러 모양의 배가 정박한 항구에 가보자. 스칼라 두 포나 스칼라 드 라 카스바를 거쳐 에사우이라 해변에서 따뜻한 햇볕을 쬐며 여유를 즐겨보자. 해가 질 때는 옛날 해적을 방어하기 위해 세운 카스바 성벽에 앉아 파도소리와 함께 색으로 변하는 성벽과 노을을 보는 것으로 하루 코스를 마무리하자.

여행 경비

입장료
슬랏 이카할 모가도르	10DH(기부제)
모하메드 박물관	10DH
스칼라 두 포	10DH

식비
카페 젤릴	40DH
타로 카페	50DH
뢰 블루	300DH

※교통비 없음
(모든 코스 도보 이동 가능)

합계	420DH

sightseeing
에사우이라의 볼거리

메디나
Medina of Essaouira

유네스코 세계유산으로 지정된 구역

비교적 옛 모습이 잘 보존된 메디나로 총 세 개의 문을 통해 들어갈 수 있다. 볼거리는 크게 물레이 하산 광장과 유대인 거주지역 멜라로 나뉘는데, 물레이 하산 광장 쪽은 여행자가 몰리는 곳으로 물가가 비싼 편이고 멜라 구역에는 저렴한 호스텔 및 식당이 많다. 사람들이 가장 많이 드나드는 스바 문Bab Sbaa에 위치한 시계탑은 에사우이라의 랜드마크로 1928년에 지어진 것이다. 메디나를 걷다 보면 구역을 나누기 위해 세운 문을 볼 수 있는데 다른 건축양식을 띠고 있다. 마라케시 문으로 나가면 과거 요새로 사용하던 마라케시 요새Borj Bab Marrakech가 있고 당시 사용하던 대포 및 성벽이 잘 보존되어 있다. 메디나 옆에 위치한 모가도르 섬은 감옥으로 사용되던 곳으로 지금은 희귀종 새가 발견되어 출입이 금지되어 있다.

★★★★ 스칼라 드 라 카스바
Skala de la Kasbah

에사우이라의 선셋 포인트
1765년 프랑스 건축가에 의해 지어진 곳으로 해적의 공격으로부터 방어하기 위한 목적으로 세워졌다. 세 개의 입구가 있는데 그중 메인은 스칼라 문 Bab Skala이다. 언덕을 올라가면 멕시코와 페루의 청동으로 만든 대포가 총 열아홉 개 있는데 이는 1744년에 사용하던 것으로 스페인·포르투갈·네덜란드어로 써 있다. 현재 공사로 인해 일부만 무료로 개방하고 있다. 해질 무렵 파도 소리와 함께 오렌지색, 분홍색, 빨간색으로 변하는 성벽과 일몰을 보기 위해 찾는 사람이 많다. 영화 〈오델로〉와 드라마 〈왕좌의 게임〉 시즌 3의 촬영지로도 유명하다.

주소 Rue Skala, Essaouira
교통 스바 문에서 도보 5분
운영 상시 개방
요금 10DH
지도 p.196-B

★★ 스칼라 두 포
Skala du Port

장엄한 모습을 간직한 항구
물레이 하산 광장에서 멀지 않은 곳에 위치한 항구로 아침에는 해산물 시장이 크게 열리고 바로 옆에 위치한 포장마차에서는 저렴한 가격에 해산물 요리를 즐길 수 있다. 단, 위생이 좋지 않은 편이니 유의하자. 입장료를 내고 스칼라 두 포에 오를 수 있지만 스칼라 드 라 카스바에 갈 거라면 지나쳐도 좋다. 항구의 모습을 내려다보고 싶다면 높은 곳에 위치한 레스토랑 '타로스Taros'를 찾아보자.

주소 Skala du Port, Essaouira
교통 스바 문에서 도보 6분
운영 09:00~17:00
요금 성인 10DH, 아동(12세 미만) 3DH
지도 p.196-D

★★ 모하메드 박물관
Sidi Mohammed ben Abdellah Museum

에사우이라의 역사를 볼 수 있는 유일한 곳
에사우이라는 모로코 최고의 정박지 중 하나로 기원전부터 무역이 성행했던 곳이다. 이곳에 살던 수많은 사람이 남긴 흔적을 모아놓은 박물관은 규모는 크지 않지만 모로코 역사가 궁금한 사람에게는 추천할 만하다. 페니키아인이 사용하던 접시, 3세기에 발굴된 로마 동전과 화병 등 다양한 유물이 전시되어 있다. 박물관 건물은 19세기에 지어진 전통 리아드의 표본으로 1980년부터 박물관으로 사용되고 있다.

주소 Derb Laâlouj, Essaouira **교통** 스바 문에서 도보 7분 **전화** 0524-475300
운영 수~월요일 08:00~17:30 **휴무** 화요일 **요금** 성인 10DH, 아동(12세 미만) 3DH
지도 p.196-B

★★★ 멜라
Mellah

유대인이 살던 구역
18세기에는 이곳의 인구 절반이 유대인이었다. 지금도 유대교 예배당인 시나고그와 묘지 등 다양한 유적이 남아 있다. 두칼라 문Bab Doukkala 근처로 메디나에서 가장 낙후한 지역이기도 하다. 가장 눈여겨봐야 할 곳은 슬랏 이카할 모가도르Slat Ikahal Mogador로 유대인이 정착해 살던 모습이 담긴 사진과 책, 기도실 등이 남아 있다. 입장료는 없지만 약간의 기부금을 요구하는 경우가 있다.

주소 Rue Mellah, Essaouira **교통** 스바 문에서 도보 10분
운영 상시 개방(슬랏 이카할 모가도르 09:00~17:00, 토요일 휴무)
요금 무료(기부제) **지도** p.196-C

액세서리 거리
Rue Khabdazine

아름다운 타일로 장식된 거리
타진 거리 옆에 위치해 액세서리보다 아름다운 타일과 파란색 문이 인상적인 골목이다. 골목 중간 옆길로 들어가면 커다란 액세서리 시장인 비주터리 벤 바카르Bijouterie Ben Bakkar가 나오는데 결혼을 준비하는 현지인들이 많이 찾는다. 은 세공제품이 가장 많고 디자인은 비슷하다. 참고로 여행자에게는 비싼 가격을 부르는 편이니 흥정하는 것이 좋다.

주소 Rue Khabdazine, Rue Sayaghine, Essaouira **교통** 스바 문에서 도보 5분
운영 09:00~18:00(가게마다 유동적) **예산** 10~800DH **지도** p.196-C

미술 갤러리
Association Attilal des Arts Plastiques

다양한 미술 작품을 관람할 수 있는 곳
사람도 겉만 보고 모른다고 했던가. 허름한 입구에 비해 안에는 다양하고 멋진 미술 작품이 많은 곳으로, 모로코 현대미술 거장의 작품 총 100점이 상설전시되어 있다. 스바 문과 멀지 않은 곳에 위치하고 무료로 입장이 가능하다. 참고로 에사우이라에는 크고 작은 미술 갤러리가 메디나 내에 흩어져 있다. 관심 있다면 둘러보자.

주소 4 Rue du Caire, Essaouira **교통** 스바 문에서 도보 2분
전화 0524-475424 **영업** 10:00~17:30 **요금** 무료 **지도** p.196-E

★★ 에사우이라 해변
Essaouira Beach

폭신폭신한 모래와 시원한 바람

따뜻한 햇살을 받으며 책을 읽거나 뛰어노는 아이들을 바라보며 휴식을 취할 수 있는 곳으로 메디나를 둘러본 후 선베드(20DH)에 누워 여유를 즐겨보자. 바닷물은 그리 깨끗한 편이 아니나 해변을 즐기기에는 손색없다. 간혹 잠든 사람들을 대상으로 소매치기를 시도하는 일당이 있으니 물놀이를 할 때는 소지품 관리에 유의하자.

주소 Essaouira Beach, Essaouira **교통** 스바 문에서 도보 1분 **지도** p.196-E

PLUS 익스플로라 카이트 & 서핑 Explora Kite & Surfing

에사우이라에서는 서핑을!

모로코 사람이 운영하는 서핑 전문점으로 서핑 제품 구입 및 액티비티 신청이 가능하다. 스페인에 지점을 둘 만큼 체계적으로 운영되니 서핑에 관심이 있다면 들러보자. 숙식과 서핑을 묶은 패키지 투어도 운영하고 있다. 서핑을 처음 배우는 사람이라면 파도가 높아 위험할 수 있으니 날씨를 미리 확인하고 타는 것이 좋고, 서핑 중 허리와 다리에 통증이 심하다면 하반신이 마비되는 서퍼 증후군이 올 수도 있으니 주의하자.

주소 Avenue de l'Istiqlal, Essaouira **교통** 스바 문에서 도보 5분 **전화** 0611-475188 **영업** 09:00~21:30 **예산** 3일 295EUR, 7일 550EUR(숙소·식사·서핑 강습·요가 포함) **홈페이지** explorawatersports.com **지도** p.196-B

restaurant
에사우이라의 식당

더 로프트
The Loft

👍 **가짓수는 적지만 음식이 맛있는 곳**
골목 모퉁이에 위치해 무심코 지나치기 쉽지만 독특한 인테리어와 친절한 직원이 인상적인 곳이다. 메뉴는 열 가지가 채 안 되지만 신선한 재료를 사용해 전반적으로 맛있다. 특히 바삭하게 튀긴 치킨가스가 한국 여행자 입맛에 잘 맞는다. 테이블이 많지 않아 식사시간에는 기다려야 하는 경우가 많다.

주소 5 Rue Hajjali, Essaouira
교통 스바 문에서 도보 3분
전화 0524-784462
영업 12:00~23:00 **휴무** 화요일
예산 30~95DH
인스타그램 @loftcafeessaouira
지도 p.196-E

타로스
Taros

👍 **에사우이라에서 가장 멋진 뷰를 볼 수 있는 곳**
메인 도로에서 살짝 안쪽 골목으로 들어오면 보이는 보석 같은 곳으로, 에사우이라 현지인들에게 전망이 가장 좋은 식당을 알려달라고 하면 입을 모아 추천하는 레스토랑이다. 레스토랑 중앙에 무대가 설치되어 있어서 좌석이 여기저기 떨어져 있는데 가장 높은 곳에 앉아야 탁 트인 바다가 잘 보인다. 식사를 하지 않으면 테라스 자리를 잘 주지 않는 편이다. 가장 인기 많은 메뉴는 먹어도 먹어도 줄지 않는 봉골레 파스타(링귀니 클램)다. 바람이 많이 불어서 음식이 좀 빨리 식으니 재빨리 먹는 것이 좋다. 저녁에는 무대에서 공연을 한다. 비치된 밀짚모자는 인테리어가 아니라 햇볕을 가리는 용도이니 누구나 사용할 수 있다.

주소 Place Moulay Hassan, Essaouira
교통 스바 문에서 도보 4분
전화 0675-629599
영업 10:00~01:00 **예산** 100~300DH
홈페이지 tarosessaouira.odns.fr
지도 p.196-E

카페 젤릴
Café Jalil

👍 **타진 골목 최고의 맛집**

허름하고 좁은 골목에 늘어선 타진 레스토랑 중 시원한 에사우이라 벽화가 보인다면 그곳이 카페 젤릴이다. 오믈렛, 샐러드나 민트 티, 커피를 마시러 오는 사람도 있지만 인기 메뉴는 단연 타진과 꾸스꾸스. 약한 불에서 오랜 시간 푹 끓인 타진에서 깊은 맛이 느껴진다.

주소 42 Rue Sayaghine, Essaouira **교통** 스바 문에서 도보 7분
전화 0652-214650 **영업** 09:30~20:00 **휴무** 화요일 **예산** 30~50DH
홈페이지 cafe-jalil-essaouira.business.site **지도** p.196-C

뢰 블루
Heure Bleue

커플 여행자라면 필수코스!

에사우이라에서 가장 로맨틱한 레스토랑으로, 숙소 '뢰 블루' 1층에 위치하고 전통음악을 연주하는 악사와 스토리 있는 음식을 선보여 눈과 입이 즐겁다. 주문 시 반 조리 후 테이블로 와서 조리하는 모습을 보여준다. 서양식 요리가 주를 이루고 코스 요리 주문도 가능하다.

주소 Rue Ibn Batouta, Essaouira **교통** 스바 문에서 도보 8분 **전화** 0524-783434
영업 12:00~15:00, 17:30~22:30 **예산** 150~400DH **홈페이지** heure-bleue.com **지도** p.196-F

카라반 카페
Caravane Cafe

저녁이면 흥겨운 공연과 불쇼가 열리는 곳

대저택을 연상시키는 레스토랑. 매일 전통공연이 열려 1층에 앉아야 제대로 즐길 수 있다. 해산물이 더 맛있고 프랑스 여행자들이 즐겨 찾아 와인도 괜찮다. 저녁마다 이벤트가 많아 시끌벅적하다. 참고로 이름이 비슷한 '다르 카라반Dar Caravane'은 메디나 밖에 있으니 유의하자.

주소 Rue Qadi Ayad, Essaouira **교통** 스바 문에서 도보 5분 **전화** 0524-783111
영업 11:00~23:00 **휴무** 월요일 **예산** 100~300DH **지도** p.196-B

메가 로프트
Mega Loft

에사우이라 핫 플레이스
매일 저녁 흥겨운 라이브 공연이 열리는 곳으로 입소문을 타고 찾아오는 여행자가 늘어나고 있는 추세다. 다양한 가구와 천장까지 신경 쓴 쇼룸 같은 인테리어, 친절한 직원이 인상적인 곳이다. 레스토랑 '더 로프트The Loft'와 함께 운영하던 곳으로 메뉴는 동일하나 맛은 조금 떨어지는 편이어서 라이브 공연을 즐기고 싶은 여행자에게 추천하는 곳.

주소 49 Rue Yemen, Essaouira **교통** 스바 문에서 도보 4분
전화 0613-981987 **영업** 12:00~23:00 **예산** 30~95DH **인스타그램** @mega.loft
지도 p.196-B

제이투나
Zaytouna

가정식 꾸스꾸스를 맛볼 수 있는 곳
골목 사이에 자리한 넓은 광장 안 왼쪽 끄트머리에 위치한 곳으로 다른 레스토랑보다 작지만 저렴하고 정성스럽게 준비한 음식을 맛볼 수 있다. 가족이 운영하는 곳으로 친절하고 여유로운 분위기를 즐길 수 있다. 타진, 꾸스꾸스 등 다양한 모로코 전통음식을 판매하는데 이곳에서 꼭 먹어봐야 할 음식은 꾸스꾸스와 비트로 만든 주스. 햇볕에 꾸벅꾸벅 졸고 있는 고양이와 함께 소박하지만 맛있는 집밥을 먹고 싶다면 이곳을 찾아보자. ❶ 참고로 구글에 검색되는 위치와 전혀 다른 곳에 있으니 책에 나온 지도(또는 저스트고가 제공하는 구글 지도)의 위치를 확인 후 찾아가는 것이 좋다.

주소 Rue L'allouj, Essaouira **교통** 스바 문에서 도보 7분 **영업** 12:00~20:00
예산 60~100DH **지도** p.196-B

라 클레 두 부트
La Cle de Voute

프랑스 퀴진을 맛볼 수 있는 곳

골목 안쪽에 있어 눈에 띄는 곳은 아니지만 간판이 걸린 입구로 들어간 후 정면에 보이는 골목 끝에 있는 레스토랑이다. 해산물과 고기를 이용한 다양한 메뉴가 있는데 간이 조금 짠 편이니 소금을 덜 넣어달라고 요청하는 것이 좋다. 한 입 크기의 애피타이저를 제공한다. 프랑스 여행자가 즐겨 찾는 곳으로 음료 주문을 받은 후 요리 메뉴판을 갖다 준다. 영어 메뉴는 없지만 친절한 직원이 영어로 자세히 설명해준다. ❶ 참고로 구글에 검색되는 위치와 다른 곳에 있으니 책에 나온 지도(또는 저스트고가 제공하는 구글 지도)의 위치를 확인 후 찾는 것이 좋다.

주소 76 Rue Derb Lallouj, Essaouira
교통 스바 문에서 도보 6분
전화 0658-836496
영업 19:00~24:00
예산 70~200DH *VISA 카드 가능
지도 p.196-B

르 샬레 드 라 플라주
Le Chalet de la Plage

분위기는 강추! 가성비는 비추!

1893년에 문을 연, 에사우이라에서 가장 오래된 레스토랑으로 정장을 한 할아버지들이 홀을 맡고 있는 것이 인상적이다. 바다와 맞닿아 있어 멋진 풍경을 감상하며 식사할 수 있고 다양한 해산물 메뉴가 인기가 많다. 저녁에는 바다가 보이지 않으니 이곳을 제대로 즐기려면 낮에 가는 것이 좋다. 다만 가격에 비해 음식의 양과 질이 떨어지니 오래된 곳에서 멋진 풍경을 즐기고 싶은 사람에게 추천할 만하다.

주소 Bd Med V, Essaouira
교통 스바 문에서 도보 2분
전화 0524-475972
영업 12:00~14:30, 18:30~22:30
예산 80~500DH *카드 가능
홈페이지 www.lechaletdelaplage.com
지도 p.196-E

shopping
에사우이라의 쇼핑

비오 우먼 숍
Bio Woman Shop

여성과 장애인이 근무하는 곳
다른 아르간 오일 가게와 다를 것 없는 제품을 팔지만 이곳은 여성과 장애인 고용을 실천하는 곳으로 알려져 있다. 가게 밖에서 맷돌을 이용해 아르간 오일을 추출하는 모습을 볼 수 있다.

> **TIP 아르간 오일 쇼핑은 에사우이라에서!**
>
>
>
> 에사우이라를 비롯한 모로코 남부 지역은 아르간 오일의 원산지로 질 좋은 아르간 오일을 저렴한 가격에 구할 수 있다. 메디나에는 아르간 오일을 파는 가게가 많고 어디서나 구입해도 좋다.

주소 21 Rue de L'Istiqlal, Essaouira
교통 스바 문에서 도보 4분
전화 0615-111137
영업 09:00~21:00 **예산** 5~20DH
지도 p.196-B

보카도
Bokado

가족이 운영하는 작은 가게
아르간 농장을 운영하는 가족과 연계 운영되는 곳으로, 아르간 오일 추출을 위해 맷돌을 돌려 작은 가게 안에 고소한 냄새가 가득하다. 맷돌 옆에서 아르간 덩어리를 말리는 모습을 볼 수 있고 다양한 제품을 판매한다.

주소 Rue Laalouj, Essaouira **교통** 스바 문에서 도보 5분 **전화** 0653-271960
영업 08:00~19:00 **예산** 5~35DH **지도** p.196-B

르 꽁뜨와 오리엔탈
Le Comptoir Oriental

세련된 기념품을 구입할 수 있는 곳
에사우이라에서 가장 독특한 숍으로 옛 지도, 전통부채, 전등, 베르베르어가 적힌 그릇 등 다양한 아이템을 판매한다. 방 한 칸을 꾸민 제품을 통째로 구입해가는 유럽 여행자들이 있을 정도로 인테리어가 멋지다. 독특한 가구와 소품이 있으니 인테리어에 관심 있다면 찾아가보자.

주소 3 Rue Youssef El Fassi, Essaouira
교통 스바 문에서 도보 2분
전화 0524-475512
영업 10:00~17:00
예산 150~9500DH
홈페이지 www.madada.com **지도** p.196-E

투야 바자르
Thuya Bazar

나무 공예 쇼룸
메디나 곳곳에서 판매하는 측백나무 공예품을 구입하고 싶다면 이곳에 가보자. 이곳은 에사우이라 내 대규모의 나무 공예 쇼룸으로 간판은 없지만 '리그라기 레스토랑Regragui Restaurant(구글 맵 검색 가능)'과 24번 집 사이에 파란 대문이 보인다면 제대로 찾아온 것이다. 투야Thuya 나무로 만든 다양한 제품을 판매하고 품질도 월등히 좋은 편이다.

주소 22 Rue Abdelaziz El Fachitali, Essaouira
교통 스바 문에서 도보 10분 **전화** 0524-475239
영업 10:00~14:00, 16:00~21:00 **예산** 25~700DH **지도** p.196-B

> **TIP 투야Thuya 나무가 뭐예요?**
> 에사우이라와 아가디르에서 나는 향나무로 만드는 전통방식으로 나무 고유의 특성을 살려 다양한 제품을 만들어낸다. 기하학적 무늬를 새겨 넣고 흑단과 유자나무를 이용해 다양한 색감을 표현한다. 메디나 내 성벽을 따라 걷다 보면 제품을 만드는 장인과 가게를 쉽게 볼 수 있다.

hotel
에사우이라의 숙소

리아드 알 제히아
Riad Al Zahia

찾아가기 쉬운 위치가 장점
탁 트인 루프톱에서 노닥거리기 좋은 곳으로 객실마다 아랍어로 이름을 적어 놓은 것이 인상적이다. 카펫이 깔린 객실에는 작은 곳까지 신경 쓴 흔적이 보이나 리아드 구조 특성상 방에 햇볕이 잘 들지 않아서 눅눅한 감이 있다. 루프톱에서 제공되는 아침식사는 가짓수는 적지만 맛이 괜찮다. 스칼라 문과 멀지 않은 곳에 위치해 찾기 쉬운 것이 최대 장점이다.

주소 4 Rue Mohammed Diouri, Essaouira
교통 스바 문에서 도보 5분
전화 0524-473581
예산 33~120EUR *카드 가능
홈페이지 www.riadzahia.com
지도 p.196-B

유스 호스텔
Youth Hostel

👍 **다양한 사람들을 만날 수 있는 곳**
저렴하면서 비교적 깨끗한 시설을 갖춘 곳으로 부엌을 사용할 수 있어 배낭여행자들이 많이 찾는다. 특히 여행을 하다가 장기간 머물며 일을 도와주고 숙식을 제공받는 여행자들로부터 다양한 정보를 얻을 수 있다. 자체적으로 운영하는 프로그램과 투어에 참여할 수도 있다. 간혹 베드버그에 물리는 여행자가 있으니 침대를 배정받은 후 꼼꼼히 살펴보는 것이 좋다.

주소 17 Rue Laghrissi, Essaouira
교통 스바 문에서 도보 10분
전화 0524-476481
예산 5~40EUR
메일 essaouirahostel@gmail.com
지도 p.196-C

뢰 블루
Heure Bleue

👍 **에사우이라에서 가장 고급스러운 호텔**

마라케시 문을 통해 메디나로 들어가면 바로 만날 수 있는 곳으로 에사우이라에서 가장 훌륭한 서비스를 제공한다. '해가 뜨기 직전의 푸르스름한 시간'이라는 이름을 가진 이곳은 바깥에서는 상상할 수 없을 만큼 커다란 규모의 호텔로 중정에는 커다란 대추야자 나무가 있고 웰컴 과일과 차가 제공된다. 특히 뷔페식 아침식사의 가짓수가 많고 바로 구워주는 모로코식 크레페와 다양한 잼이 제공된다. 1층에 위치한 레스토랑의 음식도 만족스럽고 루프톱에 마련된 수영장도 인기가 많다.

주소 2 Rue Ibn Batouta, Essaouira **교통** 스바 문에서 도보 7분 **전화** 0524-783434 **예산** 170~250EUR **홈페이지** www.heure-bleue.com **지도** p.196-F

마다다 모가도르
Madada Mogador

반전 매력이 있는 호텔

다른 숙소와 입구를 함께 사용해 찾기 어려워 아는 사람만 다시 찾는 호텔로, 객실에 들어서기 전까지는 평범한 집처럼 보이지만 독특한 구조와 모던하면서도 전통미를 잘 살린 인테리어가 돋보인다. 객실, 루프톱 등 원하는 장소에서 아침식사를 먹을 수 있고, 수제 잼과 알찬 메뉴 구성이 괜찮은 편이다. 간추린 뉴스를 전달해주는 점이 인상적이다. 루프톱에서 아침식사를 하다 보면 갈매기가 하나둘씩 몰려와서 무언의 압박을 하니 참고하자.

주소 5 Rue Youssef El Fassi, Essaouira **교통** 스바 문에서 도보 2분 **전화** 0524-475512 **예산** 1,500~3,500DH **홈페이지** www.madada.com **지도** p.196-E

카사블랑카 CASABLANCA الدار البيضاء

모로코를 몰라도 한 번쯤 들어보았을 법한 도시, 카사블랑카. '하얀 집'이라는 뜻을 가진 이 도시가 유명해진 이유는 제2차 세계대전 배경의 로맨스 영화 〈카사블랑카〉 덕분이다. 실제 촬영은 미국에서 했지만 많은 사람들은 애잔한 음악 멜로디와 더불어 영화의 장면들을 잊지 못한다. 다양한 국적의 항공기가 드나드는 지역이라 탕헤르와 더불어 모로코 관문도시이지만 상업화된 모습과 비싼 물가로 경유해서 지나치는 여행자가 많다. 하지만 유쾌한 현지인들과 바다를 따라 멋진 풍경을 자랑하는 카사블랑카는 알면 알수록 다양한 매력을 뽐내는 신비로운 도시다.

여행 포인트

관광 ★★　　미식 ★★★★　　쇼핑 ★★

이것만은 꼭 해보기

☐ 높은 파도와 절묘한 조화를 이루는 하산 2세 모스크 관람
☐ 카사블랑카 메디나를 걸으며 옛 모습 상상해보기
☐ 프랑스 식민시절에 만들어진 호부스 쿼터 도보 투어 하기

카사블랑카 들어가기 & 나가기

카사블랑카 공항 이용하기

한국에서 카사블랑카로 출발하는 직항편은 없지만, 아랍에미리트, 터키 또는 유럽을 경유하여 카사블랑카 공항으로 입국할 수 있다. 대표적인 항공사로는 로열에어마록과 탭 항공이 있다. 공항은 대중교통이 발달되어 있어 쉽게 시내로 이동할 수 있다.
카사블랑카 공항은 시내에서 약 30km 정도 떨어져 있다. 기차를 타는 것이 일반적이고, 택시는 택시 기사들의 가격 담합으로 다른 지역보다 요금이 상당히 비싸다.

모하메드 5세 국제공항
Mohammed V International Airport(CMN)

1940년 제2차 세계대전 중 미국에 의해 지어졌다. 총 세 개의 터미널이 있으니 출발 터미널을 미리 확인해야 한다. 입국 심사대가 양쪽으로 나뉘어 있는데 어느 곳으로 가도 상관없고 별다른 질문을 하지 않는 편이다. 기내에서 나눠주는 양식은 입국심사 시 제출해야 하니 미리 작성해 둔다. 이후 에스컬레이터를 타고 내려오면 환전소와 통신사 부스가 있는데 이곳에 여권을 제출하면 무료로 심카드를 받을 수 있다.

주소 Mohammed V International Airport, Nouaceur, Casablanca
교통 카사 포트 기차역에서 약 45분
전화 0522-539040
홈페이지 www.casablanca-airport.com **지도** p.216-J

🚆 기차

여행자들이 많이 이용하는 교통수단으로 공항 아래 위치한 모하메드 5세 공항 기차역Aeroport Med V Railway Station에서 시내로 갈 수 있다. 터미널 1 출국장을 나와 정면에 보이는 에스컬레이터를 타고 내려가면 기차역과 연결된다. 티켓은 출발 후 역무원이 펀칭 처리 후 돌려준다(터미널 2로 나왔다면 건물 내 왼쪽으로 50m 이동). 역내에는 카페와 무료 화장실이 있다. 티켓은 일등석(지정석)과 이등석(비지정석)이 있고, 와지스 기차역L'Oasis Railway Station을 지나면 여행자들이 많이 하차하는 카사 보야져 기차역Casa Voyageurs Railway Station과 카사 포트 기차역Casa Port Railway Station이 나온다. 카사블랑카에서 묵을 예정이라면 숙소와 가까운 역을 확인해두는 것이 좋다. 종점 카사 포트 기차역까지는 약 45분 소요되고 하차 후 씨티엠CTM 버스 터미널까지는 도보로 10분이 걸린다.

요금 일등석 60DH, 이등석 40DH
운행 시간 04:00~23:00(30분 간격으로 운행)
소요 시간 카사 포트 기차역까지 약 45분
운행 루트 공항 → 와지스 기차역 → 카사 보야져 기차역 → 카사 포트 기차역 **홈페이지** www.oncf.ma

🚖 택시

공항에서 메디나까지 40분 정도 소요된다. 짐을 들고 길을 찾는 수고를 덜고 싶다면 택시를 이용하는 것이 좋다. 공식적인 가격이 있지만 언제나 더 높은 가격을 부르는 탓에 흥정이 쉽지 않다. 또한 호텔에 손님을 데려간 후 수수료를 받기 위해 예약한 호텔은 좋지 않다거나 운영하지 않는다고 말하는 경우가 있으니 예약했다고 단호하게 말하는 것이 좋다. 이도저도 자신 없다면 택시보다 가격이 비싼 편이지만 호텔 측에 요청해 픽업 차량을 예약할 수 있다.

카사블랑카의 교통수단

카사블랑카는 모로코의 교통 중심지로 주요 도시로 가는 버스와 기차를 운행하고 있다. 특히 공항에서 출발하는 기차를 타고 카사 보야져 기차역에 가서 다른 도시로 이동할 수 있어 카사블랑카를 관광하지 않고 곧바로 다른 도시로 가는 여행자도 많다.

🚆 기차

카사 보야져 기차역
Casa Voyageurs Railway Station

1923년 프랑스 식민시절에 지어진, 모로코에서 가장 큰 역으로 총 여덟 개의 플랫폼이 운영된다. 주요 연결 도시로는 라바트, 페스, 탕헤르, 마라케시가 있고 역 앞에서 트램을 탑승할 수 있다. 현재 역사 옆 건물과 주차장 공사를 하고 있어 혼잡한 편이고 완공 후 역사를 옮길 예정이다(완공 시기 미정). 역내에는 무료 화장실과 간식을 구입할 수 있는 매점, 심카드를 판매하는 곳이 있다. 기차역을 나오면 택시 기사의 호객행위가 심한데 미터기를 사용하지 않으면 단호히 거절하고 조금 더 발품을 팔아보자.

주소 Boulevard Mohammed V, Casablanca
교통 하산 2세 모스크에서 택시로 15분
전화 0522-625505
홈페이지 www.oncf.ma
지도 p.217-H

기차 운행 스케줄

지명	요금(일등석/이등석), 소요 시간
페스 (1일 16회)	174/116DH 3시간 30분~4시간 30분
탕헤르 (1일 8회)	195/132DH 5시간~6시간 30분
마라케시 (1일 9회)	148/95DH 3시간 45분

카사 포트 기차역 Casa Port Railway Station

2014년에 지은 깨끗한 건물에 네 개의 플랫폼을 가진 역으로 라바트 이동 시 이용할 수 있다. 트램 T1 라인 하차 시 기차역과 900m 떨어진 곳에 내리게 된다. 입구에 들어와 직진하면 티켓 매표소가 있고 기계로도 티켓을 발권할 수 있다. 역내 편의시설이 잘 갖춰진 편이어서 1층에는 여러 통신사와 스타벅스, 맥도날드 등 식당이 있고 지하에도 상점이 있다.

주소 Boulevard de Fes, Casablanca
홈페이지 www.oncf.ma **지도** p.217-C

기차 운행 스케줄

지명	요금(일등석/이등석), 소요 시간
라바트 (30분마다)	69DH/37DH 1시간 10분

🚌 시외버스

모로코 국영회사인 씨티엠CTM 버스와 철도국에서 운영하는 수프라투어SupraTours 버스를 이용할 수 있다. 출발 시각이 가까워지면 수하물 무게에 따라 요금을 지불해야 하는데 대개 20kg 미만은 5~10DH이다.

씨티엠CTM 버스 터미널
주소 Rue Léon L'Africain, Casablanca
교통 하산 2세 모스크에서 택시로 8분
전화 0800-090030
홈페이지 www.ctm.ma
지도 p.217-G

수프라투어SupraTours 버스 터미널
주소 Boulevard Sidi Mohammed Ben Abdellah, Casablanca
교통 하산 2세 모스크에서 택시로 15분
전화 0652-393720
홈페이지 www.supratours.ma
지도 p.217-H

카사블랑카의 시내교통

지역 특성상 도로가 잘 정리되어 있어 도보로 이동할 수 있다. 그 외의 지역은 버스나 트램을 이용할 수 있지만, 관광지가 메디나와 시내에 몰려 있어 쁘띠 택시가 가장 효율적이다.

🚌 시내버스
모로코의 시내버스는 '메디나 버스M'dina Bus'라 불린다. 시내 구석구석 노선이 정비되어 있는 덕분에 저렴하게 이동할 수 있지만 소매치기가 많고 치안이 좋지 않아서 추천하지 않는다.

홈페이지 mdinabus.ma

🚖 쁘띠 택시
카사블랑카의 메디나와 그 외 지역을 오갈 때 이용하는 교통수단이다. 다른 도시와 마찬가지로 합승제로 운행되니 승객을 태운 택시라도 손을 들어 불러보자. 참고로 카사블랑카의 쁘띠 택시 색깔은 빨간색이다.

🚊 트램

신시가지 구역을 제외한 카사블랑카 시내를 운행하는 지상철로, 입구에 있는 무인 발권기에서 티켓을 구입할 수 있다. 안내 언어를 영어로 선택할 수 있고 거리와 관계없이 7DH로, 발권기에 나오는 '1, 2 Trips'는 표의 개수를 말한다. 표는 유효기간이 없으니 탑승 횟수만큼 구입해두면 편리하다(예시 : 1 Trips = 1회, 5 Trips = 5회). 지폐는 사용할 수 없으니 동전을 준비해야 하고 승하차 시 티켓이 필요하니 잘 챙겨두자.

트램 하차 시 문 중간에 있는 동그란 버튼을 눌러야 문이 열린다. 홈페이지나 구글 맵에서 카사블랑카를 찾은 후 '트램Tram'으로 검색하면 모든 정류장이 나오니 목적지 근처에서 내리면 된다. 하지만 택시비가 저렴해 먼 거리를 제외하면 효율성이 떨어진다.

운영 05:30~22:30
홈페이지 www.casatramway.ma

> **PLUS 환전 & ATM**
>
> 환전소는 여행자가 즐겨 찾는 메디나에 많은 편이고, ATM도 어디에서나 쉽게 찾아볼 수 있다.

카사블랑카 일일 추천코스

마라케시나 페스 메디나처럼 작은 골목으로 이루어진 카사블랑카 메디나는 규모가 크지 않지만 바다가 있고, 모스크와 옛 흔적이 고스란히 남아 있는 건물을 돌아볼 수 있는 스폿이 많다. 일정이 짧다면 기차역과 가까운 숙소에서 묵으며 관광하는 것이 좋다.

Start

총 소요 시간 9시간

호부스 쿼터 도보 투어
모로코와 프랑스 양식이
혼재된 구역

택시 20분

카사블랑카 메디나 도보 투어
약 100년 전 건물이 남아 있는
메디나 구역

택시 10분

카사블랑카 해변
노을을 바라보며
하루 코스를 마무리

택시 10분

압데라만의 무덤(마라브)
섬 위에 세워진
성인의 무덤

택시 10분

하산 2세 모스크
물 위에 떠있는 듯한
이슬람 모스크

PLUS 카사블랑카, 알차게 즐기자

1930년 프랑스인들에 의해 형성된 시장인 호부스 쿼터에 가서 로열 팰리스, 파샤의 법정, 물레이 유세프 모스크를 돌아보자. 임페리얼 카페에서 차 한잔 마신 후 쁘띠 택시를 타고 100년 전 건물이 남아 있는 메디나로 이동해 사크레 쾨르 대성당과 광장, 법원, 우체국, 극장, 시계탑 등을 돌아보고 세계 3대 모스크 중 하나인 하산 2세 모스크에 가자. 모스크는 개인적으로 입장이 어렵고 정해진 시간에 투어를 통해 내부를 둘러볼 수 있으니 투어 시간을 확인하자. 노을 질 무렵 카사블랑카 해변에서 압데라만의 무덤을 바라보며 하루를 마무리하자.

여행 경비	
교통비	
호부스 쿼터 –카사블랑카 메디나	택시(왕복) 130DH
입장료	
하산 2세 모스크	120DH
식비	
임페리얼 카페	10DH
라 스칼라	120DH
베네치아 아이스(디저트)	150DH
합계	530DH

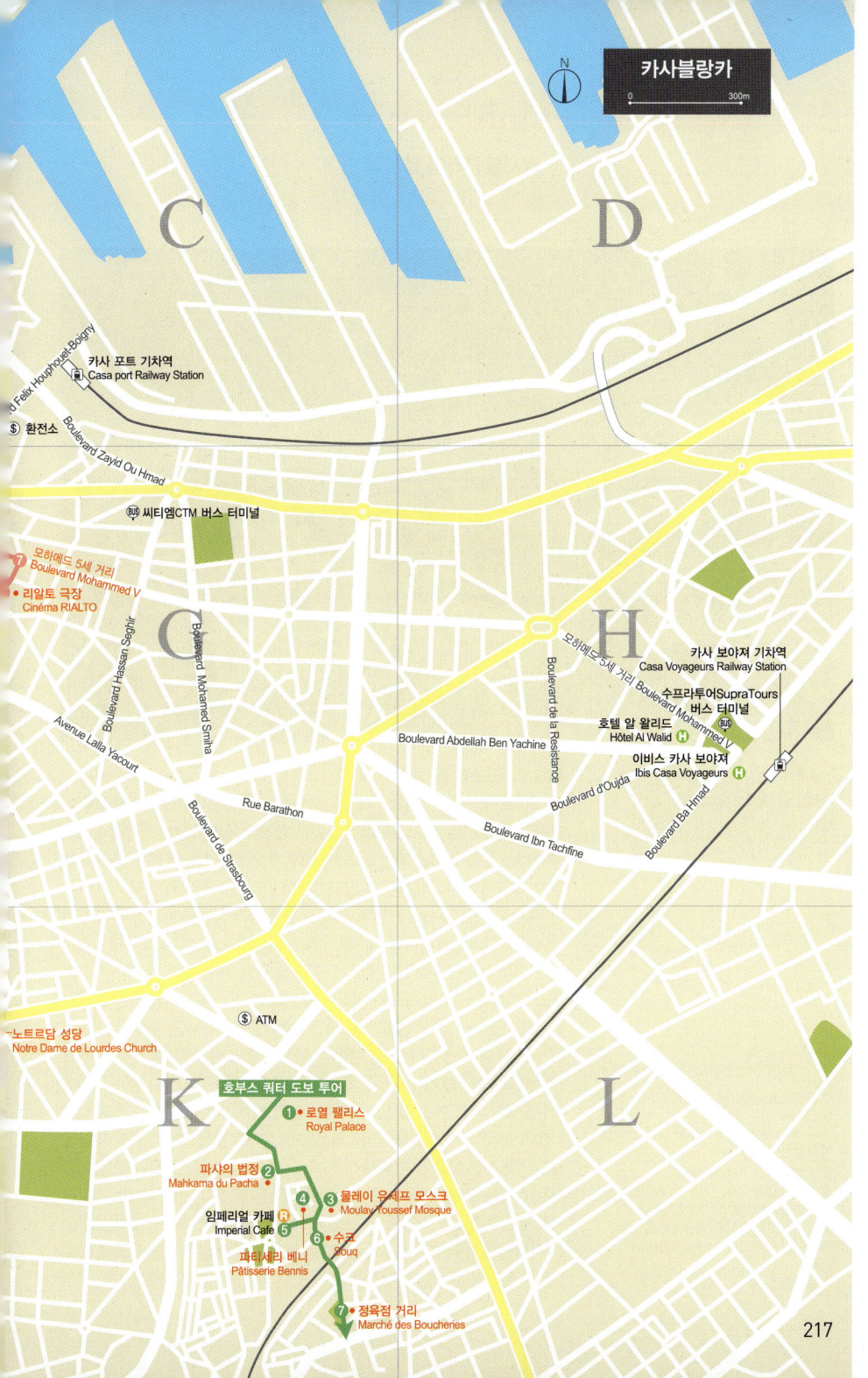

sightseeing
카사블랑카의 볼거리

★★★★
하산 2세 모스크
Hassan II Mosque

세계 3대 모스크 중 하나
전 모로코 국왕 하산 2세(Hassan II 1961~1999년)의 60번째 생일을 기념하기 위해 지은 곳으로 1993년에 문을 열었다. '신의 보좌는 물 위에 지어졌다'라는 쿠란 구절을 바탕으로 카사블랑카 연안을 매립해 만든 이곳은 해안가 절벽에 지어졌기 때문에 반대편에서 바라보면 해무와 어우러져 마치 물 위에 떠 있는 것처럼 보인다. 파도가 센 편이라 침식을 방지하기 위해 어마어마한 양의 콘크리트와 바위를 사용한 방파제도 함께 건설되었다.

모로코의 석조 건축물 중 가장 대표적인 것으로, 210m 높이의 미나렛(모스크의 첨탑)과 124개의 분수와 대리석 세면대, 정교한 석조 장식물, 금을 입힌 아치형 천장과 커다란 함맘이 돋보인다. 미나렛 상단에 있는 레이저빔은 매일 밤 사우디아라비아 메카를 향한다. 이곳은 세계에서 세 번째로 큰 모스크로 한번에 2만 5,000명을 수용할 수 있고 6년 동안 6,000명이 넘는 인력이 동원되었다. 최근에 지은 만큼 바닥 난방과 자동 슬라이딩 지붕 등의 첨단 기술이 접목되어 있고, 사원 바닥의 일부는 유리로 만들어 바다 위에 무릎을 꿇고 기도하는 느낌을 받을 수 있도록 설계됐다. 모스크를 지을 때 필요한 모든 자재는 모로코에서 나는 것을 사용했는데 단 하나, 샹들리에는 이탈리아에서 공수해왔다. 해질 무렵, 노을에 모스크 벽면이 반짝반짝 빛나는 모습이 아름답다. ❶ 개인적으로는 입장할 수 없고 정해진 시간에 투어를 통해 내부를 둘러볼 수 있다. 무릎이 보이는 옷은 입장 제한을 받을 수 있다.

주소 Boulevard de la Corniche, Casablanca
교통 카사 포트 기차역에서 택시로 10분
전화 0522-482386
운영 투어 토~목요일 09:00, 10:00, 11:00, 12:00, 15:00, 16:00
금요일 09:00, 10:00, 15:00, 16:00
요금 성인 120DH, 학생 60DH
홈페이지 www.mosquee-hassan2.com
지도 p.216-A

★ 압데라만의 무덤(마라브)
Marabout de Sidi Bou Abderrahmane

바다 위에 세워진 신비로운 무덤

마라브는 흔히 성인의 무덤을 일컫는 용어로 압데라만의 무덤이 있는 작은 섬이다. 2013년 다리가 놓여 육로로 섬에 들어갈 수 있지만, 이전에는 썰물 때만 들어갈 수 있는 신비로운 섬이었다. 이곳에는 전설 두 가지가 내려오는데, 18세기 바그다드에서 배를 타고 건너온 사람이 이곳에 거주하며 도움이 필요한 사람들을 도우며 살았다는 것과, 다른 하나는 축복Baraka을 받아 물 위를 걷는 기적을 일으키는 성인이 아이를 가질 수 없는 부부와 정신병으로 고통받는 사람들을 치료하며 살았다는 것이다. 그가 운명을 달리한 후 묻힌 영묘 뒤에 있는 제단에 양이나 검은 염소를 바친 후 파도로 일곱 번 씻긴 방에 환자를 가둔 후 333개의 약초를 달인 물로 목욕을 하면 악마가 달아난다는 전설이 내려온다고. 실제로 이곳을 지나면 맡을 수 있는 독특한 냄새는 이런 전설에 힘을 실어준다.

주소 Marabout de Sidi Bou Abderrahmane, Casablanca
교통 하산 2세 모스크에서 택시로 15분
운영 상시 개방
요금 무료 **지도** p.216-A

❶ 마라브Marabout는 아랍어의 '무라비트Mnurabit'에서 유래한 말로 라바트에 사는 수도사를 가리킨다.

★★ 노트르담 성당
Notre Dame de Lourdes Church

아름다운 스테인드글라스 창문이 있는 곳

1956년 프랑스 건축가 가브리엘 루아르(Gabriel Loire 1904~1996년)에 의해 건축된 곳으로 오랜 역사도, 유럽의 성당처럼 화려하지도 않지만 아랍 국가에서 이곳의 존재감은 매우 크다. 카사블랑카에는 약 2만 명의 가톨릭 신자가 있고 매주 이곳을 비롯한 몇몇 성당에서 미사가 열린다. 십자가가 설치된 정면 모습도 아름답지만 내부의 정교한 스테인드글라스 창문이 아름다우니 놓치지 말자. 모스크와 같이 카펫이 깔린 모습도 인상적이다.

주소 Ave Mers Sultan & Boulevard Mohammed Zerktouni, Casablanca
교통 카사 보야져 기차역에서 택시로 12분
전화 0665-252528
요금 무료 **지도** p.217-K

SPECIAL

카사블랑카 메디나 도보 투어

100년 전 건물이 남아 있는 메디나는 옛 시절을 떠올리며 걷기 좋은 곳이다. 도로 곳곳에 트램이 지나다니니 안전을 위해 주위를 잘 살피며 걸어야 한다.

Start

총 소요 시간 1시간 30분

① 사크레 쾨르 대성당
Cathédrale Sacré Coeur
1930년에 지어진 성당

→

② 모하메드 5세 광장
Mohammed V Square
카사블랑카 현지인들의 휴식공간

↓

⑤ 은행
Bank Al Maghrib
화려한 문이 특징인 은행

←

④ 우체국
La Poste Centrale
모자이크가 인상적인 곳

←

③ 법원
Palais de Justice
1925년에 문을 연 법원

↓

⑥ 리알토 극장
Cinéma RIALTO
1942년에 지어진 영화관

→

⑦ 모하메드 5세 거리
Boulevard Mohammed V
1920년대 건물이 남아 있는 거리

→

⑧ 호텔 엑셀시어
Hotel Excelsior
1915년에 지은 호텔

⑪ 카사블랑카 메디나
Casablanca Medina
19세기부터 명맥을 이어온 시장

←

⑩ 시계탑
Old Clock Tower
재건한 20m 높이의 시계탑

←

⑨ 국제연합 광장
United Nations Square
공연을 하는 사람들이 많은 광장

> **PLUS** 카사블랑카 메디나, 이렇게 산책하자

① 모로코 어떤 지역보다도 도시화가 진행된 카사블랑카는 전통적인 매력이 덜하다고 느낄 수 있겠지만, 건축물과 광장에서 공연하는 현지인들의 모습을 보며 여유롭게 여행을 즐기는 것이 관광 포인트다.
② 도보 투어 시 가장 조심해야 할 것은 트램이다. 인도와 트램 트랙의 경계가 확연히 나뉘어 있지 않아, 간혹 트램이 다가와도 알아차리지 못할 수 있으니 항상 주위를 살피며 관광하는 것이 중요하다.
③ 모든 스팟은 도보로 이동 가능한데, 여름의 경우 오후 12시를 기점으로 굉장히 더울 수 있으니 되도록 오전 10~11시 사이에 도보 투어를 시작하거나, 오후 4시 이후에 도보 투어를 시작하는 것이 좋다.
③ 모든 스팟은 여행자들이 즐겨 찾는 곳으로, 소매치기 위험이 곳곳에 도사리고 있다. 휴대폰이나 고가의 제품을 손에 들고 다니지 않도록 각별히 유의하자.
④ '법원'은 누구나 입장할 수 있지만, 큰소리로 떠들면 퇴장 조치를 받을 수 있다.
⑤ '리알토 극장'은 현재까지도 영화를 상영하니 원한다면 영화 티켓을 구입해 관람할 수 있다.
⑥ 느지막한 오후, '국제연합 광장'에서 버스킹하는 연주자들을 쉽게 만날 수 있다. 버스킹 공연이 열리면 근처에 있는 카페 '보그VOG' 야외 테라스에 앉아 민트 티 한잔 마시며 여유롭게 공연을 즐겨보자.
⑦ '우체국'과 '은행'도 누구나 입장할 수 있지만 간혹 내부 사진촬영을 제지할 때도 있다.
⑧ '시계탑'은 카사블랑카의 랜드마크로 현지인들의 약속 장소로 즐겨 이용된다.
⑩ 모든 스팟은 무료로 입장이 가능하다. 건축이나 영화 등에 관심 있는 여행자라면 들러볼 만하다.

SPECIAL

호부스 쿼터 도보 투어

1930년에 프랑스인들에 의해 형성된 시장, 호부스 쿼터Habous Quarter는 모로코와 프랑스 양식이 혼재된 구역이다. 끝없이 이어지는 아치형 문이 아름답고, 올리브 시장과 수공예품 시장으로 나뉜다.

Start
총 소요 시간 40분

①
로열 팰리스
Royal Palace
모로코 국왕이 머무는 곳

②
파샤의 법정
Mahkama du Pacha
60개의 방이 아름답게 장식된 법원

⑤
임페리얼 카페
Imperial Cafe
1957년에 시작한 카페

④
파티세리 베니
Pâtisserie Bennis
1938년에 문을 연 베이커리

③
물레이 유세프 모스크
Moulay Youssef Mosque
이슬람 모스크

⑥
수크
Souq
올리브 수공예품이 모여 있는 골목

⑦
정육점 거리
Marché des Boucheries
저렴하고 맛있는 고기를 살 수 있는 곳

> **PLUS** 호부스 쿼터, 이렇게 산책하자

① 호부스 쿼터는 과거 프랑스 식민시절, 프랑스인들이 만든 시장이므로 모로코 전통 분위기와 프랑스 분위기가 혼재되어 있어 독특한 매력을 자아낸다. 이곳을 산책하듯 천천히 걸으며 현지인들의 삶을 경험하는 것이 관광 포인트다.
② 모로코 전 지역에 해당되는 내용이기도 하지만, 호부스 쿼터 도보 투어는 주민들이 살고 있는 주거지역이므로 사진을 찍을 때 각별히 유의하는 것이 좋다. 사전에 반드시 사진에 찍히는 인물에게 동의를 구해야 한다.
③ 모든 스폿은 도보로 이동 가능한데, 여름의 경우 오후 12시를 기점으로 굉장히 더울 수 있으니 되도록 오전 10~11시 사이에 도보 투어를 시작해 정육점 거리에서 점심식사를 하며 마무리하거나, 오후 4시 이후에 도보 투어를 시작하는 것이 좋다.
④ '로열 팰리스'는 어느 지역이나 일반인 입장이 불가하다.
⑤ '하산 2세 모스크'는 금요일 정오에 열리는 예배 시간을 제외하고는 입장할 수 있는데, 반바지와 민소매 옷차림은 눈총을 받을 수 있다.
⑥ '파티세리 베니'에서 몇 가지 과자를 테이크아웃 해 '임페리얼 카페'에서 허락을 받고 음료를 주문해 같이 먹을 수 있다.
⑦ '수크'에서 물건을 구입하고 싶다면 인내심을 가지고 흥정을 즐겨야 한다.

① 로열 팰리스 Royal Palace
② 파샤의 법정 Mahkama du Pacha
③ 물레이 유세프 모스크 Moulay Youssef Mosque
④ 파티세리 베니 호부스 Pâtisserie Bennis Habous
⑤ 임페리얼 카페 Imperial Cafe
⑥ 수크 Souq
⑦ 정육점 거리 Marché des Boucheries

카사블랑카 **223**

restaurant
카사블랑카의 식당

임페리얼 카페
Imperial Café

👍 **1957년에 시작된 동네 터줏대감**
호부스 쿼터를 구경하다가 잠시 들러 쉬며 민트 티나 누스누스 한잔 하기 좋은 곳으로 한가로이 신문을 읽거나 담소를 나누는 현지인들이 즐겨 찾는다. 오믈렛, 타진 등 식사 메뉴도 판매하여 간단히 요기도 할 수 있다. 근처에 있는 '파티세리 베니Pâtisserie Bennis'는 1938년에 문을 연 베이커리로 달콤한 과자와 닭의 부리를 닮은 깝 엘 가젤(코른 드 가젤)도 현지인들에게 인기가 많다.

주소 Habous, Casablanca 교통 호부스 쿼터 내 위치 전화 0522-541526
영업 06:00~21:00 예산 10~50DH 지도 p.217-K

보그
VOG

👍 **카사블랑카 메디나 도보 투어 중 쉬어가기 좋은 카페**
국제연합 광장을 바라보기에 가장 좋은 곳에 위치한 카페로 민트 티 한잔 마시며 야외에서 공연이나 버스킹을 하는 다양한 사람들을 구경할 수 있다. 시계탑 근처에 있어 투어를 하다가 메디나로 들어가기 전 잠시 쉬어가기 좋다.

주소 Avenue Hassan II, Casablanca 교통 시계탑에서 도보 10분
전화 0522-601226 영업 10:00~20:00 예산 10~50DH 지도 p.216-F

릭스 카페
Rick's Café

당신의 눈동자에 건배를

커다란 나무 두 그루가 입구를 지키는 하얀색 건물로 눈여겨보지 않으면 레스토랑인지 알기 어렵다. 이곳이 유명한 이유는 영화 〈카사블랑카〉에 나온 '릭의 카페'와 흡사한 인테리어 때문. 영화의 유명세로 이곳을 찾는 손님이 많지만 음식 맛은 가격 대비 현저히 떨어지고 직원들도 불친절하니 하산 2세 모스크를 오가는 길에 잠시 들러 음료를 즐기는 것이 좋다.

주소 248 Boulevard Sour Jdid, Casablanca
교통 카사 포트 기차역에서 도보 13분
전화 0522-274207
영업 12:00~15:00, 18:30~01:00
예산 100~300DH *카드 가능
홈페이지 www.rickscafe.ma
지도 p.216-B

라 스칼라
La Sqala

👍 **카사블랑카 최고의 맛집**

카사블랑카 현지인들에게 가장 맛있는 레스토랑을 추천해달라고 하면 빠지지 않는 맛집으로 식사시간이면 타진과 케밥을 먹으러 온 현지인들로 발 디딜 틈 없이 꽉 찬다. 갈비찜 맛이 나는 소고기 타진이 한국 여행자의 입맛에 가장 잘 맞는다. 이곳은 1757~1790년 요새로 사용하던 곳으로 식당 외부 성벽에는 당시에 사용하던 대포가 남아 있다.

주소 Boulevard des Almohades, Casablanca
교통 하산 2세 모스크에서 택시로 5분
전화 0522-262029
영업 08:00~23:00
예산 80~300DH *카드 가능
지도 p.216-B

서울 가든
Seoul Garden Restaurant

👍 **카사블랑카에 하나뿐인 한국 식당**
여행에 지쳤을 때 필요한 단 한 가지, 바로 한국음식이다. 외국에서 먹는 한국음식은 만병통치약이나 마찬가지다. 1층은 밴드 세션과 노래방 기계가 설치되어 있고 2층은 한복과 한식, 한국 풍경사진 등 한국적인 느낌이 물씬 풍기는 인테리어로 꾸며 모로코 현지인들도 즐겨 찾는다. 다양한 메뉴를 비싸지 않은 가격에 먹을 수 있고 네 가지 반찬과 김치가 제공된다. 점심시간(오후 12~3시)에는 도시락 세트메뉴를 저렴한 가격에 판매한다.

주소 6 Rue Assilm-ex La Paix, Casablanca **교통** 시계탑에서 택시로 15분
전화 0522-397776 **영업** 12:00~15:00, 18:30~23:30 **예산** 60~100DH *카드 가능
지도 p.216-E

오가닉 키친
Organic Kitchen

👍 **토요일마다 농부가 직접 장을 여는 카페**
2017년 문을 연 카페로 유기농이라는 이름에 걸맞은 식물을 이용한 인테리어가 인상적이다. 이곳에서 밥을 먹는 것만으로도 힐링되는 느낌이다. 샐러드 볼부터 중동음식, 모로코 전통음식까지 대부분 맛은 괜찮은 편이고 디저트류도 맛있다. 주문 시 독특한 그릇에 담긴 빵과 오일, 세 가지 맛의 소금이 함께 제공된다. 아이와 함께 찾는 손님이 많아 아동용 의자와 놀이공간이 마련되어 있다. 카페 입구에서 판매하는 제품은 모로코 전국 각지에서 여성 자립을 위한 제품을 무료로 전시·판매하는 것들이고 매주 토요일 오전 10시~오후 3시에는 카페 앞에서 농부가 손수 키운 신선한 작물을 직접 판매하는 장이 열린다.

주소 6-8 Rue Ahmed El Mokri, Casablanca **교통** 시계탑에서 택시로 12분
전화 0522-943775 **영업** 월~토요일 09:30~22:30, 일요일 10:00~17:00
예산 80~200DH *카드 가능 **홈페이지** www.organickitchen.ma
인스타그램 @organickitchenmaroc **지도** p.216-E

본다이 커피 키친
Bondi Coffee Kitchen

👍 **착한 샐러드를 파는 브런치 카페**

카사블랑카가 좋아서 이곳에 사는 호주인이 운영하는 곳으로 아침에는 브런치, 오후 12시 이후에는 요리를 판매하는 브런치 카페다. 회사가 밀집된 곳이라 점심을 먹거나 미팅을 하는 회사원을 심심찮게 볼 수 있다. 직원들이 친절하고 음식이 빨리 나오는 편이다. 매년 정해진 기간에 샐러드 시리아Salad Syria라는 이름의 샐러드 볼을 판매하는데, 수익금으로 시리아 난민을 돕는 행사를 진행한다.

주소 31 Rue Sebou Gauthier, Casablanca **교통** 시계탑에서 택시로 15분
전화 0636-785520 **영업** 10:00~21:00 **예산** 60~200DH *카드 가능
인스타그램 @bondicoffeekitchen **지도** p.216-E

블렌드 고메 버거
Blend Gourmet Burger

세련된 인테리어에 영자 신문을 닮은 메뉴판이 인상적인 곳

식사시간이면 버거를 먹으러 온 현지인들로 작은 가게가 북새통을 이룬다. 다양한 종류의 버거와 피자 등 메뉴가 많지만 대부분은 버거를 주문한다. 버거와 함께 사이드 메뉴를 주문할 수 있는데 프렌치 프라이, 웨지 감자, 어니언 링 중에서 선택할 수 있고 밥으로 만든 초밥 버거와 낙타 버거 등 독특한 버거도 판매한다.

주소 9 Rue Théophile Gauthier, Casablanca **교통** 시계탑에서 택시로 15분
전화 0522-491122 **영업** 월~목요일 12:00~15:00, 19:00~22:30, 금요일 12:00~15:00, 19:00~23:00, 토·일요일 12:30~23:30 **예산** 70~200DH
인스타그램 @blendgourmetburger **지도** p.216-E

일롤리 레스토랑
Iloli Restaurant

일본 셰프가 직접 요리하는 일식집
카사블랑카에서 가장 인기가 많은 일식집으로 일본 셰프가 진두지휘하고 있다. 오픈 키친으로 조리하는 모습을 직접 볼 수 있고 셰프의 오더가 떨어지면 직원들이 "위 쉡(네, 셰프)Oui Chef"이라고 큰소리로 외치는 모습이 인상적이다. 대부분 초밥을 맛보러 온 외국인이 많은데 초밥과 롤을 간장에 푹 담그고 와사비를 동전 크기만큼 먹고 괴로워하는 사람들을 볼 수 있다.

주소 33 Rue Najib Mahfoud Quartier Gauthier, Casablanca
교통 시계탑에서 택시로 13분 전화 0522-223005
영업 12:30~14:30, 19:30~23:30 휴무 일요일 예산 100~700DH *카드 가능
홈페이지 www.iloli-restaurant.com 지도 p.216-E

아이쉬크
ISHQ

감각적인 아이템을 파는 편집숍 겸 카페
아이쉬크는 아랍어로 '사랑'을 의미한다. 옷가게, 이발소, 신발가게, 액세서리 가게와 카페가 함께 운영되는 복합공간으로 샌드위치와 샐러드 볼이 괜찮다. 주요 고객은 대부분 카사블랑카에 사는 외국인으로, 실내에서 흡연하는 사람들이 많아 가게 안은 언제나 담배 냄새가 나니 비흡연자에게는 조금 불편할 수 있다.

주소 9 Rue Ain El Aouda, Casablanca 교통 시계탑에서 택시로 12분
전화 0522-471763 영업 월~토요일 10:00~19:00, 일요일 11:00~18:00
요금 20~150DH 인스타그램 @ishqconceptstore 지도 p.216-E

shopping · spa
카사블랑카의 스파 · 쇼핑

키네 스파
Kine Spa

아르간 오일을 이용한 스파

카사블랑카에 사는 외국인들이 즐겨 찾는 곳으로 수준 높은 스파 서비스를 체험할 수 있다. 다양한 프로그램 중 아르간 오일을 이용한 오일 마사지가 인기가 많은데 항상 예약이 차 있는 편이니 적어도 일주일 전에는 예약하는 것이 좋다. 호부스 쿼터와 노트르담 성당과 가까운 곳에 있으니 함께 이용하는 것이 효율적이다.

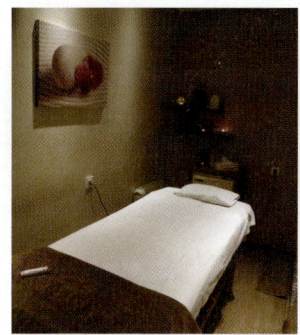 

주소 Rue de Sebta, Casablanca
교통 하산 2세 모스크에서 택시로 15분
전화 0522-270124
영업 월요일 13:00~20:00,
화~금요일 09:30~20:00,
토요일 10:00~17:00 휴무 일요일
요금 300~400DH
홈페이지 kinespa.net
지도 p.216-J

모로코 몰
Morocco Mall

카사블랑카에서 가장 큰 백화점

메디나에서 택시로 20분 거리에 위치한 모로코 몰은 페스나 마라케시 메디나가 모로코 전부라 생각해온 여행자에게 큰 충격으로 다가올지도 모른다. 메디나에서 모로코 몰을 오가는 사이에는 바다를 따라 모던한 카페, 레스토랑이 즐비한 코니쉐 Corniche 지역과 압데라만의 무덤이 있으니 함께 돌아보는 것이 좋다. 백화점 내에 자라 ZARA, 에이치 앤 엠 H&M, 갭 GAP 등이 입점해 있고, 가격은 대체로 한국과 비슷하거나 비싼 편이다.

주소 Angle Boulevard Sidi Abderrahmane
교통 하산 2세 모스크에서 택시로 20분
전화 0801-001230
영업 일~목요일 10:00~21:00,
금 · 토요일 10:00~22:00
홈페이지 www.moroccomall.ma
지도 p.216-E

hotel
카사블랑카의 숙소

멜리버 아파트 호텔
Melliber Appart Hotel

👍 **하산 2세 모스크가 보이는 곳**

하산 2세 모스크에서 도보 3분 거리에 위치하며 옥상에서 하산 2세 모스크를 포함한 시내 전체를 조망할 수 있어 인기가 많다. 부엌이 딸린 숙소가 있는 3성급 아파트형 호텔로 요리를 한다면 괜찮은 선택이 될 수 있다.

주소 138 Boulevard Moulay Youssef, Casablanca
교통 하산 2세 모스크에서 도보 3분 **전화** 0522-496496 **예산** 65~150EUR
홈페이지 www.melliber-apparthotel.com **지도** p.216-A

이비스 카사 보야져
Ibis Casa Voyageurs

카사 보야져 기차역 근처에 위치한 호텔

카사 보야져 기차역 바로 앞에 위치한 비즈니스 호텔로, 공항에서 바로 오거나 관광 후 짐을 찾아 카사 보야져 기차역에서 출발하기 좋다. 카사 포트 기차역 앞에도 이비스 호텔 등 다양한 호텔이 있으니 고려해 잡는 것이 좋다.

주소 Place De La Gare Casavoyageurs, Casablanca
교통 카사 보야져 기차역에서 도보 2분 **전화** 0522-066560 **예산** 60~80EUR
홈페이지 www.accorhotels.com **지도** p.217-H

호텔 상트랄
Hôtel Central

현지인들의 모습을 가까이에서 볼 수 있다

카사 포트 기차역과 릭스 카페에서 멀지 않은 곳에 위치한 호텔로, 낡았지만 흰색과 파란색을 조화롭게 사용한 인테리어로 꾸며서 깨끗하게 운영되고 있다. 아침식사가 제공되는 루프톱에서 메디나와 하산 2세 모스크를 조망할 수 있고 호텔 바로 앞에 있는 공원은 현지인들의 쉼터로 휴식을 취하러 찾는 사람이 많다.

주소 20 Place Ahmad El Bidaoui, Casablanca **교통** 카사 포트 기차역에서 도보 7분 **전화** 0522-262525 **예산** 30EUR
홈페이지 www.hotelcentralcasa.com **지도** p.216-B

호텔 알 왈리드
Hôtel Al Walid

트램역과 가까운 호텔

카사 보야져 기차역과 트램역이 가까워서 트램을 이용할 계획이 있다면 편리하다. 3성급 호텔치고는 시설이 좀 낡은 편이지만 유독 숙박비가 비싼 카사블랑카에서는 가격 대비 괜찮은 곳으로 짧게 머물고 가기 좋다.

주소 Place Sidi Mohammed Belvedere, Casablanca
교통 카사 보야져 기차역에서 도보 2분
전화 0522-418600
예산 60~200EUR
홈페이지 al-walid-hotel.casablanca-hotels-ma.com
지도 p.217-H

TIP 숙소를 저렴하게 구하려면

카사블랑카는 땅값이 비싼 만큼 숙소 비용도 다른 도시에 비해 가격대가 높은 편이다. 여행자 여건에 따라 다르겠지만 오래 머물지 않을 거라면 가급적 기차역과 볼거리가 몰려 있는 메디나 근처에 숙소를 잡고 관광하는 것을 추천한다.
참고로 호텔 예약 홈페이지보다는 호텔에 직접 메일을 보내 예약하면 조금 더 저렴한 가격에 묵을 수 있다.

라바트

RABAT رّباط

고대 모로코는 여러 민족의 각축장으로 해안가에는 페니키아인이, 내륙에는 베르베르인이 살았다. 세월이 흘러 카르타고인들이 탕헤르, 라바트에 해안 식민도시를 건설했고 이후 베르베르인이 세운 모리타니아Mauritania 왕국이 탄생했지만 로마의 지배를 받았다. 그 와중에 라바트는 모로코 독립운동의 중심지로 해적의 근거지로 사용된 적도 있으나 1912년 수도가 된 후 정치의 중심지로 변하였고, 모로코 독립 후 카사블랑카와 함께 자치도시가 되었다. 라바트는 타 지역에 비해 볼거리가 많지 않지만 '북아프리카에서 가장 아름다운 도시'로 선정되었고, 멋진 그라피티가 많아 모로코의 다른 매력을 보여준다.

여행 포인트
관광 ★★★   미식 ★★   쇼핑 ★

이것만은 꼭 해보기
☐ 말을 탄 병사가 나타나도 어색하지 않을 분위기 깡패, 셀라 관람하기
☐ 오렌지향이 나는 바닷가 옆 성채 거닐기
☐ 화려함의 극치, 모하메드 5세 무덤 찾기

라바트 들어가기 & 나가기

라바트 공항 이용하기

한국에서 라바트로 출발하는 직항편은 없지만, 유럽을 경유하여 라바트로 들어오는 항공편은 많다. 라바트로 가는 항공사로는 부엘링항공과 라이언항공이 있고, 시간적 여유를 두고 항공권을 구하면 매우 저렴한 가격에 구매가 가능한 편이다. 이러한 이유로 라바트를 모로코 여행의 첫 도시로 선택하는 여행자도 꽤 많다.

라바트-살레 공항
Rabat-Salé Airport(RBA)

라바트 공항은 메디나에서 약 10km 떨어진 곳에 위치하며 수도의 공항 치고는 규모가 매우 작고 편의시설도 잘 갖춰져 있지 않다. 하지만 2012년에 신축한 건물이어서 외관이 화려하고, 다른 지역의 공항보다 깨끗하며 환전소, ATM, 몇몇의 면세점과 아이들을 위한 놀이공간이 있어 이용하는 데 불편함은 없다.

주소 Salé, Morocco
교통 메디나에서 택시로 15분 **지도** p.239-C

🚌 공항버스

공항에서 라바트 빌 기차역Rabat Ville Railway Station까지 가장 저렴하게 갈 수 있는 교통수단이다. 단, 편수가 많지 않고 시즌에 따라 운행 시간이 변경되는 점에 유의하자. 공항에서 나온 후 길을 건너 '스테레오Stereo'라고 적힌 곳에서 티켓을 구입할 수 있다.

🚕 택시

공항 앞에 있는 택시는 150DH 이하로는 흥정하기 어렵고 오후 9~10시에는 최소 200DH를 부른다. 아는 사람과 합승을 하면 일행당 150DH만 내면 되지만 모르는 사람과 합승하면 1인당 150DH씩 내야 하니 공항 건물 내에서 방향이 같은 사람을 찾아서 함께 나오는 것이 좋다.

라바트의 교통수단

카사블랑카와 페스, 메크네스 등 근교도시로 이동 시 버스와 기차로 이동할 수 있다.

🚆 기차

라바트 빌 기차역
Rabat Ville Railway Station
라바트는 모로코의 수도지만 다른 도시에 비해 개성이 뚜렷하지 않아 여행자가 많지 않다. 카사블랑카, 페스에서 접근하기 좋지만 아랍어나 프랑스어를 못할 경우 다른 도시의 기차역보다 의사소통이 어려울 수 있다.

주소 Avenue Mohammed V, Rabat
교통 메디나에서 택시로 7분
홈페이지 www.oncf.ma **지도** p.241-H

기차 운행 스케줄

지명	요금(일등석/이등석), 소요 시간
탕헤르 (1일 8회)	153/101DH 4시간
페스 (1일 1회)	127/85DH 2시간 30분
메크네스 (1일 17회)	96/69DH 2시간
마라케시 (1일 9회)	195/127DH 5시간

🚌 시외버스

씨티엠CTM 버스 외에는 안내가 원활하지 않아 여행자들은 주로 씨티엠CTM 버스를 이용하는 편이다. 씨티엠CTM 버스 터미널에서 메디나까지는 택시로 15분 거리로 이동 시 택시를 이용하는 것이 편리하다.

씨티엠CTM 버스 운행 스케줄

지명	요금, 소요 시간
탕헤르 (1일 4회)	75DH 4시간 30분~5시간
페스 (1일 17회)	65~100DH 3시간 30분
마라케시 (1일 9회)	135~190DH 4~6시간
카사블랑카 (1일 30회)	30~60DH 1시간~1시간 30분

씨티엠CTM 버스
주소 Avenue Hassan II, Rabat
교통 메디나에서 택시로 15분 **전화** 0800-090030
홈페이지 www.ctm.ma **지도** p.239-D

라바트의 시내교통

라바트의 볼거리는 오밀조밀 모여 있어 모하메드 5세 무덤 및 카스바와 메디나는 도보 이동이 가능하나 셀라는 메디나에서 2.7km 떨어진 곳으로 택시를 이용하거나 쉬엄쉬엄 걸어서 다녀올 수 있다.

트램
버스보다 편리하고 쾌적하여 현지인들이 즐겨 이용하는 교통수단으로 1회 탑승 시 7DH을 지불한다. 여행자가 주로 가는 구역은 트램이 필요 없는 곳이라 이용도가 높은 편은 아니나 정처 없이 시내 한 바퀴를 돌아보고 싶을 때 유용하다. 1번 라인은 메디나 근처, 2번 라인은 신시가지 구역을 다니고 자세한 노선은 홈페이지를 통해 확인할 수 있다.

운영 06:00~22:00
전화 0800-090030
홈페이지 www.tram-way.ma

쁘띠 택시
라바트는 도보로 이동 가능한 도시라 이용할 일이 많지 않지만, 주로 버스 터미널이나 기차역에서 숙소로 이동할 때나 셀라와 메디나를 오갈 때 사용되는 교통수단이다. 참고로 라바트의 쁘띠 택시 색깔은 파란색이다.

보트
항구도시인 라바트의 바닷가에서는 호객행위를 하는 작은 보트들을 쉽게 볼 수 있다. 이는 라바트와 살레 지역을 오가는 배로 요금은 편도 2.5DH으로 저렴하니 해가 뜨고 질 때 한번쯤 타볼 만하다. 탑승하기 전에 반드시 요금을 흥정해야 하고 편도인지 왕복인지 확인하는 것을 잊지 말자. 안전 문제로 한 배에 2인 이상 탑승하는 것을 추천한다.

> **PLUS 환전 & ATM**
>
> 라바트에는 환전소나 ATM을 사용할 만한 곳이 마땅치 않으니 가능하면 호텔이나 은행을 이용하는 것이 좋다.

> **PLUS 주 모로코 대한민국 대사관**
> **Ambassade De Corée**
>
> **주소** 41 Avenue Mehdi Ben Barka, Rabat
> **전화** 0537-751767(756791 또는 751966),
> 근무시간 외 0661-291356, 0661-787772
> **운영** 월~금요일 09:00~12:30, 14:00~17:30
> **홈페이지** overseas.mofa.go.kr/ma-ko/index.do
> **지도** p.239

라바트 일일 추천코스

라바트는 모로코의 수도이지만 역사적 유물 등 볼거리가 많은 편은 아니다.
유적지 간의 거리가 애매한 편이라 걷는 것을 좋아한다면 도보로 이동할 수 있고
시간이 없거나 날씨가 더우면 택시를 이용하는 것이 좋다.

Start

총 소요 시간 6시간

모하메드 5세 무덤 & 하산 타워
이슬람 건축양식의
화려함을 만나다

도보 15분,
택시 10분

셀라
다양한 문화와 역사가
거쳐간 자리

택시 15분

라바트 메디나
현지인들의 삶의 현장 속으로

도보 1분

안달루시안 정원
예쁜 정원과 바다를 동시에
감상하기

도보 10분

우다이야 카스바
쉐프샤우엔을 연상시키는
파란 마을

PLUS 라바트, 알차게 즐기자

화려함의 극치를 볼 수 있는 초록 지붕의 모하메드 5세 무덤과 미완성으로 남아 시민의 휴식처가 되는 하산 타워를 둘러보자. 로마 시대에 지어진 셀라는 1755년 지진으로 많이 훼손되었지만 여전히 웅장하다. 오후에는 파란 골목의 우다이야 카스바와 오렌지향 가득한 안달루시안 정원 그리고 향신료와 생필품을 판매하는 수이카 거리와 수다 떠는 현지인들로 북적거리는 모하메드 5세 거리에서 아보카도 주스와 주전부리를 하며 코스를 마무리하자.

여행 경비	
교통비	
하산 타워 ···▶ 셀라	택시 5DH
셀라 ···▶ 우다이야 카스바	택시 15DH
입장료	
셀라	10DH
식비	
리스토란테 이탈리아노 주즈 지아르디노	70DH
합계	100DH

sightseeing
라바트의 볼거리

메디나 외곽
Suburb

이래봬도 모로코의 수도!
이미 많은 부분이 현대화된 라바트는 마라케시나 페스에 비해
메디나의 역할과 경계가 구분되어 있지 않고 모호한 편이다.
하지만 옛 유적지를 잘 보존하고 있어 유네스코 세계유산 지정도시로 선정되었다.
파란 바다를 품은 항구도시이기에 탁 트인 전경이 멋있는 편이고
모로코에서 손꼽히는 주요 유적지 모하메드 5세 무덤, 하산 타워, 우다이야 카스바, 셀라 등
다양한 볼거리가 있으니 시간적 여유를 두고 천천히 걸으며 둘러보는 것이 좋다.
참고로 라바트는 주요 볼거리가 메디나 바깥인 기타 구역에 흩어져 있다.

★★★★
모하메드 5세 무덤
Mausoleum of Mohammed V

화려함의 극치를 볼 수 있는 곳
현 모로코 국왕 모하메드 6세의 할아버지인 모하메드 5세(Mohammed V 1909~1961년)의 무덤으로 하산 타워와 같은 공간에 있어서 입구를 함께 사용한다. 그는 프랑스 식민통치에 항거하여 독립운동을 이끌었고 1956년 3월 독립한 후 왕위에 올랐으며 근대국가 건설에 힘써 국민의 존경을 한몸에 받았다. 무덤은 1971년 준공되었고 초록색 지붕의 건물 안으로 들어가면 한 층 아래에 안치된 관을 볼 수 있는데 정중앙에 위치한 관은 모하메드 5세, 왼쪽은 하산 2세, 오른쪽은 모하메드 6세 숙부의 관으로 이를 중심으로 화려한 장식과 벽을 빼곡히 채운 캘리그라피를 볼 수 있다. 특히 이슬람 건축양식의 정점을 찍은 것으로도 평가받는 금박의 삼나무 천장은 눈부실 정도로 화려해 왕의 권력이 얼마나 컸는지를 짐작케 한다. 또한 영묘의 초록색 지붕은 곡식을, 세 개의 원형 봉은 각각 이슬람, 쿠란, 알라(신)를 의미한다.

주소 Avenue Tour Hassan, Rabat
교통 모하메드 5세 거리에서 택시로 5분
운영 일출~일몰
요금 무료 지도 p.240-F

★★
하산 타워
Le Tour Hassan

미완성의 아름다움
12세기 말, 모로코 군대가 알라르코스 전투에서 스페인 군대를 상대로 승리한 것을 기념하여 당시에 군대 전체가 들어갈 만큼 큰 규모로 지어질 예정이었다. 하지만 탑이 완성되기 전인 1199년 이를 건축하던 알모하드 왕조의 3대 야쿱 알 만수르(Yakub Al Mansur 1149~1199년)가 사망하자 무산되어 기둥만 덩그러니 있다. 무어양식의 대표 건축물로 한 변이 16m, 높이가 44m인 정사각형 모양을 하고 있다. 완성되었다면 아프리카 최대 규모의 모스크가 되었겠지만 현재 미완성 상태로 남아 있다. 이곳에서 바라보는 바다의 모습이 아름다워 연인들의 데이트 장소이자 현지인들의 휴식공간으로 이용되고 있다.

주소 Avenue Tour Hassan, Rabat
교통 모하메드 5세 거리에서 택시로 5분
운영 일출~일몰
요금 무료
지도 p.240-F

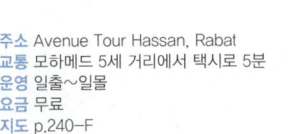

과거의 흔적이 고스란히 남아 있는 유적지

★★★★★
셀라
Chellah
UNESCO

페니키아인은 모로코 곳곳에 그들의 삶을 펼쳐놓고 살라Sala라는 지명을 붙였다. 이후 2세기에 로마인이 자리 잡아 '로마 살라'라고 불리며 모로코 내 기독교 중심지로 발전했고, 주요 항구도시로서 유럽과 활발한 무역 교류가 이루어졌다. 7세기에는 아랍인이 모스크를 짓고 마을을 구성했고 1147년 베르베르인이 아랍인과의 전쟁에서 승리한 후 왕궁 묘지로 사용하다가 13세기 마린 왕조에 의해 이슬람 성역으로 변모했다. 웅장한 성벽 안에는 로마 시대에 지은 목욕탕과 저택의 터, 아부 알 하산과 일족의 묘가 있으나 1755년 리스본 대지진으로 많은 부분이 훼손되어 모스크를 제외한 유적은 흔적만 남아 거북이, 황새, 고양이의 놀이터가 돼 버렸다. 2005년부터 매년 이곳에서 재즈 페스티벌Jazz au Chellah이 열린다.

주소 Ave Yacoub al-Mansour & Boulevard Moussa Ibn Nassair, Rabat
교통 모하메드 5세 무덤에서 택시로 5분
운영 08:30~17:30
요금 성인 10DH, 아동(12세 미만) 3DH
홈페이지 www.jazzauchellah.com(재즈 페스티벌) 지도 p.241-L

★★
우다이야 카스바
Oudaia Kasbah
UNESCO

쉐프샤우엔이 떠오르는 파란 골목

부 레그렉Bou Regreg 강 입구에 위치한 우다이야 카스바는 12세기 알모하드 왕조가 통치하는 기간에 세운 곳으로 절벽 위에 위치해 대서양이 한눈에 들어오는 절경이 펼쳐진다. 1195년에 지은 우다이야 문Bab Oudaia을 통해 들어가면 파란색으로 칠해진 골목과 집이 눈에 띄고 쉐프샤우엔에 가지 못하는 여행자들이 여기서 아쉬운 마음을 달래기도 한다. 우다이야 문을 통과하면 수많은 현지인들이 가이드를 자청하고 응하지 않으면 화를 내며 쫓아다녀서 치안이 좋은 편은 아니니 유의하자. 우다이야 카스바에는 10세기에 지은 라바트에서 가장 오래된 모스크가 있었는데 파괴된 후 영국 해적이 기증한 돈으로 복원되었다. 2012년 유네스코 세계유산에 등재되었다.

주소 Lot Abtal Numero 37 Temara, Rabat
교통 모하메드 5세 거리에서 도보 20분
운영 상시 개방
요금 무료 지도 p.240-B

★★★
안달루시안 정원
Andalusian Gardens

바다가 보이고 카페가 있는 예쁜 정원

우다이야 카스바 입구 옆에 있는 다른 성문을 통과하면 안달루시안 정원으로 이어지는데, 라바트 현지인들이 즐겨 찾는 곳이다. 잘 가꿔진 정원에는 쭉 뻗은 오렌지 나무와 알록달록한 타일이 붙여진 급수대 그리고 나무 그늘에 고양이들이 한껏 늘어져 있는 풍경이 보인다. 안쪽 문을 통과하면 바다가 한눈에 내려다보이는 '카페 무어Cafe Maure'와 작은 상점이 있지만 위생이 좋지 않으니 잠깐 경치만 즐기는 것이 좋다.

주소 Avenue Al Marsa, Rabat **교통** 모하메드 5세 거리에서 도보 15분
운영 상시 개방 **휴무** 토 · 일요일 **요금** 무료 **지도** p.240-B

★★
모하메드 6세 미술관
Musée Mohammed VI
d'Art Moderne et Contemporain

모로코 최초 국립 현대미술관

멀리에서도 눈에 띄는 화려한 외관을 가진 이곳은 현 모로코 국왕 모하메드 6세가 직접 세웠고 2014년에 문을 열었다. 모로코 최초의 국립 현대미술관으로 1950년대부터 현시대를 아우르는 모로코 미술 작품을 전시한다. 1층에 있는 카페는 현지 대학생들이 즐겨 찾는 곳으로 간단한 스낵과 음료를 즐길 수 있고 홈페이지를 통해 전시 내용을 미리 확인할 수 있다.

주소 Aves Moulay Hassan & Allal Ben Abdellah, Rabat
교통 모하메드 5세 거리에서 도보 15분 **전화** 0537-769047
운영 10:00~18:00 **휴무** 화요일 **요금** 무료(특별전시 성인 40DH, 12세 미만 아동 10DH)
홈페이지 www.museemohammed6.ma **지도** p.241-H

메디나
Medina of Rabat

여유로운 현지인들의 일상생활을 엿보고 싶다면

라바트 여행은 모로코의 다른 도시와는 달리 메디나 여행의 비중이 높지 않다.
해안을 따라 남아 있는 메디나는 여행자보다 현지인들이 즐겨 찾는 곳으로
느지막한 오후에 찾아가면 주전부리와 쇼핑을 즐기기 위해
이곳을 찾은 현지인들의 모습을 흔히 볼 수 있다.
다른 도시보다 저렴한 가격으로 모로코 전통음식을 맛볼 수 있고,
기본적으로 흥정은 해야 하지만 바가지가 심하지 않은 편이다.

★★ 모하메드 5세 거리 & 수이카 거리
Rue Mohammed V Street & Rue Souika

현지인들의 삶을 가까이서 느낄 수 있는 곳

모로코 어느 도시에서나 관광의 중심지는 메디나이지만 라바트의 메디나는 여행자보다는 현지인을 위한 곳이다. 중심 거리인 모하메드 5세 거리와 수이카 거리를 따라 저렴한 먹거리, 생필품, 전자제품을 파는 곳이 즐비하나 다른 도시의 메디나처럼 큰 볼거리가 있는 것은 아닌지라 다소 심심한 느낌이 들 수도 있다. 하지만 모하메드 5세 거리에는 20DH이면 배부르게 먹을 수 있는 현지 식당과 10DH 미만의 과일주스를 파는 곳이 늘어서 있고, 바닥에 카펫을 깔고 기도하는 사람이나 흥정하는 현지인들을 보다 보면 색다른 재미를 느낄 수 있다. 수이카 거리는 옷과 신발, 액세서리, 향신료 등을 판매하는데 골목이 좁은 편이라 주머니와 가방을 잘 챙겨야 한다. 메디나 외곽을 따라 가구공방 거리가 있으니 모로코산 가구를 저렴하게 구입하고 싶다면 둘러보자.

주소 Central Market, Rabat
교통 라바트 공항에서 택시로 20분
운영 상시 개방
요금 무료 **지도** p.241-G.J

restaurant
라바트의 식당

**리스토란테 이탈리아노
주즈 지아르디노**
Ristorante Italiano Il Giardino

👍 **이탈리아인이 운영하는 이탈리아식 맛집**
하산 타워에서 셀라로 도보 투어를 한다면 반드시 한번쯤은 지나치게 되는 곳으로, 대사관이 몰려 있는 지역으로 양복 입은 회사원들이 즐겨 찾는다. 내부와 야외공간이 넓은 편이지만 점심시간이면 대기 줄이 생기는데 그나마 회전율이 높다. 언제나 신선한 재료를 사용하고 이탈리아인도 많이 찾아올 만큼 현지의 맛이 나 괜찮다. 아기자기한 야외정원과 테이블이 예쁘고 할아버지가 직접 주문을 받는 경우가 많으니 "본 조르노Buon Giorno!" 하고 인사를 건네 보자.

주소 2 Bis Avenue Ahmed Lyazidi, Rabat
교통 셀라에서 도보 20분
전화 0537-707031
영업 12:00~15:15, 19:00~23:00
휴무 월요일
예산 60~130DH *카드 가능
홈페이지 ilgiardinorabat.wordpress.com
지도 p.241-ㅣ

쓰바 아르 카페
7th Art Cafe

메디나 근처에서 식사하기 좋은 곳

패스트푸드점 분위기의 레스토랑으로 아기자기한 정원에는 작은 놀이터가 마련되어 있어 아이와 함께 이곳을 찾는 가족이 많은 편이다. 메뉴는 버거, 파니니, 파스타부터 타진까지 다양한 편이고 가격도 저렴한 편에 가성비 맛도 괜찮다. 다만 현지인이 더 즐겨 찾는 곳이라 외국 여행자를 보면 좋은 후기를 써달라고 조르는 경우가 있다.

주소 Avenue Allal Ben Abdellah, Rabat **교통** 모하메드 5세 거리에서 도보 5분 **전화** 0537-733887 **영업** 07:00~23:00 **예산** 20~60DH **지도** p.240-E

르 만다린
Le Mandarin

베트남 전문 식당

베트남 이민자 2세가 운영하는 베트남 식당으로 국수와 밥, 튀김 등이 있다. 메디나 옆 마을에 위치하며 관광객보다는 현지인과 라바트 교민들이 즐겨 찾는다. 물론 베트남 현지에서 먹는 음식에 비해 2% 부족한 맛이지만 한국음식에 대한 갈증은 그럭저럭 해소할 수 있다. 현지 음식에 질려 한국음식이 그리운 사람이라면 한번쯤 찾아가 보자. 메디나에서 택시를 이용해 갈 수 있고 시간적 여유가 있다면 관광지가 아닌 현지인들이 사는 모습과 바다를 보며 걸어가기 좋다.

주소 100 Avenue Abdelkrim El Khattabi, Rabat **교통** 모하메드 5세 거리에서 도보 15분 **전화** 0537-724699 **영업** 12:00~15:00, 19:30~23:00 **휴무** 월요일 **예산** 50~130DH **홈페이지** www.lemandarin.ma **지도** p.240-D

프리모스
Primos Grill & BBQ

동네에서 가장 힙한 버거집

간판만큼은 뉴욕 뒷골목에 붙여놔도 어색하지 않을 만큼 힙한 버거집으로, 방과 후 모여 담소를 나누는 학생들이 많다. 모하메드 5세 거리에서 파는 버거보다 두 배 정도 비싸지만 시설이 깨끗하고 맛도 좋으니 위생이 염려된다면 이곳을 추천한다. 장소가 협소하여 포장해가는 손님이 더 많고 장시간 다른 도시로 이동할 때 가져가기 유용하다. 시내에 같은 이름의 가게가 많으니 검색 시 영문명 전체를 적어야 정확한 위치를 찾을 수 있다.

주소 103 Avenue Abdelkrim Al Khattabi, Rabat
교통 모하메드 5세 거리에서 도보 13분 **전화** 0537-707259
영업 월~수·금요일 09:00~20:30, 목요일 09:00~18:30, 토요일 09:00~18:30, 일요일 09:00~24:00
예산 25~40DH **지도** p.240-D

다르 르바티아
Dar Rbatia

메디나 내 레스토랑에서 식사하고 싶다면

마라케시나 페스 메디나 레스토랑보다 가격 대비 추천할 수 없지만 메디나 내에 있는 레스토랑 중 맛이 가장 낫다. 모로코 전통음식을 판매해 인기가 많고 회전율이 높고, 항상 신선한 재료를 사용하나 셰프의 컨디션에 따라 음식 맛이 크게 좌우되는 편이다. 모든 음식은 세트메뉴로 제공되는데 치즈 비프 치킨과 디저트가 포함된 것이 무난하나 라바트는 지역 특성상 메디나가 크지 않고 볼거리 또한 메디나 밖에 있으니 굳이 메디나 안에서 식사할 이유는 없다.

주소 6 Rue Farane Khachane, Rue Sidi Fateh, Rabat
교통 모하메드 5세 거리에 위치 **전화** 0661-183716 **영업** 11:00~16:00, 19:00~23:00
예산 250~350DH **홈페이지** www.darrbatia.com **지도** p.241-G

shopping · spa
라바트의 스파 · 쇼핑

태국 마사지
Thai Massage

👍 **태국인이 운영하는 정통 태국 마사지**
모로코의 수도인 만큼 많은 주재원이 거주하는 라바트에는 외국인을 위한 스파, 마사지 숍이 많다. 몇 곳을 다녀봐도 썩 괜찮은 곳이 없었는데 이곳은 모로코 사람과 결혼한 태국인이 운영하는 곳으로 모든 마사지 직원은 태국인이다. 동남아시아에 몇 달간 살며 매일 마사지를 받은 적이 있는데 현지보다 뒤떨어지는 느낌을 전혀 받지 못했다. 여독을 풀고 싶은 사람에게 강추!

주소 50 Rue Jabal Oukaïmeden Mag 2, Agdal, Rabat
교통 모하메드 5세 길에서 택시로 15분 **전화** 0537-681923 **영업** 10:00~21:00
예산 300~630DH *카드 가능 **홈페이지** www.ttm.ma **지도** p.239-D

아피아
Apia

모로코산 오일 · 비누 가게
통유리창 너머로 빼곡히 진열된 모로코산 블랙 비누와 아르간 오일, 올리브 오일 그리고 다양한 스킨케어 제품은 품질도 괜찮지만 포장이 예뻐서 선물용으로 인기가 많다. 오일, 비누 등은 모로코에서 생산하는 원재료가 훌륭하여 어디에서 구입하더라도 함유량을 속인 것이 아니라면 품질은 괜찮다. 그래서 포장을 잘해주는 곳이 더 돋보이는데, 모로코에서 산 물건이라는 티를 팍팍 내고 싶을 때 이곳에 들러보자.

주소 44 Rue De L'Oukaïmeden, Rabat **교통** 모하메드 5세 거리에서 택시로 14분
전화 0537-673738 **영업** 월~목 · 토요일 09:00~20:00, 금요일 09:30~12:30, 15:00~20:30, 일요일 10:30~19:30 **예산** 30~200DH **홈페이지** apia.ma **지도** p.239-D

hotel
라바트의 숙소

리아드 죠
Riad Zyo

👍 **메디나 내 깔끔한 리아드**

모하메드 5세 거리에 위치한 숙소로 화이트톤의 모던한 인테리어가 돋보인다. 1층에는 자그마한 수영장이 있고 이를 둘러싸고 객실이 위치하여 날씨가 좋을 때는 루프톱에서 시간을 보내는 사람이 많다. 항상 손님이 많은 편이라 예약이 쉽지 않고 푸짐한 아침식사는 이 호텔의 인기 비결 중 하나다.

주소 5 Rue Moreno, Rabat **교통** 모하메드 5세 거리에 위치
전화 0661-110896 **예산** 1,100~1,320DH *카드 가능 **홈페이지** www.riad-zyo.com
지도 p.241-G

다르 엘 메디나
Dar el Medina

인원이 많을 때 편리한 숙소

가정집을 개조해 숙소로 사용하는 곳이라 독특한 구조가 조금 불편하게 느껴질 수도 있지만 일행이 여럿이라면 집처럼 이용할 수 있어 편리하다. 가정집에 묵는 느낌이 들고 바로 옆에 레스토랑도 운영하고 있어 편리하지만, 식사시간이면 음식 냄새가 나는 것이 단점이라면 단점이다.

주소 3 Rue Benjelloune, Rabat
교통 모하메드 5세 길에서 도보 7분
전화 0634-007113
예산 1,100~1,500DH
지도 p.240-E

비앤비 호텔
B&B Hotel

👍 **메디나 근처 비즈니스 호텔**

카페 '쓰바 아르 카페7th Art Cafe' 근처에 위치한 비즈니스 호텔로 모로코 전통방식은 느낄 수 없다. 커다란 방에는 침대와 테이블이 덩그러니 놓여 있어 허전한 느낌이 들지만 군더더기 없이 심플하다. 모로코 특유의 과잉 친절에 지쳤다면 한번쯤 쉬어가기 좋다. 잠금장치는 카드키가 아닌 번호를 누르고 들어가는 시스템으로 키 대신 번호를 적어두면 따로 열쇠를 보관하지 않아도 돼 편리하다.

주소 2 Rue Ghandi, Rabat **교통** 모하메드 5세 거리에서 도보 7분
전화 0537-703074 **예산** 618~900DH *카드 가능
홈페이지 www.bbrabatmedina.com **지도** p.240-E

리아드 수이카
Riad Souika

👍 **푹신한 매트리스가 있는 곳**

좁은 길에 상점이 빽빽하게 들어서서 언제나 복작복작한 수이카 거리 한복판에 위치해 짐이 많으면 드나들기 어렵지만 가격 대비 시설이 괜찮다. 모로코에 이민 온 프랑스인이 운영하며 라바트에서는 보기 드문 전통을 살린 리아드라 방송 출연이 잦은 곳이다. 메인 골목 옆 작은 골목에 위치해 입구를 찾기 쉽지 않지만 구글 맵이 정확한 편이고 숙소 맞은편에 어항을 쌓아두고 물고기를 파는 가게가 있다.

주소 20 Impasse Zaouia Benania Souika, Rabat
교통 모하메드 5세 거리에서 도보 5분 **전화** 0661-355710
예산 600~850DH **홈페이지** www.riad-souika.com **지도** p.240-E

preparing trip

여행 준비

여권과 비자

전자 여권은 신원과 바이오 인식 정보(얼굴, 지문 등의 생태 정보)를 저장한 비접촉식 IC칩을 내장한 것이다. 앞표지에 로고를 삽입해 국제민간항공기구의 표준을 준수하는 전자 여권임을 나타내며, 뒤표지에는 칩과 안테나가 내장되어 있다.

차세대 전자 여권 도입

문체부와 외교부가 여권의 보안성을 강화하기 위해 폴리카보네이트 재질을 도입하기로 결정, 2020년부터 여권의 모습이 달라진다. 종류는 일반 여권(남색), 관용 여권(진회색), 외교관 여권(적색)으로 구분되며, 오른쪽 상단에는 나라 문장이, 왼쪽 하단에는 태극 문양이 새겨진다. 또한 여권 번호 체계를 변경해 여권 번호 고갈 문제를 해소하고 주민등록번호가 노출되지 않도록 개편되어 보안성이 더욱 향상된다. 참고로 현행 여권은 유효 기간 만료까지 사용 가능하며, 여권 소지인이 희망하는 경우에는 유효 기간 만료 전이라도 차세대 여권으로 교체할 수 있다.

여권 신청

여권 발급 신청은 자신의 본적이나 거주지와 상관없이 가까운 발행 관청에서 신청할 수 있다. 서울 25개 구청과 광역시청, 지방도청의 여권과에서 접수를 받는다. 신분증을 소지하고 인근 지방자치단체를 직접 방문해야 한다. 평일 오전 9시부터 오후 6시까지 접수가 가능하다. 그러나 직장인들을 위해 관청별로 특정일을 지정해 야간 업무를 보거나 토요일에 발급하기도 한다. 여권 발급 소요 기간은 보통 3~4일 정도 걸리지만, 성수기에는 10일까지 소요될 수 있으니 여행을 가기로 마음먹었다면 바로 신청한다.

여권 발급에 필요한 서류

❶ 여권 발급 신청서
❷ 여권용 사진 1매, 긴급 여권 발급(여권 갱신을 하지 못한 여행자들에 대한 부가적인 서비스. 사건, 사고, 출장 등 긴급함이 인정되는 경우에만 발급된다) 신청 시 2매
❸ 신분증
❹ 여권 발급 수수료(복수 여권 10년 48면 5만 3,000원, 24면 5만 원)
❺ 병역 의무 해당자는 병역 관계 서류(전화 1588-9090, 홈페이지 www.mma.go.kr에서 확인)
❻ 18세 미만 미성년자는 여권 발급 동의서 및 동의자 인감증명서, 가족관계증명서(단, 미성년자 본인이 아닌 동의자 신청 시 발급 동의서, 인감증명서 생략 가능)

여권 종류

일반적으로 복수 여권과 단수 여권으로 나뉜다. 복수 여권은 특별한 사유가 없는 한 5년 내지 10년 동안 횟수에 제한 없이 외국에 나가는 것이 가능하다. 단수 여권은 단 한 번만 외국에 나갈 수 있으므로 유효 기간이 1년이다. 만 18세 이상, 30세 이하인 병역 미필자 등에게 발급한다.

여권 재발급

여권을 분실했거나 훼손한 경우, 사증(비자)란이 부족할 경우, 주민등록 기재 사항이나 영문 성명의 변경·정정의 경우는 재발급을 받아야 한다. 재발급 여권은 구여권의 남은 유효기간을 그대로 받게 되며, 수수료는 2만 5,000원이다. 단, 남은 유효기간이 1년 이하이거나 자신이 원하는 경우에는 신규 여권을 발급받을 수도 있다.

여권 사진 촬영 시 주의할 점

가로 3.5cm, 세로 4.5cm인 6개월 이내에 촬영한 상반신 사진이어야 한다. 바탕색은 흰색이어야 하고, 포토샵으로 보정한 사진은 사용할 수 없다. 즉석 사진 또는 개인이 촬영한 디지털 사진 역시 부적합하다. 연한 색 의상을 착용한 경우 배경과 구분되면 사용 가능하다. 해외에서 생길 마찰의 소지를 줄이기 위해서라도 본인의 실제 모습과 가장 비슷한 사진을 준비하자.

여권 발급 문의

여권 발급과 해외안전여행에 관한 정보를 얻을 수 있고, 여권 관련 민원 서식도 다운로드 받을 수 있다.

외교부 여권과 www.passport.go.kr

영사 콜센터

해외에서 사건, 사고 또는 긴급한 상황에 처한 우리 국민들에게 외교부가 연중무휴 24시간 상담 서비스를 제공한다.

전화 (한국 이용 시) 02-3210-0404
(휴대폰 자동 로밍일 경우) 현지 입국과 동시에 자동 수신되는 영사 콜센터 안내문자에서 통화 버튼을 누르면 연결된다(접속료 부과).

여행 중 여권 분실 시

먼저 가장 가까운 경찰서에서 분실과 관련하여 경찰 확인서를 받아야 한다. 이후 주 모로코 한국대사관에서 여행증명서를 발급받는다. 여행증명서는 여권을 대신하는 효력이 있다.
여행증명서를 발급받기 위해 필요한 서류는 경찰 확인서, 정부 기관이 발행한 신분증(여권 사본도 가능), 여권용 사진 2매, 해당 관청에 비치된 여권 분실 사유서와 여행증명서 발급 신청서다. 발급 수수료는 $7이며 발급에 소요되는 기간은 3~4일이다.

주요 연락처

주 모로코 한국대사관
주소 41 Avenue Mehdi Ben Barka, Rabat
전화 +212-0537-751767(근무시간), +212-0662-772428(근무시간 외)
근무시간 월~금요일 09:00~12:30, 14:00~17:30
홈페이지 overseas.mofa.go.kr/ma-ko/index.do

주한 모로코대사관
주소 서울시 용산구 장문로 32(동빙고동 308-2) 1층
전화 02-793-6249
근무시간 월~금요일 9:30~16:30
이메일 info@moroccoembassy.kr

여권 재발급에 필요한 서류

❶ 여권 발급 신청서
❷ 여권용 사진 1장
❸ 현재 소지하고 있는 여권
(분실 재발급 중이거나 여권 판독 불가 시 신분증)
❹ 가족 관계 증명서
❺ 여권 재발급 사유서
❻ 병역 의무 해당자는 병역 관계 서류
❼ 여권 분실 신고서
(분실 재발급 시)

모로코 무비자 90일

대한민국 여권 소지자는 관광 등 수입이 발생하는 활동을 하지 않는 90일 이내의 체류가 목적일 경우 사증이 면제되며 무비자로 입국이 가능하다. 여권 유효 기간이 6개월 이상 남아 있어야 하고 사증란이 3페이지 이상 남아 있어야 입국이 가능하다.

증명서와 여행자 보험

증명서마다 발급 비용이 들어가므로 효용을 따져보고 발급받는다. 무턱대고 받아놓기만 했다가 제대로 써보지도 못한 채 유효기간을 넘길 수 있기 때문이다.

국제운전면허증 발급받기

발급처 운전면허시험장, 인천국제공항
준비 서류 여권(사본 가능), 운전면허증, 여권용 사진 1매
비용 8,500원
유효기간 발급일로부터 1년
전화 1577-1120

여행자보험

여행자보험은 여행 중 발생할 수 있는 항공기 사고, 납치, 천재지변 등의 큰 사건은 물론 도난, 교통사고 등 개인적인 일까지 여행 중 일어날 수 있는 갖가지 사건, 사고에 대한 손해를 보상한다. 보험설계사, 보험사 영업점, 대리점, 각 보험 회사의 온라인 홈페이지에서 가입할 수 있다. 미리 보험을 준비하지 못했다면 비행기에 탑승하기 전 공항 내 보험 서비스 창구를 이용하면 된다.

보상을 받기 위해서는 현지 병원이 발급한 진단서와 치료비 영수증, 약제품 영수증, 처방전 등을 챙긴다. 도난 사고가 발생했다면 현지 경찰이 발급한 도난 증명서(사고 증명서)가 필요하다. 여행 중 구입한 상품을 도난당했다면 물품 구입처와 가격이 적힌 영수증을 준비한다.

여행자 보험을 가입하지 못하는 경우도 있다. 국가가 지정한 여행 금지역과 여행 제한지역은 보험 가입과 보상이 불가하다. 여행을 떠나기 전 외교부 해외안전여행 홈페이지(www.0404.go.kr)에서 확인할 수 있다.

국제운전면허증

자동차 여행을 계획한다면 국제운전면허증은 필수다. 대한민국 운전면허증 지참자라면 가까운 운전면허 시험장 또는 지정 경찰서, 인천국제공항에서 발급받을 수 있다. 모로코 또한 국제운전면허증이 통용된다. 하지만 운전석이 한국과 달리 오른쪽에 있고, 모로코 사람들이 운전을 험하게 하는 편인데다가 도로 상태가 좋지 않아 추천하지 않는다. 운전기사를 고용하는 렌트를 추천한다.

여행자 보험 Q&A
Question & Answer

Q 여행 기간이 끝난 후에는 보상받을 수 없나?
A 여행하는 동안 일어난 사고에 한하지만, 여행 중 발생한 질병으로 인해 보험 기간이 끝난 후 30일 이내에 사망할 경우 보상받기도 한다.

Q 다른 보험과 중복 적용을 받을 수 있나?
A 의료실비보험에 가입했다면 여행자 보험과 별도로 치료비의 40%까지 보상받을 수 있다. 단, 2009년 10월 이후 가입했다면 중복 적용이 안 된다. 단체 여행자 보험과 개별 여행자 보험에 동시에 가입했다면 보장 한도에 따라 각각 보험금을 받을 수 있다. 사망할 경우 가입한 모든 보험 회사에서 사망 보험금을 받을 수 있다.

Q 보상을 받기 위해 필요한 서류는?
A 현지 병원이 발급한 진단서와 치료비 영수증, 약제품 영수증, 처방전 등을 챙긴다. 도난 사고가 발생한 경우라면 현지 경찰이 발급한 도난 증명서(사고 증명서)가 필요하다. 여행 중 구입한 상품을 도난당했다면 물품 구입처와 가격이 적힌 영수증을 준비한다.

Q 여행자 보험은 어느 나라에서든 적용되나?
A 국가에서 지정한 여행 금지지역과 여행 제한지역은 보험 가입과 보상이 불가능하다. 여행을 떠나기 전 외교부 해외안전여행 홈페이지(www.0404.go.kr)에서 확인할 수 있다.

Q 레저를 즐기다가 다치면 보상받을 수 있나?
A 스쿠버다이빙, 번지점프, 자동차 및 오토바이 경주, 골프 등 스포츠나 레저 활동을 하다가 사고가 나면 보상받지 못한다.

비즈니스 클래스의 예

항공권 예약

항공권을 구입하는 일도 일종의 쇼핑이나 다름없다. 발품을 팔아야 마음에 쏙 드는 물건을 저렴하게 구입할 수 있듯, 부지런을 떨어야 보다 싼 항공권을 손에 거머쥘 수 있다. 항공권 가격을 결정하는 몇 가지 상식을 소개한다.

클래스

최근 항공사마다 특별한 전략을 내세우며 다양한 클래스를 내놓기도 하지만 보통 퍼스트, 비즈니스, 이코노미, 세 가지 등급을 기본으로 한다. 가장 저렴한 것은 당연히 이코노미 클래스. 이코노미 클래스도 여러 가지 조건에 따라 가격이 천차만별이다.

부가 조건

돌아오는 날짜 변경(리턴 변경) 가능 여부, 마일리지 적립 여부, 연령대, 유효기간, 경유 여부 등이 대표적인 부가 조건이다. 리턴 변경과 마일리지 적립이 불가능하고, 제한적으로 낮은 연령대에 판매하며, 유효기간이 짧고 어딘가를 경유하는 항공권이 가장 저렴하다고 생각하면 된다.

위와 같은 조건은 인터넷 구매 시 비고 항목이나 전화 상담을 통해 미리 확인한다. 무조건 제일 싼 항공권이 만사형통은 아니므로 마일리지 적립에 따른 이익과 돌아오는 날짜를 변경할 때 드는 수수료 등 비고 항목을 반드시 확인한다.

땡처리 항공권

땡처리 항공권은 출발 날짜가 임박한 티켓을 뜻하는데, 유효기간이 짧은 것이 대부분이고 조건도 까다롭다. 즉 예약 즉시 현금으로 입금해야 하거나 환불 및 날짜 변경이 절대 안 되며, 날짜가 임박한 상품이기 때문에 충분히 여행 준비를 할 시간적 여유가 없다는 단점이 있다. 그러나 어느 할인 항공권보다도 저렴한 요금에 구입할 수 있다는 것이 최대 장점이다.

할인 항공권이란?

보통 항공권 홈페이지 또는 여행사 홈페이지에서 구매하는 항공권은 할인 항공권이다(항공사 홈페이지에서 '할인 항공권' 섹션을 운영하기도 한다). 항공권 전문업체나 여행사에서는 항공사로부터 다량의 좌석을 정상가보다 저렴하게 확보한 후 왕복, 특정 조건을 적용해 보다 싼값에 내놓는다. 따라서 편도로 구매할 수 있는 일반 항공권은 보다 비싼 편이다.

환전과 여행 경비

모로코에서는 디르함(Dirham, DH)이라는 화폐가 공식적으로 통용된다. 그렇지만 관광 국가이기 때문에 유로나 달러도 이용할 수 있다. 유럽의 여러 나라를 동시에 여행하는 경우가 아니라면 달러가 상대적으로 편리할 것이다.

현금 환전
한 번만 바꾸는 게 유리

환전할 때는 언제나 수수료가 붙는다. 달러로 바꾼 후 현지 통화로 재환전하면 수수료를 두 번 무는 셈이다. 달러, 유로, 엔 등 자주 찾는 통화는 대부분 시중 은행에서 갖추고 있다. 특수 통화는 규모가 큰 은행에 찾아가야 한다. 모로코의 경우 국내에서 모로코 화폐로 환전할 수 없으므로 달러나 유로를 준비한 후 모로코 공항 및 시내에서 환전한다. 기억해야 할 것은 모로코 화폐는 해외 반출이 불법이므로 모로코를 떠나기 전 남은 화폐는 모두 달러나 유로로 환전해야 하는데 이때 환전한 영수증이 꼭 필요한 경우가 있으니 잘 챙겨둬야 한다.

신용카드

현금만 가져가는 것이 조금 불안하다면 신용카드를 준비하자. 보안상 문제점이나 약간의 수수료 부담이 있지만 가장 편리하고 보편적인 보조 결제 수단으로 사용된다. 게다가 신분증 역할까지 한다. 호텔, 렌터카, 단거리 항공권을 예약할 때 대부분 신용카드 제시를 요구한다. 현지에서 현금이 필요할 때 ATM을 통해 현금 서비스를 받을 수도 있다. 국제 카드 브랜드 중에선 가맹점이 많은 비자(Visa), 마스터(Master) 카드가 무난하다. 자신의 카드가 외국에서도 사용 가능한지도 반드시 확인하자. 또 한국과는 달리 외국은 카드 뒷면의 사인을 반드시 확인하므로 꼭 서명해둔다.

현금카드로 인출

신용카드를 감당하기 어렵다면 해외 현금카드를 준비한다. 한국에서 발행한 해외 현금카드를 이용해 현지 ATM에서 현지 통화로 인출한다. 현금을 들고 다니는 것보다 안전하고, 신용카드보다 규모 있고 알뜰한 소비가 가능하다.

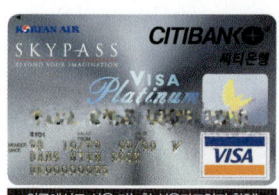

외국에서도 사용 가능한 신용카드인지 확인!

인터넷 환전

환율이 불리하게 적용되는 공항에서 돈을 바꿀 게 아니라면, 은행 업무 시간 중 시간을 내야 그나마 경제적으로 환전할 수 있다. 그런데 은행을 찾을 시간이 없다면? 인터넷 환전으로 눈을 돌리자. 은행 창구에서 하는 것보다 수수료가 싼 데다 인터넷으로 환전을 신청한 뒤 공항 지점에서 환전한 돈을 찾을 수 있어 바쁜 직장인들에게 요긴한 서비스다. 일부 은행은 업무가 끝나는 저녁 시간과 주말에도 환전이 가능하도록 인터넷 환전 서비스를 확대했다.

TRAVEL TIP
모로코에서 현금 환전·인출하기

모로코는 사설 환전소의 환율이 은행에 비하여 높기 때문에 외화를 환전할 때에는 사설 환전소를 이용하는 편이 유리하다. 아울러 쉐프샤우엔이나 에사우이라 등 시골 지역에서는 일반적으로 환율이 떨어진다는 사실도 기억하자. 어디에나 ATM이 설치되어 있으므로 현금카드나 신용카드를 이용할 수도 있다.

인천국제공항 교통편
리무진 버스

인천국제공항으로 가는 가장 대표적인 교통수단. 서울, 수도권, 인천은 물론 경기 북부와 충청도, 경상도, 전라도, 강원도에서 인천국제공항까지 한 번에 오는 노선이 있다. 서울 시내에서 출발하는 리무진 버스는 김포공항 또는 주요 호텔을 경유해 공항까지 오는데, 제1터미널까지 50분, 제2터미널까지 65분 정도 걸린다. 요금은 1만 5,000원 정도. 정류장 위치, 시간표, 배차 간격, 요금 등은 인천국제공항 홈페이지(www.airport.kr)나 공항 리무진 홈페이지(www.airportlimousine.co.kr)를 참고할 것.

공항철도
서울 도심과 김포공항, 인천국제공항을 최단 시간에 연결하는 교통수단. 공항철도는 모든 역에 정차하는 일반 열차와 서울역에서 인천국제공항까지 무정차로 운행하는 직통 열차로 나뉜다. 일반 열차는 6~12분 간격에 58분이 소요되고, 요금은 서울역에서 출발할 경우 인천공항1터미널역까지 4,150원, 인천공항2터미널역까지 4,750원이다. 직통 열차는 일반 열차와 달리 지정좌석제로 승무원이 탑승해 안내 서비스를 제공한다. 30분~1시간 간격 운행에 43분 소요되고 요금은 8,000원이다.

자가용
인천국제공항에 가려면 공항 전용 고속도로인 인천국제공항 고속도로를 이용해야 한다. 제2터미널을 이용할 경우에는 표지판을 따라 신설 도로로 진입한다. 일단 진입한 뒤에는 인천국제공항과 영종도 외에는 다른 곳으로 가는 것이 불가능하다. 통행료는 경차 3,300원, 소형차 6,600원, 중형차 1만 1,300원, 대형차 1만 4,600원. 여객 터미널 출발층 진입로는 승용차와 버스 진입로가 서로 다르니 주의할 것.

택시
이동 시간이 빠듯하거나 리무진 버스가 만석일 때 택시를 이용해 볼 만하다. 요금은 인천에서 이용할 경우 2만 5,000원~3만 원 정도 나오고, 서울 도심에서 출발할 경우에는 미터 요금만 5~6만 원에 공항 고속도로 통행료까지 내야 한다. 네 명 이상 탑승한다면 리무진 버스와 요금이 비슷해 택시를 이용하는 것도 나쁘지 않은 선택이다.

인천 국제공항 가는 법

국제선을 타려면 늦어도 비행기 출발 2시간 전에는 공항에 도착해야 한다. 일부 지방 공항에서 출발하는 국제항공편도 있지만, 대부분은 인천국제공항에서 출발한다. 인천국제공항으로 가는 방법도 여러 가지. 나에게 맞는 교통편을 찾아보자.

인천국제공항 입국장 면세점 개장
2019년 5월 31일부터 인천국제공항 입국장에 면세점이 운영되고 있다. 입국장 면세점은 총 세 곳이며 제1터미널 수하물 6·7번 수취대 맞은편과 16·17번 수취대 맞은편, 제2터미널 수하물 수취대 중앙에 있다. 입국장 면세점에서 담배 및 가공육 등을 제외하고 쇼핑 가능하다(전자담배 기계는 구매 가능). 이후 세관 검사를 마친 후 바깥으로 나갈 수 있다. 참고로 면세점에서 구매할 수 있는 금액 한도는 기존 3,000달러에서 3,600달러로 확대됐지만, 면세 한도는 600달러이므로 주의한다. 면세 범위를 초과한다면 자진 신고를 해야 한다. 운영시간은 연중무휴로 운영된다.

인천국제공항 제2터미널을 이용하는 항공사(2019년 7월 기준)
- 대한항공
- 아에로멕시코
- 델타항공
- 에어프랑스
- KLM 네덜란드항공
- 알리탈리아
- 중화항공
- 가루다인도네시아
- 샤먼항공
- 체코항공
- 아에로플로트

출국 수속

주말이나 성수기는 출국 수속을 하는데 더 많은 시간이 걸리므로 여유 있게 하는 것이 안전하다. 공항 면세점을 이용할 생각이라면 좀 더 서둘러야 한다.

01. 공항 도착
출발 2시간 전에는 도착한다.

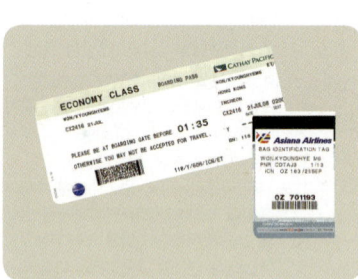

07. 보딩 패스와 배기지 태그 받기

06. 좌석 선택, 짐 부치기

08. 출국장 들어가기
출국장으로 들어갈 때는 여권과 보딩패스를 제시한다.

DSLR, 노트북, 태블릿 PC는 따로 빼서 통과시킨다.

09. 세관 신고 · 보안 검색
신고할 물건이 있으면 여행자 휴대물품 반출 신고서를 작성한다. 엑스레이 검색대를 거친다.

02. 카운터 확인
전광판에서 해당 항공사의 카운터를 확인한다.

03. 카운터 도착
줄을 서서 차례를 기다린다.

05. 여권과 e티켓 프린트를 제시

04. 체크인 시작

10. 출국 심사
직원에게 여권과 보딩패스를 건넨다. 심사가 끝나면 돌려받는다.

11. 출발 게이트로 이동
면세점 쇼핑을 한 후 출발 시각 30분 전까지 게이트 앞에 도착한다.

휴대폰으로 인터넷하기

이제 스마트폰은 신체 일부가 되었다 해도 과언이 아니다. 모로코 여행 중에도 지도 및 홈페이지 검색, SNS 등 하고 싶은 것이 많을 것이다. 스마트폰의 데이터로밍을 그대로 이용할 경우 엄청난 요금 폭탄을 맞게 되므로(통신사에 데이터로밍 차단을 요청하는 게 가장 안심), 오른쪽의 방법 중에서 적절히 선택하여 합리적인 가격으로 이용하자.

정말 '데이터 무제한'일까?

오른쪽에서 소개하는 방법은 모두 '데이터 무제한'이라고 하지만, 실제로는 일정 데이터를 소진한 후에는 3G로 변환되어 속도가 많이 느려진다는 것을 알아두자. 하지만 과다하게 사용하지만 않는다면 해외에서 충분한 이용 가치를 발휘한다.

포켓 와이파이

해당 국가 이동통신사의 3G/4G LTE 신호를 Wi-Fi 신호로 바꿔주는 휴대용 와이파이 단말기. 국내에서 업체를 통해 미리 예약한 후 출국하는 한국의 공항에서 수령, 현지 도착 후 단말기의 아이디와 비밀번호로 와이파이에 접속하면 된다.

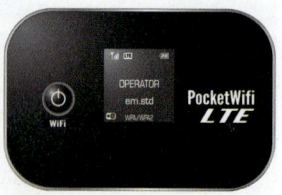

포켓 와이파이 단말기

단말기 한 대로 2~3명(최대 5명)이 동시 접속할 수 있기 때문에 비용도 저렴한 편. 무제한이라 하지만 1일 기본 데이터양이 500MB~1GB(지역, 통신사에 따라 다름) 정도이므로 동영상 시청, 대용량 파일 전송만 피한다면 충분하게 이용할 수 있다. 단, 단말기를 매일 충전해야 하며 하루 종일 이용 시에는 보조배터리도 필요하다.

유심칩(심카드)

이동통신사 가입자의 식별 정보를 담고 있는 유심칩은 휴대폰 사용 시 반드시 필요한 신분증과 같은 역할을 한다. 선불 유심칩은 선불요금의 개념으로 지정된 기간에 지정된 데이터 용량이나 통화량을 사용하는 것이다. 단기

유심칩

체류하는 일반 여행자라면 통화, 문자는 불가능한 데이터 전용 유심칩을 저렴하게 이용할 수 있다. 단 해외 유심칩으로 교체 시 번호 자체가 해외번호로 바뀌므로 한국에서 걸려오는 전화나 문자를 받을 수 없다는 것이 단점이다(카톡 등은 이용 가능).

데이터 제공량에 따라 요금은 달라지며, 여행 전 한국에서 미리 구입해 두거나 모로코 현지 공항이나 시내에서도 구입할 수 있다.

통신사의 데이터로밍 상품

이동통신사마다 사용 패턴에 따른 다양한 데이터로밍 상품을 선보이고 있다. 하루 동안 쓸 데이터 용량을 선택할 수도 있고, 정해진 기간 내 대량의 데이터를 사용하거나 두 명 이상 같이 사용할 수 있는 상품도 마련되어 있다. 생각보다 무척 다양한 상품들이 있으니 나의 사용 패턴과 요금을 잘 따져 보고 선택하도록 하자. 참고로 이용 방법에 따라 휴대폰 설정 등을 일부 변경해야 하는 경우도 있으니 서비스 신청 시 업체의 설명을 잘 숙지해두자.

범죄가 우려되는 야간 시설이나 으슥한 뒷골목에는 접근하지 말고 만약을 대비하여 지나치게 많은 현금은 소지하지 않는 것이 좋다. 또한 타인의 이유 없이 친절한 행동은 경계할 것. 페스, 마라케시를 비롯한 대도시에서는 수면제를 이용한 강도 사건이나 경찰을 사칭한 금품 갈취, 소매치기 등의 사건이 가끔 발생한다.

사고 방지를 위해 지켜야 할 사항

- 사람이 많은 복잡한 거리를 걸을 때는 소매치기에 주의하고 밤길을 걸을 때는 항상 수상한 사람이 없는지 주위를 살핀다.
- 어떤 경우에도 짐은 몸에서 떨어지지 않도록 한다.
- 여권과 현금 등의 귀중품은 별도의 작은 가방에 넣어 항상 가지고 다니되 현금은 세 군데 정도로 나누어 보관한다.
- 바지 뒷주머니에 절대 지갑이나 귀중품을 넣고 다니지 않는다.
- 숙박지의 객실에는 모르는 사람을 들이지 않는다. 잠을 잘 때는 베란다 문이나 창문을 잘 잠근다.
- 짐의 개수가 많으면 분실하거나 도난당할 확률이 높으므로 가급적 짐의 개수를 줄인다.

신용카드 도난

신용카드를 잃어버렸을 경우 한국의 카드사에 직접 연락하여 사용 정지를 신청해야 불의의 사태를 예방할 수 있다.

건강관리

모로코는 의약분업이 실시되고 있으나 처방전 없이도 위장약이나 감기약, 진통제 등을 구입할 수 있다. 따라서 경미한 증상이라면 약국을 찾아간다. 일반적으로 모로코의 약은 외국에서 수입된 경우가 많은데 우리나라에 비하여 약효가 강한 편이다.

수첩에 꼭 적어 두어야 할 필수 메모

- 여권 번호와 발행일. 여행 증명서 발급 시 필요한 사진 두 장과 함께 여권의 사진이 있는 페이지를 복사해 수첩에 끼워 두면 좋다.
- 여행자 수표의 일련번호. 수표 구입 시 받은 영수증을 같이 챙겨놓자.
- 해외 여행자 보험증 번호와 긴급 전화번호
- 신용카드 번호와 유효기간
- 한국 공관 연락처, 여행자 수표 발행 은행의 연락처, 보험사 연락처, 신용카드사 연락처 등

트러블 대처하기

여행 사고를 피하기 위해서는 무엇보다 신중하게 행동하는 것이 중요하다. 범죄자의 표적이 되지 않는 것도 중요하지만 교통 사고나 추락 사고 등의 안전 사고에도 유의해야 즐거운 여행이 된다는 점을 잊지 말자.

모로코 전국 공통 긴급 연락처
절도 신고 177(지방경찰)
범죄 190
화재 발생 시 150

모로코 여행 회화

손님을 환대하는 이슬람 문화가 남아있는 모로코는 낯선 여행자에게도 친절을 베푼다.
말이 통하지 않아도 의사소통은 가능하지만 모로코 사람들이 사용하는 아랍어,
데리자Derija를 하면 조금 더 깊은 여행을 할 수 있을 것이다.

인사

한국어	아랍어	발음
안녕	سلام	쌀람
잘 지내나요?	كي دايرة؟	다여르?
기분이 좋아요	بخير	비키르
이름이 뭐예요?	أشنو سميتك	아쉬누 스미텍?
제 이름은 라씨입니다	سميتي	스미띠 라씨
어느 나라에서 왔나요?	منين نتا	음닌 은따?
저는 한국에서 왔습니다	من كوريا الجنوبية	아나 민 꼬레아

의사 표현

한국어	아랍어	발음
네	اه	에
아니오	لا	러
부탁합니다	عفاك	아아팍
고맙습니다	شكرا	슈크란
미안합니다, 실례합니다	سمح لي	스마 리야(뻬르돈)
문제없습니다	ماشي مشكيل	매캐인(무시) 무시킬
예뻐요, 아름다워요	زوين	즈윈
배불러요	حمد	함두릴라
잘 먹겠습니다, 안녕히 계세요	بسلامة	브슬라마
나	انا	아나
너	نتا (남성 지칭), نتي (여성 지칭)	은타, 은티
누구	شحال	쉐할
어디	فين	임타
왜	علاش	알라치
무엇	شنو	스노
어디	إمتى	핀
왼쪽	ليسر	리쎄르
오른쪽	ليمن	리멘
○○을 해주세요(원합니다)	عطيني	아티니 ○○
이것은 무엇인가요?	شنو هذا	스노 하다
얼마인가요?	بشحال هذا	브체할 하다
얼마까지 깎아줄 수 있나요?(흥정할 때)	قول لي اخير ثمن	골 리야 아킬 타만

교통 이용

이 버스는 어디로 갑니까?	فين غادي هاد طوبيس	핀 갈디 하드 투부스
저는 카사블랑카로 가려고 합니다	بغيت نمشي لكازا	브깃 넴칠 까사블랑까
마라케시로 가는 버스 티켓을 살 수 있습니까?	ممكن تقطع لي بمراكش	몸킨 트타 리야 마라께시이

식당에서

메뉴판을 주세요	عطيني لموني	아티니 메뉴
영수증을 주세요	عطيني لحساب	아티니 레쌉
소고기	تور	토와르
닭고기	دجاج	잴쥐
물고기	حوت	후트
물	لما	이마
커피	قهوة	까후아
티	أتاي	아타이

통증 호소

병원에 가고 싶습니다	بغيت نمشي لصبطار	바가얏 남시 리십타르
감기	رااسي كيضرني	다르니 이 버드
복통	ضرني معدتي	다라니 맛티
두통	رااسي كيضرني	라씨 키더르니
병원	صبيطار	스비타르

숫자 표시

1	واحد	와하	6	ستة	쎄타
2	جوج	쥬즈	7	سبعة	스바
3	تلات	쓸레타	8	تمنية	탐냐
4	ربعة	라바	9	تسعد	타싸우드
5	خمسة	캄사	10	ميبيا	아쉬라
			100	ألف	미야

프랑스어

아침, 낮 인사 Bonjour	봉쥬르
저녁 인사 Bonsoir	봉수아
헤어질 때 인사 Au revoir	오흐브와
네 Oui	위
아니오 Non	농
감사합니다 Merci	메르시
괜찮습니다 C'est pas grave	쎄빠 그라브
죄송합니다 Pardon	빠르동
프랑스어 할 줄 몰라요 Je ne parle pas français	쥬느 빠를르빠 프랑세
제 이름은 라씨입니다 Je m'appelle Lassi	쥬마뺄 라씨

스페인어

아침 인사 Buenos días	부에노스 디아스
낮 인사 Buenas tardes	부에나스 따르데스
저녁 인사 Buenas noches	부에나스 노체스
안녕 ¡Hola!	올라
헤어질 때 인사 Adiós	아디오스
네 Sí	씨
아니오 No	노
고마워요 Muchas Gracias	무차스 그라시아스
괜찮습니다 Esta bien	에스따 비엔
정말 미안합니다 Lo siento mucho	로 시엔또 무초
스페인어를 못해요 No puedo hablar español	노 뿌에도 아블라르 에스파뇰
제 이름은 라씨입니다 Me llamó Lassi	메 야모 라씨

모로코는 아랍어와 베르베르어를 공용어, 프랑스어를 상용어로 쓴다. 탕헤르와 셰프샤우엔에서는 스페인어도 통용된다. 모로코 아랍어인 데리자는 아랍어의 모로코 사투리라고 생각하면 된다. 아래 언어는 데리자로 모로코에서 사용할 수 있다.

ر	ل	ت	ب	ا
r	l	t	b	a
ز	ج	خ	ح	ه
z	j	kh	H	h
ض	ص	ظ	ط	د
D	S	d	T	d
ك	ق	ف	ش	س
k	q	f	sh	s
و	ي	غ	ع	گ
ou, w	i,y, ee	gh	A	g
		ة	ن	م
		a	n	m

index

찾아보기

ㄱ 1947년 4월 9일 광장(그랑 소코) Place du 9 Avril 1947(Grand Socco)   89
국제연합 광장 United Nations Square   220
ㄴ 네자린 광장 Complexe Nejjarine   134
노트르담 성당 Notre Dame de Lourdes Church   219.
ㄷ 다데스 협곡 Dades Gorges   153
ㄹ 라바트 메디나 Medina of Rabat   240
로열 팰리스 Royal Palace   222
리알토 극장 Cinéma RIALTO   220
ㅁ 마라케시 메디나 Medina of Marrakech   164
마린 왕조의 무덤 Marenid Tombs   135
마조렐 정원 Majorelle Garden   172
메나라 정원 Menara Garden   173
메인 광장 Place Outa El Hammam   110
메크네스 Meknes   136
멜라(마라케시) Mellah   169
멜라(에사우이라) Mellah   199
모하메드 5세 거리 & 수이카 거리 Mohammed V Street & Rue Souika   247
모하메드 5세 거리 Boulevard Mohammed V   220
모하메드 5세 광장 Mohammed V Square   220
모하메드 5세 무덤 Mausoleum of Mohammed V   243
모하메드 6세 미술관 Musée Mohammed VI d'Art Moderne et Contemporain   245
모하메드 박물관 Sidi Mohammed ben Abdellah Museum   199
물레이 유세프 모스크 Moulay Youssef Mosque   222
물레이 이드리스 Moulay Idriss   137
물시계 Dar al Magana   135
미술 갤러리 Association Attilal des Arts Plastiques   200
ㅂ 바디 궁전 Badi Palace   167
바히아 궁전 Bahia Palace   168
법원 Palais de Justice   220
볼루빌리스 Volubilis   137
부 인나니아 신학교 Bou Inania Madrassa   130
부줄르드 문 Bab Boujloud   129
ㅅ 사디안의 무덤 Saadian Tombs   168
사크레 쾨르 대성당 Cathédrale Sacré Coeur   220
세파린 광장 Seffarine Square   134
셸라 Chellah   244
수크 Souq   222
수크 다클리 광장(쁘띠 소코) Place Souk Dakhli(Petit Socco)   90

인덱스   269

ㅅ
쉐프샤우엔 메디나 Medina of Chefchaouen　106
스칼라 두 포 Skala du Port　198
스칼라 드 라 카스바 Skala de la Kasbah　198
스페인 모스크 Spanish Mosque　111
시계탑 Old Clock Tower　220
시네마 리프 Cinéma Rif　89
시디 하라젬 Sidi Harazem　136

ㅇ
아이트 벤하두 Aït Benhaddou　152
아타린 수크 Attarine Souk　131
안달루시안 정원 Andalusian Gardens　245
압데라만의 무덤(마라브) Marabout de Sidi Bou Abderrahmane　219
액세서리 거리 Rue Khabdazine　200
에사우이라 메디나 Medina of Essaouira　197
에사우이라 해변 Essaouira Beach　201
와르자잣 Ouarzazate　153
우다이야 카스바 Oudaia Kasbah　244
우체국 La Poste Centrale　220
은행 Bank Al Maghrib　220
임페리얼 카페 Imperial Cafe　222

ㅈ
자고라 사막 Zagora Desert　152
전통 빨래터 Ras El Ma　110
정육점 거리 Marché des Boucheries　222
제마 엘 프나 광장 Jemaa el Fna　165

ㅋ
카라위윈 모스크 Al Qarawiyin　130
카사블랑카 메디나 Casablanca Medina　220
카스바 Kasbah　93
쿠투비아 모스크 Koutoubia Mosque　167

ㅌ
탕헤르 메디나 Medina of Tánger　88
태너리(마라케시 가죽 염색장) Tanneries　170
태너리(페스 가죽 염색장) Tannerie　133
토드라 협곡 Todgha Gorges　153

ㅍ
파샤의 법정 Mahkama du Pacha　222
파스퇴르 거리 & 프랑스 광장 Avenue Pasteur & Place de France　94
파티세리 베니 Pâtisserie Bennis　222
페니키아인의 무덤 Tombeaux des Phéniciens　94
페스 메디나 Medina of Fès　128
포토 하우스 Maison de la Photographie de Marrakech　169

ㅎ
하산 2세 모스크 Hassan II Mosque　218
하산 타워 Le Tour Hassan　243
헨나 수크 Henna Souk　131
호텔 엑셀시어 Hotel Excelsior　220
환전소 거리 Rue Siaghine　90

Just go

유럽 여행의 대세는
이제 소도시 여행

여행자들로 붐비는 대도시에서 벗어나
유럽의 진면목과 소소한 매력을
동시에 느낄 수 있는 소도시 정보를 총정리한
국내 최초의 소도시 가이드북

저스트고 유럽 소도시 여행 Ⅰ
이탈리아 · 스페인 · 프랑스 · 스위스

최철호 · 최세찬 지음 | 값 20,000원

저스트고 유럽 소도시 여행 Ⅱ
중부 · 동부 유럽 9개국

최철호 · 최세찬 지음 | 값 19,500원

시공사

저스트고 모로코

2019년 7월 18일 초판 1쇄 인쇄
2019년 7월 25일 초판 1쇄 발행

지은이 양신혜
발행인 윤호권
책임편집 강경선
마케팅 정재영, 임슬기, 박혜연

발행처 (주)시공사
출판등록 1989년 5월 10일(제3-248호)

주소 서울시 서초구 사임당로 82(우편번호 06641)
전화 편집 (02)2046-2863·영업 (02)2046-2878
팩스 편집 (02)585-1755·영업 (02)588-0835
홈페이지 www.sigongsa.com

ⓒ 양신혜 2019

ISBN 978-89-527-9807-7
ISBN 978-89-527-4331-2(세트)

본서의 내용을 무단 복제하는 것은 저작권법에 의해 금지되어 있습니다.
파본이나 잘못된 책은 구입하신 곳에서 교환하여 드립니다.
값은 뒤표지에 있습니다.